KB182777

서양근대사총서 **6**

DIE ERSTE KÖNIGIN
VON ÖSTERREICH
**MARIA
THERESIA**

김장수

오스트리아 최초의 여왕
마리아 테레지아

푸른사상
PRUNSASANG

인형을 들고 있는 어린 시절의 마리아 테레지아   마리아 테레지아(Andreas Möller, 1727)

마리아 테레지아와 프란츠 슈테판의 결혼식 피로연(Johan Lundberg 추정)

마리아 테레지아의 대관식

마리아 테레지아와 가족들(Martin van Meytens, 1754)

쇤브룬 궁전

마리아 테레지아(Martin van Meytens, 1759)

말년의 마리아 테레지아와 가족들(Heinrich Füger, 1776)

오스트리아 최초의 여왕

마리아 테레지아

 오늘날 오스트리아 국모(Mutter der Nation)로 추앙받고 있는 마리아
테레지아(Maria Theresia)는 '최초(Die Erste)'라는 수식어를 많이 동반하고
있다. 실제로 마리아 테레지아는 오스트리아 최초의 여왕이었고 이 왕
국에 계몽절대주의 체제(Aufgeklärter Absolutismus)의 근간도 처음으로 도
입한 군주였다. 또한 이 인물은 오스트리아 최초로 의무교육 제도도 실
시하여 당시 자신이 지향하던 계몽절대주의 체제를 보다 굳건히 하려고
했는데 이것은 계몽된 신민들이 최적의 신민이 될 수 있다는 판단에서
비롯된 것 같다.

 이렇게 재위 기간 중 많은 치적을 남긴 마리아 테레지아는 1740년
10월 20일 부친 카를 6세(Karl VI)가 갑자기 서거함에 따라 오스트리아
의 위정자로 등극했다. 그러나 당시 그녀는 한 국가를 통치하는 데 필
요한 제 능력, 즉 행정, 외교, 국방, 그리고 재정 분야에서 지식과 경험
을 제대로 갖추지 못한 상태였는데 이것은 남자 상속인에 집착한 카를
6세가 마리아 테레지아를 후계자로 간주하지 않은 데서 비롯된 것 같
다. 이러한 상황에서 그녀는 자신의 즉위를 인정하지 않으려는 주변의
국가들, 즉 프로이센, 프랑스, 바이에른, 그리고 작센으로부터의 위협과

도 직면하게 되었다. 이후 그녀는 이들 국가들과 왕위계승전쟁을 장기간 치러야 했고 그 과정에서 왕국 내에서 경제적 가치가 매우 높던 슐레지엔(Schlesien) 지방마저 잃게 되었다. 왕위계승전쟁에 참여한 국가들은 예전 카를 6세와의 협상 과정에서 아들이 아닌 딸의 왕위 계승도 허용한 국사조칙(Pragmatische Sanktion, Sanctio pragmatica)을 인정한 바 있었다. 그러나 이들 국가들은 마리아 테레지아가 등극한 이후 그녀로부터 보다 많은 보상, 특히 영토적 보상을 받을 수 있다는 확신을 가지게 되었고 그것에 따라 이전의 약속마저 철회했던 것이다.

카를 6세는 형인 요제프 1세(Joseph I)가 남자 후계자 없이 사망함에 따라 왕위를 계승했다. 이러한 이유로 그는 재위 초부터 남자 상속인을 반드시 얻어야 한다는 강박관념을 가지게 되었다. 또한 그는 에스파냐의 카를로스 2세(Carlos II)가 남자 후계자 없이 서거한 데서 에스파냐 왕위계승전쟁이 비롯되었다는 것도 잘 알고 있었다. 여기서 그는 자신이 남자 상속자 없이 죽을 경우 에스파냐에서와 같은 상황이 오스트리아에서도 발생할 수 있다는 것을 인지했을 뿐만 아니라 왕국 존속 문제까지도 부각될 수 있다는 것을 잘 알고 있었다. 또한 그는 선친 레오폴트 1세(Leopold I)가 제정한 가문상속법인 '상호계승약관'에 따를 경우 남자 상속인이 없는 상태에서 그 자신이 사망한다면 장자 상속 원칙에 따라 형 요제프 1세의 두 딸과 결혼한 작센(Sachsen) 가문과 비텔스바흐(Wittelsbach) 가문의 후손들이 후계자가 된다는 사실을 도외시할 수 없었다. 실제로 '상호계승약관'에서는 요제프 1세의 후계자들이 오스트리아, 보헤미아, 그리고 헝가리를 상속받고 카를의 후계자들은 에스파냐를 상속받는다는 것이 명시되었다.

이에 따라 카를 6세는 국가재상(Staatskanzler) 자일레른(Johann Friedrich v. Seillern)과 수차례에 걸쳐 독대하면서, '상호계승약관'의 내용 일부를 수정할 경우 자신의 후계자가 아들이 아닌 딸이라도 왕위를 계승할 수 있다는 확신을 가지게 되었다. 자일레른의 주도로 진행된 '상호계승약관'의 수정 및 보완 작업이 끝난 후 카를 6세는 1713년 4월 19일 당시 빈에 체류 중인 추밀고문관(Geheimrat)을 비롯한 고위관료들을 황궁으로 불렀다. 여기서 카를 6세는 1703년에 발표된 '상호계승약관'의 내용 및 그것이 지닌 문제점들을 언급했다. 그에 따르면 '상호계승약관'을 오스트리아 왕위 계승에 적용시킬 경우 왕국 분열이 가시화될 것이고 그것에 따라 오스트리아 왕국의 국제적 위상 역시 크게 실추될 수 있다는 것이다. 이어 그는 국사조칙을 낭독하게 했고 거기서 참석자들의 동의도 얻어냈다. 이러한 그의 행위는 왕위 계승에 대한 '상호계승약관'을 국법(Staatsgrundgesetz)으로 대체시킨 것으로도 볼 수 있다.

이렇게 발표된 국사조칙은 장남에게 주어진 우선상속권이 장남의 가계, 장남의 가계가 단절될 경우 차남 및 차남의 가계로 이양되는 것에 대해 '상호계승약관'과 견해를 달리하지 않았다. 그리고 양 문서는 모든 남성계가 단절된 후 비로소 여성 상속권이 효력을 발휘한다고 했다. 여기서 '상호계승약관'은 남성계가 단절된 후 발생하는 여성의 상속순위를 구체적으로 정하지 않았지만 국사조칙은 이 경우 마지막 남성 왕위 계승자의 후손에게 계승권이 귀속된다는 것을 분명히 명시했다. 당시 카를 6세는 남자 후계자가 없을 경우를 대비하여 국사조칙을 제정했지만 이러한 조칙을 통해 왕국의 통합을 견지시키려는 의도도 가졌다 하겠다.

그런데 카를 6세는 국사조칙을 바로 공포하지 않고 당분간 대외비로 남겨두었는데 그것은 그가 아들의 출생을 기다렸기 때문이다. 카를 6세는 당시 유럽의 군주들과 마찬가지로 전쟁이 발생할 경우 자신의 후계자가 군대를 이끌고 전선에 나서야 한다는 생각을 했지만 국사조칙으로 장녀가 오스트리아 왕위를 계승할 경우 그러한 과제 수행이 불가능하다는 것도 인지하고 있었다. 카를 6세는 결혼한 지 8년 만인 1716년 4월 레오폴트 요한(Leopold Johann)을 얻었지만 이 아들은 불과 7개월 만인 1716년 11월에 죽었다. 이후 카를 6세는 1717년 5월 마리아 테레지아(Maria Theresia), 1718년 9월 마리아 안나(Maria Anna), 그리고 1724년 4월 마리아 아말리아(Maria Amalia)만을 얻었다.

세 딸을 둔 카를 6세는 황후가 더 이상 임신할 수 없다는 것을 파악한 후 장녀인 마리아 테레지아가 왕위를 계승할 수 있게끔 국사조칙도 공포했다. 그리고 그는 영국, 프랑스, 러시아, 프로이센을 비롯한 열강들과 협상을 벌였고 거기서 이들 국가들의 승인도 얻어냈다. 이들 국가들은 카를 6세와의 협상 과정에서 그들의 과도한 요구를 관철시키는 성과도 거두었다. 그런데 이렇게 유럽 열강들의 승인을 받은 국사조칙은 실제적 상황에서 그리 큰 효력을 발휘하지 못했다.

오스트리아는 왕위계승전쟁을 통해 프로이센에게 슐레지엔 지방을 빼앗겼고 그것으로 인해 이 왕국은 경제적으로도 매우 큰 타격을 입게 되었다. 또한 오스트리아는 프로이센과 프랑스가 주도하던 반오스트리아동맹체제의 지속적인 공격으로 국가적 위기상황에서 벗어날 수도 없었다. 더욱이 마리아 테레지아는 개인적으로 남편 프란츠 슈테판(Franz Stephan)이 신성로마제국 황제로 등극하는 것마저 차후 과제로 유보시켜야 하는 굴욕적 상황도 겪어야만 했는데 그것은 기존 관례에 따라 오스트리아 왕국의 위정자가 독일 왕으로 선출된 후 신성로마제국 황제로 등극하는 경로 자체가 차단되었기 때문이다.

이러한 국가적 위기상황에서 마리아 테레지아는 중앙정부의 권한을 증대시키고 귀족들의 위상을 약화시키는 정책, 즉 절대왕정체제의 도입을 통해 그 돌파구를 마련하려고 했다. 이러한 과정에서 하우크비츠

(Friedrich Wolhelm v. Haugwitz)가 주도적인 역할을 담당했는데 그는 지금까지 각 지방 신분제 의회가 행정 및 재정 분야에서 과도한 권한을 행사했기 때문에 그것의 제도적 제한이 필요하다는 입장을 누차에 걸쳐 밝혔었다. 개혁의 핵심 주체로 등장한 하우크비츠는 지방통치, 재정, 그리고 군사 부문에 대한 귀족들의 처분권을 박탈한 후 이것들을 마리아 테레지아의 권한으로 이양해야 한다는 판단을 했고 이것이 자신이 추진하던 새로운 시스템의 핵심적 사안이라고도 했다.

이후 하우크비츠는 자신의 개혁안을 정리한 후 마리아 테레지아에게 제출했는데 거기서는 귀족들의 조세동의권(Bewilligungsrecht der Steuer) 제한, 중앙정부의 행정권 강화, 그리고 귀족 및 성직자들의 면세특권 폐지 등이 구체적으로 명시되었다. 이러한 개혁은 지금까지 각 지방 귀족들이 위정자의 의지를 무시하고 자의대로 처리한 모든 것들을 향후 중앙정부가 관할한다는 것으로 볼 수 있다. 그리고 이렇게 귀족들의 제 권한을 박탈할 경우 지금까지 위정자와 더불어 공유한 귀족들의 국가통치권이 사라지고 이것은 귀족 계층을 국왕의 신민 수준으로 격하시키는 효과도 가질 수 있다는 것이 하우크비츠의 관점이었다.

자신의 개혁안이 그리 큰 문제점을 가지지 않을 것이라는 확신을 가진 하우크비츠는 1748년 1월 29일 개혁안을 비밀궁정회의에 상정했다. 이후 영방의회는 마리아 테레지아의 개혁안을 통과시켰고 향후 10년간 시행될 고율의 세금 부과에 대해서도 동의했다.

하우크비츠는 마리아 테레지아의 동의를 받아 각 지방에 '대표부 및 회계부(Repräsentationen und Kammern)'라는 관청도 설치하여 지금까지 지방 귀족들이 행사한 정치행정 및 그와 연계된 재정사무를 이양받게 했다. 또한 지방의회를 존속시켰지만 그 권한을 대폭 축소시켰다. 이에 따라 지방의회는 중앙정부에서 결정한 세금에 대한 동의권만 갖게 되었다.

아울러 마리아 테레지아는 적극적이고 실리적인 외교정책, 즉 유럽에서 세력 균형 정책을 지향하던 영국과의 동맹체제를 포기하고 그동안 적대국이었던 프랑스와의 접근정책을 통해 국가의 위기적 상황도 극복하려고 했다. 마리아 테레지아는 외교정책을 추진하는 과정에서 카우니츠-리트베르크(Wenzel Anton v. Kaunitz-Rietberg)의 관점을 전적으로 수용했다. 당시 카우니츠-리트베르크는 슐레지엔 상실에 분노를 느낀다는 입장을 밝히면서 프로이센의 위정자인 프리드리히 2세(Friedrich II)가 향후에도 오스트리아를 위협할 가장 위험한 인물이라는 것을 언급했다. 이어 그는 프로이센 위정자의 향후 행보에 대해서도 언급했는데 그것에 따를 경우 프로이센은 오스트리아를 약화시키는 제 정책을 더욱 강하게 펼칠 것이고 거기서 다시 전쟁이 발발될 수밖에 없다는 것이었다. 따라서 그는 빈 정부가 앞으로 어떠한 방법을 통해 프로이센과의 대립에서 우위를 확보할 수 있는지와 슐레지엔을 회복할 수 있는 방법에 대해서도 거론했는데 그것은 프랑스와의 협상 및 타협을 통해 가능하다는 것이었다.

실제로 카우니츠-리트베르크는 오랫동안 동맹국이었던 영국을 오스트리아의 절대적 우방국으로 간주하지 않았는데 그것은 영국이 오스트리아가 너무 강해지거나 또는 약화되는 것을 원하지 않고 있다는 사실에서 비롯된 것 같다. 당시 마리아 테레지아는 카우니츠-리트베르크의 대프랑스 접근정책에 전적으로 동의하는 자세를 보였고 그를 정책 실현의 책임자로 선임했다. 1756년 5월 1일 오스트리아는 베르사유(Versailles) 궁에서 프랑스와 군사방어조약을 체결했는데 거기서는 프로이센을 공동의 적으로 규정하고 이 국가의 팽창도 공동으로 저지한다는 것이 거론되었다. 다음해 5월 1일에는 양국 사이에 공격동맹도 체결되었는데 여기서는 오스트리아의 슐레지엔 지방 회복이 명시되었을 뿐만 아니라 오스트리아령 네덜란드를 프랑스에 할애한다는 것도 언급되었다. 실제로 마리아 테레지아의 대프랑스 접근정책은 향후 오스트리아 외교 정책에 긍정적인 요인으로 작용했다. 그리고 마리아 테레지아는 자신의 아들들과 딸들의 결혼에서도 대프랑스 접근정책을 우선적으로 고려했고 그 과정에서 자녀들의 결혼 상대자들은 반드시 부르봉(Bourbon) 가문이나 이 가문의 방계인 모데나(Modena) 대공국 출신이어야 한다는 원칙도 설정했다.

행정, 재정, 그리고 외교 분야에서 개혁정책을 강하게 추진하던 마리아 테레지아는 군제 및 교육 개혁에 대해서도 적지 않은 관심을 보였다.

마리아 테레지아는 향후 전개될 프로이센군과의 대립에서 승리하려면 강력하고, 효율적인 오스트리아군이 필요하다는 것을 알고 있었다. 따라서 그녀는 군제개혁을 통해 강력한 오스트리아군을 등장시키려 했고 그러한 과제를 다운(Leopold Joseph v. Daun) 백작에게 위임했다. 당시 마리아 테레지아는 다운 백작이 무인으로서의 재능을 충분히 갖추었을 뿐만 아니라 군사 부문에 대해 높은 식견도 가졌음을 인지했다. 따라서 그녀는 그에게 오스트리아군을 혁신하는 일체의 업무를 위임했다.

다운 백작은 마리아 테레지아가 기대한 대로 군 전반에 대한 개혁 및 개편을 효율적으로 시행했다. 즉 그는 그동안 비효율적으로 운영되던 각 주 단위의 징모와 군량 공출, 영주 자의에 따른 연대제를 폐지하고 각 영주의 병력을 통합하여 전국적 규모의 오스트리아군을 발족시켰는데 그 수는 108,000명이었고 이 수는 하우크비츠가 그의 개혁안에서 제시한 것과 일치했다. 여기서 다운 백작은 오스트리아군의 복무규정과 훈련세칙을 마련했고 그것에 따라 오스트리아군을 엄격히 통솔하고자 했다. 아울러 그는 마리아 테레지아가 참여하는 야영훈련도 매년 실시하여 강인한 군대를 구축하려고 했는데 이것은 오스트리아 왕위계승전쟁에서의 실수를 다시 범하지 않으려는 의도에서 비롯된 것 같다.

거의 같은 시기 마리아 테레지아는 왕국의 신민 모두가 교육적 혜택을 받는 개혁에 대해서도 박차를 가했다. 여기서 그녀는 신민들의 사회적, 경제적 상황을 개선하고 증대시키려면 교육적 기회를 반드시 제공해야 한다는 관점을 가지고 있었는데 이것은 계몽된 신민들이 최적의 신민이 된다는 확신에서 비롯된 것 같다. 이렇게 교육개혁을 적극적으로 추진했기 때문에 마리아 테레지아는 프로이센의 프리드리히 2세와 마찬가지로 오늘날 계몽절대군주로 간주되고 있다. 당시 마리아 테레지아는 교육개혁을 통해 중앙집권체제를 강화시킬 수 있을 뿐만 아니라 문화적 단일화 역시 구축할 수 있다는 판단을 했다. 여기서 거론된 문화적 단일화란 의무교육을 통해 왕국 내에서, 특히 독일인들보다 슬라브인들이 많이 살고 있는 지역에서 독일어가 자연스럽게 확산되는 것을 지칭한다. 또한 마리아 테레지아는 지금까지 교육을 전담하고 주도한 교회 대신 국가가 그 역할을 담당해야 한다고 했다. 아울러 그녀는 교육기관의 국립화 및 세속화는 중앙집권체제에서 반드시 이행되어야 할 사안이라고 했다. 그리고 그녀는 당시 계몽주의에서 요구하던 교회의 예속으로부터 사람들을 해방시키고 이들을 중세의 어둠으로부터 자유 및 평등이 구현되는 사회로의 이행에 대해 동의했을 뿐만 아니라 향후 교육적 기회를 여아들에게도 허용해야 한다는 생각을 하고 있었다. 마리아 테레지아는 자신의 교육개혁을 본격화시키기 위해 스비텐(Gerard van Swieten), 페르간(Johann Anton v. Pergan) 백작, 그리고 펠비거(Johann Ignaz Felbiger)를 교육개혁의 책임자로 임명했다. 특히 펠비거는 1774년 12월 6일 마리아 테레지아가 추진하던 교육개혁을 돕기 위해 '오스트리아 왕국 내 시범학교, 실업학교 및 보통학교를 위한 일반학제'를 발표했다. 그가 발표한 교육개혁의 서문에서는 '신민의 진정한 행복 증진을 가장 중요한 토대로 설정하고 이것을 실천시키기 위해 양성 청소년 교육을 시행한다'가 명시되었다. 이후부터 의무제 초등교육기관이었던 시범학교는 오스트리아 왕국 전역에 설치되었고 마리아 테레지아가 사망한 1780년에는 그 수가 500개를 상회했다.

이렇게 절대왕정체제 구축에 필요한 제 개혁에 혼신의 노력을 기울였던 마리아 테레지아는 개인적으로 큰 슬픔을 겪었다. 1765년 8월 18일 남편 프란츠 1세(Franz I)를 잃었고 이것은 그녀의 인생에 커다란 전환점으로 작용했다. 비록 프란츠 1세가 많은 여자들과 염문을 뿌려 그녀에게 적지 않은 고통을 가져다주었지만 마리아 테레지아는 평생 동안 그를 사랑했다. 남편이 죽은 후 그녀의 삶에서는 희망이라든지 즐거움은 사라지게 되었고 이것은 합스부르크 가문의 유전병이라 할 수 있는 우울증(Melancholie)의 출현빈도를 가중시키는 요인으로도 작용했다.

그럼에도 불구하고 마리아 테레지아는 오스트리아 왕국을 통치해야 한다는 의무를 포기하지 않았다. 그녀는 정무적 중압감에서 벗어나고자 아들 요제프 2세(Joseph II)를 1765년 공동통치자로 임명했지만 최종 결정은 항상 자기 몫으로 남겨두고자 했다. 왜냐하면 그녀는 일과 책임을 나누고자 했던 것이지 권력을 나누려 한 것은 아니었고, 또 아들은 자신의 수중에서 도구적 역할을 수행해야 한다고 생각했기 때문이다. 물론 마리아 테레지아는 요제프 2세가 국가 통치에서 중요한 위상을 차지해야 한다는 생각을 했지만 어머니에 대한 아들의 배려로 별 문제가 발생하지 않으리라는 확신도 가지고 있었다. 그러나 마리아 테레지아의 이러한 확신은 곧 무너졌고, 사랑했던 부인인 이사벨라(Isabella)와 유일한 혈육이었던 딸 마리아 테레지아마저 잃은 허전함을 정치에서 보상받으려는 듯이 요제프 2세는 어머니의 의도과는 달리 정반대로 행동하는 경우가 많았다. 점차적으로 마리아 테레지아와 요제프 2세는 대외정책, 개혁의 속도 및 범위, 인사정책 등에서 의견 대립을 보였고 이로 인해 이들 간의 불화 역시 증대되었다. 점차 양인은 이상하게 서로 대면할 경우 참을 수 없이 불편해했고, 서로에게 상처를 주며 괴로워했다. 모자는 상호간 불신하고 염탐하며 각기 자신이 뛰어나다고 생각했다. 더욱이 마리아 테레지아는 사랑하던 아들이 자신이 가장 증오하던 프리드리히 2세를 닮아가고 있다는 사실에 매우 낙담했다. 양인 사이의 불편한 관계는 마리아 테레지아가 사망할 때까지 지속되었다.

마리아 테레지아는 1740년부터 1780년까지 — 첫 25년은 단독으로, 나머지 15년은 장남인 요제프 2세와 함께 — 40년 동안 오스트리아 왕국을 통치했다. 여자였기 때문에 선제후(Kurfürst)들에 의해 선출되는 신성로마제국의 황제로 등극할 수 없었지만 합스부르크-로트링엔 가문의 수장으로서 유럽에서 황제와 대등한 역할을 수행했고 또한 그것에 걸맞은 대우도 받았다. 40년 동안 오스트리아를 통치하면서 마리아 테레지아는 강한 결단력과 여성성을 겸비하고 위정자로서의 의무 수행 및 성실성을 중요한 덕목으로 간주했기 때문에 그녀는 아직까지도 오스트리아인들로부터 국모로 추앙받고 있다.

이렇게 마리아 테레지아 및 그녀가 통치한 오스트리아가 유럽 근대사에서 적지 않은 위상을 차지하고 있음에도 불구하고 우리나라에서는 이 부분에 대한 연구가 거의 이루어지지 않고 있는데 이것은 특정 국가, 즉 프로이센과 그것을 토대로 등장한 독일제국 연구에 치중한 데서 비롯된 것 같다. 이러한 연구 성향에 따라 프로이센의 국가적 위상을 크게 증대시킨 프리드리히 2세와 독일제국을 탄생시키는 데 결정적 역할을 한 비스마르크(Otto v. Bismarck)에 대한 연구는 비교적 활발히 진행되고 있다. 독일권의 역사를 객관적으로 서술하기 위해서는 프로이센의 역사와 더불어 당시 독일권에서 적지 않은 역할을 한 오스트리아의 역사도 동시에 연구해야 할 것이다. 이것은 한 국가의 역사를 객관적으로 서술하기 위해서는 그 국가와 연계된 주변 국가들의 역사도 반드시 확인해야 한다는 관점에서 비롯된 것이라 하겠다. 필자 역시 이러한 관점에 동의하기 때문에 이 책을 쓰게 되었고 이것을 통해 그동안 등한시되었던 마리아 테레지아를 비롯한 오스트리아 왕국에 대한 연구 역시 보다 활성화되기를 기대하고 있다.

이 책에서는 우선 마리아 테레지아에게 왕위계승권을 부여한 국사조칙의 제정 원인과 그 진행 과정을 다루도록 한다. 이어 마리아 테레지아의 탄생 및 성장 과정, 프란츠 슈테판과의 결혼, 그리고 자녀들의 양육, 특히 장남인 요제프의 양육 및 결혼에 대해 살펴보도록 한다. 또한 마리아 테레지아의 왕위 계승과 그것에 따라 발생한 오스트리아 왕위계승전쟁(1740~1763)의 진행 과정 및 결과를 취급하도록 한다. 그리고 이 전쟁이 진행되는 기간에 본격화되기 시작한 제 개혁정책, 즉 절대왕정 구축을 위해 시행된 정책들도 언급하도록 한다. 마지막으로 마리아 테레지아의 남편 프란츠 1세가 갑자기 서거한 후 본격화된 요제프 2세와의 갈등과 말년의 마리아 테레지아가 펼친 제 활동을 다루도록 하겠다.

어려운 여건에도 불구하고 이 책의 출간을 기꺼이 허락하신 푸른사상사의 한봉숙 사장님과 출판사 관계자 여러분들께 이 자리를 빌려 감사의 말씀을 드린다.

2025년 1월
김 장 수

■ 차례

제5장 **말년의 활동**

오스트리아 최초의 여왕 마리아 테레지아

제1장

카를 6세와 국사조칙

카를 6세와 국사조칙

1. 에스파냐 왕위계승전쟁

카를 6세(Karl VI)의 부친 레오폴트 1세(Leopold I : 1658~1705)는 우울한 눈빛과 돌출된 아랫입술이라는 합스부르크(Habsburg) 가문의 전통적 특징을 가진 군주였다. 그는 1640년 오스트리아 왕국의 통치자 겸 신성로마제국의 황제 페르디난트 3세(Ferdinand III : 1637~1657)와 그의 첫 번째 부인인 마리아 안나(Maria Anna) 사이에서 태어났다. 이후 그는 성직자, 즉 파사우 주교(Bischof of Passau)가 될 목적으로 교육을 받았지만 그의 형 페르디난트 4세(Ferdinand IV : 1653~1654)가 1654년 갑자기 사망했다. 이에 따라 레오폴트는 1658년 7월 18일 오스트리아 국왕 및 신성로마제국의 황제로 등극했다.[1]

---

1   레오폴트 1세는 이에 앞서 1655년 6월 27일 프레스부르크(Preßburg)에서 헝가리 국왕으로, 다음해 9월 14일 프라하(Praha)에서 보헤미아 국왕으로 등극했다. M. Erbe, *Die Habsburger 1493~1918. Eine Dynastie im Reich und in Europa*(Stuttgart−Berlin−Köln, 2000), p.111 ; F. Weissensteiner, *Die großen*

레오폴트 1세는 본래 작곡을 많이 했을 뿐만 아니라 플루트 연주에도 전문가적인 솜씨를 발휘하는 등 음악 취미에 매우 심취해 있었다. 그는 갑자기 오스트리아 위정자로 등극한 후 마지못해 국가업무에 임하는 다소 수동적인 자세를 보였다. 이에 반해 당시 오스트리아의 경쟁국이었던 프랑스의 루이 14세(Louis XIV : 1643~1715)는 프랑스의 국제적 위상 증대에 관심이 컸고 그것을 구체화시킬 수 있는 방법 강구에도 능동적인 자세를 보였다. 여기서 그는 합스부르크 가문의 세력을 약화시키는 것과 그 과정에서 야기될 수 있는 영토 획득을 대외정책의 근간으로 설정했고 그것을 실천시키기 위해 적극적으로 노력했다. 실제로 루이 14세는 라인(Rhein)강을 넘어 신성로마제국의 영역을 자주 침범했고 이교도 국가인 오스만튀르크와 협력하여 합스부르크 가문을 괴롭히는 데도 주저하지 않았다. 당시 오스만튀르크는 네 차례, 즉 1526~1555년, 1566~1568년, 1593~1615년, 그리고 1663~1664년의 침략전쟁을 통해 팽창정책을 지속했다. 이에 따라 1526년 이전의 옛 헝가리 왕국 영토 대부분은 오스만튀르크의 지배하에 놓이게 되었다. 이들이 점령한 중부 헝가리는 술탄(Sultan)의 직할 통치 지역이 되었고, 지벤뷔르겐(Siebenbürgen)은 오스만튀르크의 보호령으로 바뀌었다. 그리고 이렇게 오스만튀르크에 직접적 또는 간접적으로 예속된 지역들은 매년 술탄에게 적지 않은 재화 및 병력을 조공으로 납부해야만 했다.

오스트리아는 레오폴트 1세 때 두 차례에 걸쳐, 즉 1663년과 1683년에 오스만튀르크와 전쟁을 벌였는데, 특히 1683년 7월 14일 빈(Wien) 근처까지 진출한 카라 무스타파(Kara Mustafa) 대재상(Grosswesir : Pascha)

Herrscher des Hauses Habsburg. 700 Jahre europäische Geschichte(München, 2011), p.174.

오스트리아 최초의 여왕 마리아 테레지아

이 이끄는 20만 명의 오스만튀르크군과 대치했다.[2] 이 과정에서 레오폴트 1세는 간신히 빈을 방어했지만 결국 그는 왕국의 수도를 떠나 파사우(Passau)로 가야만 했다. 1683년 7월 7일 저녁 레오폴트 1세는 그의 측근들과 더불어 빈을 떠났는데 여기서 흉갑을 착용한 기병(Kurassier) 200명이 호위를 담당했다. 이렇게 그가 빈을 떠난 것은 그 자신이 오스만튀르크군의 포로가 될 수도 있다는 우려에서 비롯되었다. 이후 빈은 슈타르헴베르크(Rudiger Ernst v. Starhemberg) 백작, 콜로니트쉬(Leopold Kollonitsch) 주교, 그리고 리벤베르크(Andreas Liebenberg) 빈 시장의 주도로 방어되었는데 당시 방어에 참여한 군 병력은 17,000명에 불과했다.[3] 이후 6만 명에 달하는 오스트리아인들이 왕국의 수도를 떠날 정도로 사태

2 이미 오스만튀르크군은 4월 14일 소피아(Sofia)를 점령했고, 5월 3일에는 베오그라드(Beograd)도 차지했다. 7월 16일 빈에 도착한 카라 무스타파는 즉시 화약을 사용하여 빈 성벽에 큰 균열이 생기게끔 공격의 강도를 심화시켰다. 이후부터 카라 무스타파의 오스만튀르크군은 8주 이상 빈을 포위했고 이 도시를 완전히 함락시키려 했다. 이렇게 빈을 포위하는 데 주도적인 역할을 담당한 카라 무스타파는 1676년부터 오스만튀르크 대재상으로 활동했고 술탄 메흐메드 4세의 절대적 신임도 받고 있었다. R. Bauer, *Österreich. Ein Jahrtausend Geschichte im Herzen Europas*(München, 1980), p.175; T. Chorherr, *Eine kurze Geschichte Österreichs*(Wien, 2013), p.87; M. Erbe, *Die Habsburger 1493~1918*, p.111; C.W. Ingrao, *The Habsburg Monarchy 1618~1815*(Cambridge, 1994), p.76; B. Simms, *Kampf um Voherrschaft. Eine deutsche Geschichte Europas 1453 bis heute*(München, 2016), p.99; M. Vogt, *Deutsche Geschichte: Von den Anfängen bis zur Gegenwart*(Frankfurt,2006), p.234; F. Weissensteiner, *Die großen Herscher des Hauses Habsburg*, pp.193~194.

3 T. Chorherr, *Eine kurze Geschichte Österreichs*, p.87; M. Erbe, *Die Habsburger 1493~1918*, p.116; M. Vogt, *Deutsche Geschichte*, p.234; F. Weissensteiner, *Die großen Herscher des Hauses Habsburg*, p.194.

는 더욱 악화되었다. 당시 많은 사람들은 '기독교권의 사과(Goldener Apfel der Christenheit)'라 지칭되던 빈은 결코 이교도들에게 점령되지 않는다고 라는 생각을 했지만 점차 이것이 안이한 생각에 불과하다는 판단도 하게 되었다.[4] 당시 오스만튀르크의 술탄(Sultan) 메흐메드 4세(Mehmet IV : 1648~1687)는 오스트리아 원정에 앞서 레오폴트 1세에게 서신을 보냈다. 여기서 그는 '오스트리아와 같은 소국은 자국 의지와는 상관없이 전쟁에 개입하게 될 것이다'라고 했다. 그리고 그는 레오폴트 1세에게 궁전에서 떠나지 말 것도 요구했는데 이것은 위대한 술탄이 하찮은 오스트리아 위정자와 같은 인물을 참수하는 데 많은 시간을 할애할 필요가 없다는 경멸성 자세에서 비롯된 것 같다. 이러한 일종의 경고성 편지를 받은 이후부터 레오폴트 1세는 심한 압박과 두려움에서 벗어나지 못했다.

1683년 7월 16일 카라 무스타파 대재상이 이끄는 오스만튀르크군이 빈을 완전히 포위함에 따라 레오폴트 1세는 유럽 각국에 도움을 요청했다. 이에 로마 교황 인노첸시오 11세(Innocentius XI : 1676~1789)는 150만 굴덴(Gulden)에 달하는 거액의 지원을 약속했고 그란(Gran) 대주교는 40만 굴덴을 전쟁비용으로 내놓았다. 아울러 인노첸시오 11세는 특별 사절단을 페르시아에 파견하여 오스만튀르크의 후방 교란도 요청했다. 거의 같은 시기 포르투갈, 에스파냐, 토스카나, 그리고 게누아(Genua)도 100만 굴덴의 지원을 약속했다. 1684년 3월 5일 인노첸시오 11세의 주도로 '신성동맹(Die Heilige Liga)'도 결성되었는데 여기에는 오스트리아,

---

4 D. Pieper, *Die Welt der Habsburger*. p.133 ; F. Weissensteiner, *Die großen Herrscher des Hauses Habsburg*, p.194.

오스트리아 최초의 여왕 마리아 테레지아

폴란드, 그리고 베네치아가 참여했다.[5]

이후 신성로마제국 전역에서 모인 7만 명의 병력과 폴란드 국왕 얀 3세(Johann III : 1674~1696)가 이끄는 철갑 기사병이 1683년 9월 12일 아침부터 오스만튀르크군에 대한 대대적인 공세에 나섰다. 그리고 빈 근처의 칼렌베르크(Kahlenberg)에서 벌어진 전투에서 얀 3세가 통솔한 독일-폴란드 연합군은 카라 무스타파 대재상의 오스만튀르크군을 불과 몇 시간 만에 대패시켰다. 이후 대재상은 12월 25일 베오그라드(Beograd)에서 술탄 메흐메드 4세가 보낸 실크 줄로 교살당했는데 이것은 오스만튀르크의 위정자가 패전 장군에게 내리는 일반적인 처형방법이었다.[6]

오스만튀르크와의 전쟁이 진행되고 있을 때 단신에 생김새 역시 평범한 20세의 젊은 청년이 파사우에 머무르던 레오폴트 1세와의 독대를

---

5   C.W. Ingrao, *The Habsburg Monarchy 1618-1815*, p.76; D. Pieper, *Die Welt der Habsburger*. p.133; F. Weissensteiner, *Die großen Herrscher des Hauses Habsburg*, p.195.

6   카라 무스타파 대재상은 베오그라드에서 바이에른의 막스 엠마누엘(Max Emmanuel) 대공이 이끄는 신성로마제국 연합군과의 전투에서 패배를 당했다. 1687년 9월 프레스부르크에서 소집된 헝가리 의회는 레오폴트 1세의 장남 요제프를 헝가리 국왕으로 인정하면서 합스부르크 가문에게 왕위세습권도 부여했다. 지금까지 헝가리인들은 관습적으로 합스부르크 가문의 헝가리 왕위 계승을 인정했지만 공식적으로 국왕선출제를 포기하지는 않았다. 하지만 1540년 이후부터 약 150년간 헝가리 중심부를 지배한 오스만튀르크를 몰아내는 데 성공한 황제의 위세에 헝가리 의회는 별다른 이의 없이 레오폴트 1세의 헝가리 왕위세습권을 인정했다. T. Chorherr, *Eine kurze Geschichte Österreichs*, p.88; M. Erbe, *Die Habsburger 1493-1918*, p.116; C.W. Ingrao, *The Habsburg Monarchy 1618-1815*, p.77; B. Simms, *Kampf um Vorherrschaft*, p.100; M. Vogt, *Deutsche Geschichte*, p.235.

시도했다. 그가 바로 오이겐(Eugen v. Savoyen)이었다.[7] 오이겐은 1683년 7월 자신의 형 루트비히 율리우스(Ludwig Julius v. Savoyen) 대령이 오스만 튀르크군과의 전투에서 전사했다는 소식을 듣고는 아무도 모르게 파리를 떠났다.[8] 빈에 도착한 그는 레오폴트 1세를 만나려고 했지만 당시 빈은 이미 오스만튀르크군의 포위공격을 받고 있었다.

오이겐의 증조부는 사보엔(Savoyen) 공작 카를로 엠마누엘레 1세(Carlo Emanuele I), 조부는 사부아-카리냔(Calignan) 후작 토마소 프란체스코(Tomaso Francesco), 증조모는 펠리페 2세의 딸 카타리나 미카엘라(Catalina Micaela), 조모는 부르봉(Bourbon) 가문의 방계인 콩데(Conde) 가문 출신이었다. 그리고 오이겐 공의 어머니는 루이 14세 때 영향력을 행사한 마자랭(Mazarin)의 질녀인 올림피아 만치니(Olympia Mancini)였고 아버지는 프랑스-에스파냐 전쟁과 네덜란드 전쟁에 참여한 중장 출신인 외젠 모리스(Eugine Maurice)였다.[9] 오이겐은 레오폴트 1세를 알현하면서 황제군의 일원으로 복무하겠다는 입장을 표명했다. 이에 앞서 그는 베르사유궁에서 루이 14세와 수차례 독대했고 거기서 그는 프랑스군에서 지휘관으로 활동하고 싶다는 희망을 밝혔지만 프랑스 국왕은 '곱사등의

---

7 1663년 10월 18일 파리에서 태어난 이 인물은 프랑스에서는 외젠이라고 지칭되었다. M. Erbe, *Die Habsburger 1493~1918,* p.120; F. Weissensteiner, *Die großen Herrscher des Hauses Habsburg*, p.197.

8 오이겐은 베르사유궁에서 성장했다. M. Erbe, *Die Habsburger 1493~1918*, p.120; F. Weissensteiner, *Die großen Herrscher des Hauses Habsburg*, pp.197~198.

9 오이겐의 어머니였던 올림피아 만치니는 베르사유궁에서 발생한 독살사건에 관여한 혐의로 궁에서 강제로 추방당했다. F. Weissensteiner, *Die großen Herrscher des Hauses Habsburg*, p.199.

허약한 모습으로는 오히려 가톨릭 신부가 되는 것이 훨씬 나을 것이다'
라는 핀잔만 주었다.[10]

오이겐과의 독대 후 레오폴트 1세는 그를 그의 형이 지휘하던 부대
의 통솔자로 임명했다. 이후 오이겐이 이끄는 부대는 빈 전투에 참여했
고 그는 3년 후인 1686년 9월 2일 오펜-페스트(Ofen-Pest) 정복에도 크
게 기여했다.[11] 그리고 오이겐은 지벤뷔르겐을 오스트리아에 편입시키
는 데도 결정적인 역할을 수행했다.

팔츠 상속전쟁이 진행되던 시기 오이겐은 1690년 이탈리아 북부 연
합군에 대한 통솔권을 부여받은 후 자신이 1697년 헝가리 총사령관으
로 임명될 때까지 이 직을 성실히 수행했다. 오이겐은 1699년까지 지속
된 오스만튀르크 전쟁에서 150년간 오스만튀르크 수중에 있었던 부다
페스트(Budapest)를 탈환했고, 헝가리는 물론 크로아티아와 슬라보니엔
(Slawonien)까지 오스트리아에 편입시켰다.[12] 그리고 최고사령관(Feldherr)
으로서 에스파냐 상속전쟁에도 참전하여 큰 공을 세웠다. 또한 그가 이
끈 오스트리아군은 루이 14세와의 전투에서도 승리했다.[13] 이로써 오스

---

10 M. Erbe, *Die Habsburger 1493~1918*, p.116 ; E.J. Görlich, *Grundzüge der Ge-schichte der Habsburger Monarchie und Österreichs*(Darmstadt, 1990), p.130.

11 당시 헝가리 왕국의 수도인 오펜은 오늘날의 부다(Buda)이다. 그리고 지벤뷔
르겐은 루마니아 북부지방인 트란실바니아 지방을 지칭한다. M. Erbe, *Die Habsburger 1493~1918*, p.116 ; M. Vogt, *Deutsche Geschichte*, p.235.

12 니더외스터라이, 오버외스터라이히, 슈타이어마르크, 케르텐(Kärten) 크라인
(Krain), 티롤(Tirol), 보헤미아, 모라비아, 그리고 슐레지엔은 당시 합스부르크
가문의 세습영지였다. E. Badinter, *Maria Theresia, die Macht der Frau*(Wien,
2018), p.16.

13 E. Badinter, *Maria Theresia*, p.16 ; M. Erbe, *Die Habsburger 1493~1918*,
p.120.

카를 6세와 국사조칙

25

트리아는 러시아 다음으로 넓은 영토를 소유하게 되었다.

아울러 오이겐은 탁월한 외교가로서의 재능도 발휘했다. 그런데 그의 뛰어난 외교력은 개인적 능력뿐만 아니라 유럽 여러 국가, 즉 사부아, 프랑스, 에스파냐에 인척관계를 구축한 제후들과의 유대관계에서 비롯되었다. 레오폴트 1세가 오이겐을 선택한 것은 그가 평생 한 일들 중에서 가장 탁월한 선택이었다. 레오폴트 1세에 이어 요제프 1세(Joseph I), 카를 6세(Karl VI)까지 3명의 군주를 보좌하며 오스트리아군을 승리로 이끈 영웅 오이겐은 군지휘자로서의 천재적 역량을 발휘했다.[14]

가톨릭의 영향을 강하게 받은 레오폴트 1세는 즉위 초 제기된 국가개혁에 대해 부정적이었다. 그러나 그는 점차적으로 종교적인 관용 자세를 보였을 뿐만 아니라 국가개혁에 대해서도 적극적인 자세를 보이기 시작했다. 이에 따라 그는 국가개혁에 필요한 제 정책을 실제로 시행했고 거기서 어느 정도의 성과도 거두었다.

카를 5세(Karl V : 1519~1556) 이후 오스트리아와 에스파냐로 분리된 합스부르크 가문은 혈통 유지를 위해 근친결혼도 마다하지 않았다. 이것은 후계자로 많은 자손을 요구하면서, 동시에 격에 맞는 배우자를 구한다는 취지에서 비롯되었다. 그러나 이 경우 기형아 및 미치광이가 태어나는 경우가 흔했고, 임신 중 유산되는 경우도 허다했다. 에스파냐–합스부르크 가문은 펠리페 2세(Felipe II : 1556~1598), 펠리페 3세(Felipe

14 오이겐 폰 사보엔 공은 레오폴트 1세를 자신의 아버지, 요제프 1세를 자신의 형제, 그리고 카를 6세를 자신의 국왕이라 칭했다. E. Badinter, *Maria Theresia*, p.16; T. Chorherr, *Eine kurze Geschichte Österreichs*, p.89; M. Erbe, *Die Habsburger 1493~1918*, p.120.

III : 1598~1621), 펠리페 4세(Felipe IV : 1621~1665)로 이어졌다. 그리고 이 가문의 마지막 군주인 카를로스 2세(Carlos II : 1665~1700)는 곱사등이에다가 소심한 성격을 가졌기 때문에 몰락해가던 가문의 마지막 지진 아로 간주되었다. 다섯 살의 어린 나이에 왕위를 계승한 카를로스 2세는 실제로 여덟 살이 되어서야 걸을 수 있었고 거대한 혀가 입 밖으로 나와 말도 똑바로 하지 못하고 식사도 제대로 먹지 못하는 등 엄청난 고통을 받았다.[15] 1675년부터 국가를 직접적으로 통치하기 시작한 그는 1679년 루이 14세의 조카딸인 마리아 루이사 데 오를레앙(Maria Luisa de Orlean)과 결혼했다. 그러나 1689년 그녀가 사망함에 따라 카를로스 2세는 레오폴트 1세의 친척 여동생인 마리아 아나 데 네오부르고(Maria Ana de Neoburgo)와 재혼했다.[16] 1700년 12월 1일 카를로스 2세가 39세의 나이로 사망했을 당시 후계자가 없었기 때문에 에스파냐의 합스부르크 가문은 단절되었다.[17] 그런데 레오폴트 1세는 이미 1660년대 초반부터 프

---

15 후세 학자들은 카를로스 2세가 말단 비대증, 선천성 매독, 그리고 합스부르크 가문의 잦은 근친결혼으로 조상의 정신질환 인자가 더욱 강하게 나타난 유전적 결과에 시달렸다는 분석을 했다. T. Chorherr, *Eine kurze Geschichte Österreichs*, p.93; M. Erbe, *Deutsche Geschichte 1713-1790. Dualismus und Aufgeklärter Absolutismus*(Stuttgart-Berlin-Köln-Mainz, 1985), p.117; E.J. Görlich, *Grundzüge der Geschichte der Habsburger Monarchie und Österreichs*, p.132; B. Simms, *Kampf um Vorherrschaft*, p.111; B. Strollberg-Rilinger, *Maria Theresia. Die Kaiserin in Ihrer Zeit*(München, 2018), p.14; M. Vogt, *Deutsche Geschichte*, p.238.

16 마리아 아나 데 네오부르고의 독일식 이름은 마리아 안나 폰 팔츠-노이부르크 (Maria Anna v. Pfalz-Neuburg)이다.

17 카를로스 2세는 두 번의 결혼에서 5명의 아들을 얻었지만 이들 모두는 그에 앞서 생을 마감했다. T. Chorherr, *Eine kurze Geschichte Österreichs*, p.93; M. Erbe, *Deutsche Geschichte 1713-1790. Dualismus und Aufgeklärter Absolutismus*,

랑스와 더불어 카를로스 2세가 후계자 없이 사망할 경우 에스파냐를 어떻게 분할할 것인가를 두고 비밀협상을 벌였고 거기서 양국은 1688년 10월 에스파냐 분할에 대해 합의했다. 합의안에서는 바이에른 선제후 막시밀리안 2세(Maximillian II)의 아들 요제프 페르디난트 레오폴트(Josef Ferdinand Leopold)가 에스파냐를, 레오폴트 1세의 차남 카를(Karl) 대공이 네덜란드 남부지방, 에스파냐 식민지, 밀라노를 통치하고, 프랑스의 왕위계승자 도펭(Dauphin), 즉 루이 14세의 아들이 나폴리-시칠리아 왕국을 차지한다는 것이 명시되었다.[18] 카를로스 2세 역시 1698년 요제프 페르디난트 레오폴트를 자신의 상속자로 선정했지만 이 인물은 1699년 2월 천연두로 사망했다.[19] 이러한 돌발적 상황이 초래됨에 따라 루이 14세는 1700년 3월 영국의 윌리엄 3세(William III : 1689~1702)와 별도로 만나 에스파냐 분할에 대해 논의했다. 여기서는 레오폴트 1세의 차남 카를 대공이 에스파냐와 그 부속 식민지를 통치하고 루이 14세의 손자

p.117; E.J. Görlich, *Grundzüge der Geschichte der Habsburger Monarchie und Österreichs*, p.132; B. Simms, *Kampf um Vorherrschaft*, p.111; B. Strollberg-Rilinger, Maria Theresia. *Die Kaiserin in Ihrer Zeit*, p.14; M. Vogt, *Deutsche Geschichte*, p.238.

18 레오폴트 1세는 카를로스 2세와 사촌지간이었고 그의 어머니 마리아 안나(Maria Anna)는 펠리페 4세의 여동생이었다. R. Bauer, *Österreich*, pp.180~181; T. Chorherr, *Eine kurze Geschichte Österreichs*, p.93; M. Erbe, *Deutsche Geschichte 1713-1790*, p.117; M. Erbe, *Die Habsburger 1493-1918*, p.126; D. Pieper, *Die Welt der Habsburger. Glanz und Tragik eines europäischen Herrscherhauses*(München, 2010), p.121.

19 여섯 살의 나이로 사망한 요제프 페르디난트 레오폴트는 레오폴트 1세의 외손자였다. T. Chorherr, *Eine kurze Geschichte Österreichs*, p.93; E.J. Görlich, *Grundzüge der Geschichte der Habsburger Monarchie und Österreichs*, p.133; D. Pieper, *Die Welt der Habsburger*. p.121.

오스트리아 최초의 여왕 마리아 테레지아

앙주(Anjou) 공작 필리프(Philippe)가 합스부르크 가문의 이탈리아 지역을 넘겨받는다는 것이 결정되었다.[20] 그럼에도 불구하고 레오폴트 1세나 루이 14세는 카를로스 2세가 죽은 후 에스파냐 왕국의 모두를 차지하려는 욕심을 가지고 있었다.

그러나 카를로스 2세는 톨레도(Toledo) 대주교를 통해 발표된 유서에서 자신의 후계자로 루이 14세의 손자 앙주 공작 필리프를 유일상속자(Alleinerben)로 지명했기 때문에 필리프는 1701년 베르사유에서 펠리페 5세(Felipe V : 1701~1746)로 등극했다. 같은 해 2월 펠리페 5세는 프랑스군의 호위를 받으면서 마드리드에 입성했다.[21] 이는 프랑스와 에스파냐의 결합이기 때문에 유럽 질서체제에 커다란 위협을 가하는 요인으로 부각되었다. 더욱이 루이 14세는 자신의 손자를 에스파냐로 보내면서 향후 프랑스 왕위가 공석이 될 경우 필리프가 자동적으로 왕위계승

---

20 여기서 루이 14세는 로트링엔 대공국과 밀라노 대공국과의 교환을 제의하기도 했다. M. Erbe, *Die Habsburger 1493-1918*, p.126; E.J. Görlich, *Grundzüge der Geschichte der Habsburger Monarchie und Österreichs*, p.133; D. Pieper, *Die Welt der Habsburger*. p.121.

21 임종 직전에 카를로스 2세가 이러한 결정을 내린 이면에는 프랑스의 강한 압박도 있었다. 마드리드, 브뤼셀, 그리고 밀라노는 앙주 공작 필리프가 에스파냐 국왕으로 등극하는 것에 동의한다는 입장을 밝혔다. 그런데 카를로스 2세는 자신의 유언장에서 만약 필리프가 에스파냐 영토의 일부를 분할하여 다른 국가에 넘기려고 한다면 에스파냐 왕위 및 왕국의 모든 영토는 카를 대공에게 이양해야 한다는 조건도 언급했는데 이것은 프랑스와 오스트리아 중에서 어느 국가가 에스파냐 영토를 최대한 잘 보존시킬 수 있는가를 최우선적으로 고려한 데서 비롯된 것 같다. R. Bauer, *Österreich*, p.181; M. Erbe, *Die Habsburger 1493-1918*, p.126; E.J. Görlich, *Grundzüge der Geschichte der Habsburger Monarchie und Österreichs*, p.133; D. Pieper, *Die Welt der Habsburger*. p.122; B. Simms, *Kampf um Vorherrschaft*, p.111; M. Vogt, *Deutsche Geschichte*, p.238.

권을 가지게 될 것이라는 칙서도 발표했다. 이후 영국과 네덜란드는 유럽의 세력 균형을 유지시켜야 한다는 판단을 했고 거기서 레오폴트 1세와 동맹체제를 구축하기로 합의했다. 1701년 11월 7일 레오폴트 1세의 주도로 덴 하그(Den Haag)에서 결성된 반프랑스 동맹체제, 즉 대동맹(Große Allanz)은 오스트리아, 영국, 네덜란드의 동맹체제에서 출발했지만, 1703년까지 프로이센, 브라운슈바이크(Braunschweig), 헤센-카셀(Hessen-Kasel), 메클렌부르크-슈베린(Mecklenburg-Schwerin) 등이 추가로 동맹에 가입했다. 13개 조항과 1개의 별도 조항으로 구성된 대동맹조약에서는 동맹국들이 오스트리아의 이탈리아 영토를 수호하기 위해 합스부르크 가문이 건설하려는 방벽에 대해서 동의한다는 것도 거론되었다. 또한 향후 군사적 충돌이 야기될 경우 대동맹 가입 국가들은 군사 지원과 군사작전에 대해 상호협력한다는 것 역시 조약문서에서 확인되었다. 그리고 에스파냐에 대한 프랑스의 제 권리를 박탈한다는 것이 대동맹조약에서 명시되었을 뿐만 아니라 합스부르크령 네덜란드에 거주하는 네덜란드인들을 동맹국들이 보호한다는 것도 언급되었다.[22]

---

22 대동맹조약이 체결된 지 얼마 안 되어 윌리엄 3세(William III : 1688~1702)에 의해 프랑스로 추방된 제임스 2세(James II : 1685~1688)가 사망했다. 당시 윌리엄 3세에 대해 부정적 시각을 가지고 있었던 루이 14세는 제임스 2세의 아들 제임스 프랜시스 에드워드 스튜어트(James Francis Edward Stuart)를 새 영국 국왕으로 공식 인정하겠다는 입장을 밝혔다. 이에 따라 제임스 프랜시스 에드워드 스튜어트는 스스로를 제임스 3세(James III)로 칭했고 루이 14세는 그의 정통성을 바로 인정했다. 이미 유사시를 대비해 군사력을 증강하던 영국은 루이 14세의 월권적 행동이 전쟁에 대한 국민들의 지지를 확보할 수 있는 계기를 제공했다는 판단도 했다. 윌리엄 3세는 1702년 사망했지만 그의 후계자인 앤 여왕(Anne : 1702~1714) 역시 전쟁 개입에 긍정적인 자세를 보였다. 그런데 앤 여왕은 메리 2세(Mary II : 1688~1694)의 여동생이고, 제임스 2세의 딸이다.

레오폴트 1세는 대동맹의 확고한 지원을 토대로 1702년 봄 프랑스에 정식으로 전쟁을 선포했다.[23] 프랑스는 이에 앞서 1701년 3월 19일 바이에른의 선제후 막스 엠마누엘(Max Emmanuel)과 그의 동생인 쾰른(Köln) 대주교(Erzbischof) 요제프 클레멘스(Josef Clemens)와 반합스부르크 동맹체제를 결성했다.[24] 이러한 양인의 반합스부르크적 입장은 당시 막스 엠마누엘이 루이 14세의 지원을 받아 네덜란드 남부지역을 차지하려는 의도를 가진 것과 그의 동생 요제프 클레멘스가 자신이 1694년 루티히(Luttich) 주교로 선출된 이후 빈으로부터 절대적 지지를 기대했지만 그것이 제대로 이행되지 않은 것에 대해 강한 불만을 가진 데서 비롯된 것 같다.[25]

이에 레오폴트 1세는 비텔스바흐(Wottelsbach) 가문의 형제를 응징하기 위해 1702년 쾰른 대주교의 수도 본(Bonn)을, 1705년에는 바이에른 수도 뮌헨을 점령했다. 이렇게 레오폴트 1세가 비텔스바흐 가문 응징에

R. Bauer, *Österreich*, pp.181.

23 영국도 같은 해에 프랑스에 대해 선전포고를 했다. M. Vogt, *Deutsche Geschichte*, p.238.

24 요제프 클레멘스는 비텔스바흐 가문 출신이었다. 그런데 지금까지 쾰른 대주교는 바이에른을 통치해온 비텔스바흐 가문의 일원 중에서 선출되었다. R. Bauer, *Österreich*, pp.181~182; M. Erbe, *Die Habsburger 1493-1918*, p.126; E.J. Görlich, *Grundzüge der Geschichte der Habsburger Monarchie und Östereichs*, p.133.

25 레오폴트 1세의 사위인 막스 엠마누엘은 루이 14세로부터 막대한 자금 지원과 왕칭의 사용도 약속받았다. 뿐만 아니라 루이 14세는 그가 라인팔츠(Rheinpfalz)와 노이부르크-팔츠(Neuburg-Pfalz)를 바이에른에 편입시키는 것 역시 허용했다. R. Bauer, *Österreich*, pp.182; E.J. Görlich, *Grundzüge der Geschichte der Habsburger Monarchie und Östereichs*, p.133; B. Simms, *Kampf um Vorherrschaft*, pp.112~113.

적극적으로 나선 것은 막스 엠마누엘과 요제프 클레멘스가 에스파냐 왕위계승전쟁 이전에는 자신과 긴밀한 협력체제를 구축했기 때문이다. 특히 레오폴트 1세는 요제프 클레멘스가 쾰른 대주교로 임명되는 과정에서 결정적 역할을 하기도 했다.[26]

2. 상호계승약관

레오폴트 1세는 1703년 9월 17일 빈에서 차남 카를 대공을 카를로스 3세(Carlos III : 1703~1714)로 등극시켰고 거기서 자신의 아들이 에스파냐 합스부르크 가문의 합법적인 상속자라고도 주장했다. 이러한 왕위계승에 대해 카탈루냐(Cataluña)[27]를 비롯한 변경지방들은 즉각적으로 동의한다는 의사를 밝혔고 이것은 에스파냐 내전을 유발시키는 요인으로 작용했다.

그런데 레오폴트 1세의 이러한 주장은 1703년 9월 12일 문서화된 합스부르크 가문, 즉 오스트리아 합스부르크 가문과 에스파냐 합스부르크 가문의 내부 상속순서를 조정한 '상호계승약관(Pactum mutuae successionis)'에서 비롯된 것 같다. 당시 오스트리아의 저명한 법학자 자일레른(Johann Friedrich v. Seillern)이 입안한 '상호계승약관'은 에스파냐-합스부르크 가문과 오스트리아-합스부르크 가문 중, 종가인 오스트리아-합스

---

26 막스 엠마누엘과 요제프 클레멘스는 1706년 제국추방령(Reichsacht)을 선고받았다. M. Erbe, *Die Habsburger 1493~1918*, pp.126~127; B. Simms, *Kampf um Vorherrschaft*, p.113.

27 이베리아 반도 북동부에 위치한 지방이고 바르셀로나(Barcelona)가 중심도시이다.

부르크 가문의 남계에게 절대적인 우선권을 부여했다. 레오폴트 1세 사후 오스트리아-합스부르크 가문을 이끌어갈 양대 가문 중에서 한 가문의 남계가 소멸될 경우, 계승권은 상대방 가문으로 넘어가도록 규정한 상호계승약관의 해당 조항은 장녀가 계승권을 가지는 에스파냐-합스부르크 가문의 상속 순서에 반하는 규정이었다. '상호계승약관'에 따를 경우, 카를은 에스파냐-합스부르크 영지인 에스파냐 왕국을 상속받을 수 있었고, 요제프가 후사 없이 사망할 경우, 후자의 권리도 승계할 수 있었다.[28]

이후 빈 황실은 에스파냐 왕위계승자인 카를 대공의 신부후보를 찾았고, 탁월한 정략결혼을 통해 브라운슈바이크 볼펜뷔텔(Braunschweig-Wolfenbüttel) 공국의 엘리자베스 크리스티네(Elisabeth Christine)를 선택했다.[29] 바로 레오폴트 1세는 예수회 신부 퇴네만(Toenemann)을 특별사절로 파견하여 신부후보에 대한 신체검사도 실시하게 했다. 퇴네만 신부는 어린 공녀를 자세히 검사하기 위해 황제 주치의 한 명도 동반했는데 이것은 당시 황실이 기대하던 황위계승자를 얻을 수 있는지에 대한 확인 목적에서 비롯된 것이라 하겠다. 이렇게 자손을 가질 가능성에 대한 사전 검사는 당시 유럽 왕정의 일반적 관례로 처녀의 심리를 전혀 고려

---

28 E. Badinter, *Maria Theresia*, p.16; M. Erbe, *Die Habsburger 1493-1918*, p.127.

29 엘리자베스 크리스티네는 루트비히 루돌프 폰 브라운슈바이크(Ludwig Rudolf v. Braunschweig) 대공의 장녀로 태어났다. 그녀의 미모는 1716년 빈에 체류 중이던 몬타규(Mary Wortley Montague)에 의해 "이 세상에서 제일 아름다운 여인인 것 같다"라고 묘사되기도 했다. E. Dillmann, *Maria Theresia*(München, 2000), p.9; K. Pfister, *Maria Theresia. Mensch, Staat und Kultur der spätbarocken Welt*(München, 1949), p.30.

하지 않은 행위였다. 물론 엘리자베스 크리스티네는 무엇 때문에 자신이 수치스러운 신체검사를 받아야 하고 빈의 황실이 그녀로부터 무엇을 기대하고 있는지를 잘 알고 있었다. 주치의와 예수회 신부는 검사결과에 크게 만족했고 이것을 바로 레오폴트 1세에게 알렸다.[30] 엘리자베스 크리스티네가 카를 대공의 부인으로 결정된 이후 빈 황실은 요제프 1세가 현재의 부인 빌헬미네 아말리에 폰 브라운슈바이크-뤼네부르크(Wilhelmine Amalie von Braunschweig-Lüneburg)로부터 더 이상 남자 상속인을 얻지 못하고 엘리자베스 크리스티네 역시 왕자를 출산하지 못할 경우 빌헬미네 아말리에 폰 브라운슈바이크-뤼네부르크는 요제프 1세의 재혼을 위해 여생을 수도원에서 보내야 한다는 내부적인 결정도 했다. 그리고 이를 위해 교황의 특별허가(Dispens)도 받아내려고 했다. 당시 빌헬미네 아말리에 폰 브라운슈바이크-뤼네부르크는 자신 역시 레오폴트 1세의 두 번째 부인처럼 소리 없이 죽어야 한다는 상황을 직시하고 있었다.

카를 대공의 신부로 정해진 15세의 엘리자베스 크리스티네는 바로 가톨릭으로 개종해야만 했는데 이것은 신교도가 합스부르크 가문 및 그 방계가문의 인물과 결혼하기 위해서는 반드시 가톨릭으로 개종해야 한다는 원칙에서 비롯되었다. 이를 위해 그녀는 1707년 5월 1일 밤 베르크(Bamberg) 대성당에서 공개적으로 트리엔트의 신앙고백(Trientische Glaubensbekenntnis)을 행했다.[31]

1705년 5월 5일 레오폴트 1세가 사망한 후 그의 큰아들 요제프 1세

30 E. Badinter, *Maria Theresia*, p.19 ; K. Pfister, *Maria Theresia*, Mensch, p.30.

31 E. Badinter, *Maria Theresia*, p.19 ; E. Dillmann, *Maria Theresia*, p.9 ; B. Stollberg-Rilinger, *Maria Theresia*, p.11.

(Joseph I : 1705~1711)가 오스트리아 왕국의 위정자로 등장했다.[32] 레오
폴트 1세는 세 차례 결혼했는데 초혼과 재혼 모두가 근친결혼이었다.
1666년 결혼한 마르가리타 테레자(Margarita Teresa)는 레오폴트 1세의 누
이인 마리아 안나(Maria Anna)와 에스파냐 국왕 펠리페 4세 사이에 태어
난 장녀였고, 1673년에 결혼한 클라우디아 펠레치타스 폰 티롤(Claudia
Felicitas von Tirol)은 레오폴트 1세의 6촌 여동생이었다. 첫 결혼에서 얻
은 네 명의 자녀 중에서 유일하게 성년으로 성장한 장녀 마리아 안토니
아(Maria Antonia)는 바이에른 선제후 막시밀리안 2세와 결혼했고, 두 번
째 결혼에서 태어난 두 명의 자녀는 출생 직후 모두 사망했다. 이에 따
라 클라우디아 펠레치타스 폰 티롤은 당시 황궁에서 전통으로 간주되던
강요적 자살의 희생자가 되었는데 그 진행 과정에 대해 레오폴트 1세도
전혀 인지하지 못했다. 이렇게 두 번째 부인이 죽게 됨에 따라 레오폴트
1세는 세 번째 결혼에서 아들을 반드시 얻어야 한다는 생각을 했고 그
것을 위해 다산 가문을 물색했다. 이후 그는 열여섯 명의 자녀를 둔 팔
츠 선제후 필립 빌헬름의 장녀 엘레오노레 마그달레나(Eleonore Magda-
lena v. Pfalz-Neuburg)와 결혼했고 그 사이에서 두 명의 아들, 즉 요제프 1
세와 카를 6세를 얻었다. 오스트리아의 위정자로 등극한 요제프 1세는
프랑크푸르트에서 개최된 선제후회의에서 신성로마제국의 황제로 선출
되었다.

신성로마제국은 선제후구, 공작령, 주교령, 백작령, 제국도시, 수도
원령, 기사령 등 약 1,600개 정도의 독립된 영방국가와 도시들로 구성
된 혼합체에서 출범했다. 1356년 신성로마제국 황제 카렐 4세(Karel IV :

---

32 E. Badinter, *Maria Theresia*, p.19 ; R. Bauer, *Österreich*, p.185 ; M. Erbe, *Die
    Habsburger 1493-1918*, p.129 ; D. Pieper, *Die Welt der Habsburger*. p.122.

1346~1378)는 유명한 '황금칙서(Zlatá bula)'를 공포하여 보헤미아 왕국과 신성로마제국과의 관계를 재조정했는데, 그 주된 내용은 보헤미아 왕국의 군주가 제국 내 일곱 명 선제후들 중에서, 성직계의 대표를 제외한 세속 권력의 대표 자격, 즉 제국 내에서 일인자의 지위(primus inter pares)를 가진다는 것이었다. 신성로마제국 황제와 제후들 사이의 정치적 타협에서 나온 일종의 성과물이었던 황금칙서에서는 마인츠(Mainz) 대주교, 트리어(Trier) 대주교, 쾰른(Köln) 대주교, 보헤미아 국왕, 팔츠 궁중백(Pfalzgrafschaft), 작센 대공, 그리고 브란덴부르크 변경백(Markgrafen-schaft Brandenburg)을 일곱 명의 선제후로 명시했고 이들 중에서 네 명 이상의 지지를 받는 인물이 독일 왕으로 선출된다는 것도 언급되었다. 또한 프랑크푸르트(Frankfurt)는 독일 왕의 선출 장소, 아헨(Achen)은 독일 왕의 등극 장소로 한다는 것도 결정되었다. 그리고 독일 왕이 서거할 경우 마인츠 대주교는 3개월 이내에 선제후들을 프랑크푸르트로 모이게 했다. 각 선제후들은 200명의 기사들을 동반할 수 있으나 이들 중에 50명만이 무장할 수 있다는 것도 명시되었다. 또한 황금칙서에서는 선제후들이 회의를 하는 동안 외지인들의 프랑크푸르트 출입금지가 거론되었을 뿐만 아니라 30일 내 신독일왕을 선출하지 못할 경우 빵과 물만 제공한다는 것도 언급되었다. 황금칙서는 대립왕(Gegenkönig)의 옹립도 불가능하게 했다. 지금까지 선제후들은 자기 파의 인물을 독일 왕으로 추대하려는 시도를 종종 펼쳤고 그 과정에서 두 명의 독일 왕이 등장하기도 했다. 그런데 이 칙서에서는 선제후들 중에서 보헤미아 왕가의 경우 남자 상속인이 없을 경우 여자 후계자가 왕위를 계승할 수 있다는 것이 명시되었지만 다른 왕가들의 경우 그들 영역이 자동적으로 제국의 자유봉토(vacant feud)로 귀속되게끔 규정했으며, 선제후들이 독일어뿐만 아니라 이탈리아어와 체코어도 구사할 수 있게끔 하라는 이상적이지만 매

우 비현실적인 요구도 들어 있었다.

30년 종교전쟁(1618~1648)기간인 1623년 바이에른 대공국은 팔츠 궁중백이 가지고 있던 선제후권을 넘겨받았다. 이것은 팔츠 궁중백이었던 프리드리히 5세(Friedrich V)가 체코 귀족들에 의해 체코 국왕으로 선출된 후 당시 신성로마제국 황제 페르디난트 2세(1620~1637)가 프리드리히 5세가 가졌던 선제후권을 박탈했기 때문이다. 1648년 베스트팔렌(Westfalen) 평화조약이 체결된 이후 팔츠 궁중백이 선제후권을 돌려받음에 따라 신성로마제국 황제를 선출할 수 있는 선제후의 수는 일곱 명에서 여덟 명으로 늘어나게 되었다.

요제프 1세의 재위기간 6년은 에스파냐 왕위계승전쟁 시기와 일치했다. 요제프 1세가 즉위한 지 얼마 안 된 12월과 다음해 1월에 걸쳐 젠들링(Sendling)과 아이덴바흐(Eidenbach)에서 오스트리아 점령군에 저항하는 니더 바이에른 농민들의 무장소요가 발생했는데 이것은 오스트리아군의 무리한 강제징집에서 비롯되었다. 1705년 10월 초순부터 시작된 이 소요는 성탄절 전야에 무력으로 진압되었다. 이후 '젠들링의 크리스마스 학살'이라 지칭되는 뮌헨 농민소요 진압 과정에서 2,700명의 가담자 중에서 1,031명이 오스트리아 점령군에 의해 처형되었는데, 이미 항복하고 무기를 버린 자들 역시 무참히 살해되었다.

1708년 4월 23일 빈의 파르 교회(Pfarrkirche)에서 카를 대공과 엘리자베스 크리스티네의 결혼식이 거행되었다.[33] 그러나 대리인, 즉 카를 대공의 형이었던 요제프 1세가 동생을 대신하여 신랑 역할을 한 결혼식이었기 때문에 신랑과 신부는 서로 대면하지 않았지만 같은 해 8월 1일

---

33 키르헤(Kirche)는 교회 또는 성당으로 번역할 수 있다.

카를은 바르셀로나(Barcelona)에서 금발에 푸른 눈을 가진 아름다운 신부를 정식으로 만나게 되었고 이후부터 양인은 서로를 깊이 사랑했다.[34] 엘리자베스 크리스티네가 매우 영리했기 때문에 카를 대공, 즉 카를로스 3세는 자신이 전쟁을 하는 동안 국사를 왕비에게 위임시켰다.[35] 당시 엘리자베스 크리스티네는 에스파냐 신민들로부터 사랑을 받았고, 국정역시 매우 용의주도하게 처리했다. 요제프 1세가 갑자기 사망함에 따라 카를로스 3세가 빈으로 간 이후에도 엘리자베스 크리스티네는 바르셀로나에서 2년 이상 통치자 및 총독(Regentin und Generalkapitän) 신분으로 머물렀는데 이것은 당시 진행되던 펠리페 5세와의 전쟁을 수행하기 위해서였다. 실제로 엘리자베스 크리스티네는 예상과는 달리 전쟁에서 탁월한 성과를 거두었다.[36]

요제프 1세는 즉위 6년 만인 1711년 4월 17일 당시 빈에서 크게 유행한 천연두(Blatter)에 걸려 목숨을 잃었다.[37] 이렇게 갑자기 사망한 요

---

34 당시 유럽 왕실에서 동생이 형을 위해 또는 형이 동생을 위해 대리 신랑 역할을 하는 경우가 많았다. E. Badinter, *Maria Theresia*, p.32.

35 카를 대공과 펠리페 5세 사이의 대립 과정에서 펠리페 5세는 1710년에 벌어진 비야비시오사(Villaviciosa) 전투에서 승리한 이후 우위권을 장악하게 되었다. E. Dillmann, *Maria Theresia*, p.9; M. Erbe, *Die Habsburger 1493~1918*, p.126; E.J. Görlich, *Grundzüge der Geschichte der Habsburger Monarchie und Österreichs*, p.133.

36 엘리자베스 크리스티네는 남편 카를 6세에게 편지를 보내, "우리는 적에게 필요한 시간, 즉 재공격에 필요한 시간을 주어서는 안 될 것이다. 우리는 계속하여 이들을 압박하고 앙주 공, 즉 펠리페 5세를 체포해야만 최종적 승리도 거둘 것이다."라고 했다. E. Badinter, *Maria Theresia*, p.32.

37 E. Badinter, *Maria Theresia*, p.32; R. Bauer, *Österreich*, p.186; M. Erbe, *Die Habsburger 1493~1918*, p.129; E.J. Görlich, *Grundzüge der Geschichte der Habsburger Monarchie und Österreichs*, p.135; D. Pieper, *Die Welt der Habsburg-*

제프 1세는 남자 후계자 없이 미성년의 두 딸, 즉 1609년에 태어난 마리아 요제파(Maria Josepha)와 1701년에 태어난 마리아 아말리아(Maria Amalia)만 두었을 뿐이다. 물론 1700년 레오폴트 요제프(Leopold Josef)가 요세프 1세의 아들로 태어났지만, 이 아기는 다음해인 1701년에 사망했다.[38] 요제프 1세는 첫 아들을 잃은 후 지속적으로 남자 상속인을 얻으려고 노력했다. 그러나 그는 문란한 성생활로 인해 1704년에 성병, 즉 매독(Syphilis)에 걸렸고 그의 부인 빌헬미네 아말리에 폰 브라운슈바이크-뤼네부르크마저 아랫배에 궤양(Geschwüren)이 생겨 더 이상 자녀 출산을 기대할 수 없게 되었다.

요제프 1세가 사망한 직후 당시 에스파냐의 대립국왕이었던 카를로스 3세가 '상호계승약관'에 따라 1711년 10월 12일 신성로마제국의 황제, 즉 카를 6세(Karl VI : 1711~1740)로 등극했다.[39] 이에 따라 합스부르

---

er. p.122. 1711년 1월 초부터 오스트리아에서는 천연두가 크게 확산되었다. 1711년 4월 8일 요제프 1세는 4시간에 걸쳐 진행된 궁중회의를 끝내고 비너발트(Wienerwald)에서 진행된 사냥대회에도 참석했는데 이때 그는 이미 천연두에 걸린 상태였다. 그런데 천연두는 합스부르크 가문의 '가문질병(Hauskrankheit)'이었다. 죽기 직전 요제프 1세는 자신이 병에서 회복된다면 궁중에 거주하던 모든 정부들을 추방하겠다는 약속을 부인에게 했다.

38 자신의 선조들과는 달리 요제프 1세는 아랫입술과 턱이 돌출하지 않았기 때문에 당시 사람들은 그를 미남으로 간주했다. E. Badinter, *Maria Theresia*, p.33.

39 형 요제프 1세와는 달리 카를 6세는 아랫입술과 턱이 돌출했기 때문에 빈 주재 사보이 공국의 외교관이었던 산 마르티노(San Martino) 백작은 합스부르크 가문은 그들의 전통적 모습, 즉 추하고(häßlich), 볼품없는(unscheinbar) 얼굴을 다시 가지게 되었다는 비하적인 언급을 했다. 그리고 당시 카를로스 3세가 오스트리아에 대한 통치권을 포기했다면 요제프 1세의 장녀인 마리아 요제파가 오스트리아의 통치자로 등극할 수 있었다. E. Badinter, *Maria Theresia*, p.33; B. Simms, *Kampf um Vorherrschaft*, p.124; T. Chorherr, *Eine kurze Geschichte*

크 가문의 총수가 된 카를 6세가 신성로마제국의 황제이면서 동시에 에스파냐 왕관까지 차지한다면 가공할 만한 규모의 제국, 즉 오스트리아, 보헤미아, 헝가리, 남부 네덜란드, 밀라노, 나폴리, 시칠리아, 포르투갈을 제외한 이베리아 반도, 그리고 에스파냐의 아메리카까지 차지한 국가가 유럽에서 등장할 수 있다는 우려가 강하게 제기되었다.[40] 따라서 에스파냐 왕위계승전쟁은 유럽의 세력 균형을 유지한다는 본래의 목적을 상실했고, 프랑스를 견제하기 위해 오스트리아를 지원하던 영국도 지원금 중단을 결정함에 따라 이 전쟁은 1713년 4월 11일 위트레흐트 평화조약(Vrede van Utrecht)을 체결하면서 종료되었다. 당시 런던의 휘그(Whig)당 정부는 프랑스의 위상이 유럽에서 지나치게 높기 때문에 그것의 제재가 필요하다는 입장을 밝혔고 거기서 오스트리아가 프랑스의 이러한 위상을 제어할 역할을 담당해야 한다고도 주장했다. 이에 따라 영국은 오스트리아에 대한 지원책을 강구한 후 그것을 신속히 진행시켰다. 그러나 1710년 여름 고돌핀(Sidney Godolphin)이 이끌던 휘그당 정부가 전쟁경비의 과다 지출 문제로 붕괴된 후 할리(Robert Harley)와 세인트 존(Henry Saint-John)이 주도하던 토리(Tory)당이 정권을 장악했는데 이 당은 휘그당과는 달리 유럽의 평화를 지향했다. 따라서 그동안 견지된 오스트리아 지지 및 지원정책은 중단 내지는 폐지되었다.

Österreichs, p.87; B. Stollberg-Rilinger, *Maria Theresia*, p.14; K. Vocelka, *Österreichische Geschichte*(München, 2007), p.46; F. Weissensteiner, *Die großen Herrscher des Hauses Habsburg*, p.206.

40 카를 6세는 1711년 10월 12일 프랑크푸르트에서 신성로마제국의 황제로 선출되었고 이로부터 약 2개월 뒤에 12월 22일 황제로 등극했다. M. Erbe, *Die Habsburger 1493-1918*, p.130; F. Weissensteiner, *Die großen Herrscher des Hauses Habsburg*, p.211; B. Stollberg-Rilinger, *Maria Theresia*, p.14.

위트레흐트 평화조약은 프랑스와 영국, 프랑스와 네덜란드, 프랑스와 프로이센, 프랑스와 사부아, 프랑스와 포르투갈, 에스파냐와 영국, 에스파냐와 사부아, 에스파냐와 네덜란드, 에스파냐와 포르투갈 간에 체결된 아홉 개의 개별적인 조약으로 구성되었다. 첫 번째 조약인 프랑스와 영국 간의 평화조약이 1713년 4월 11일자로, 마지막 조약인 에스파냐와 포르투갈 간의 조약은 1715년 2월 6일에 체결되었기 때문에, 위트레흐트 평화조약은 공식적으로 2년을 끈 후에 결실을 보았다. 조약의 주요 내용은 주로 영토상의 변경에 관한 것들이었다. 프랑스와의 평화조약에서 영국은 에스파냐가 프랑스와 통합하지 않는다는 조건으로 부르봉 가문의 에스파냐 왕위계승권을 인정했다.[41] 이로써 1516년 카를 5세가 에스파냐 국왕 카를로스 1세(Carlos I : 1516~1556)로 즉위한 이래 약 200년 만에 에스파냐 왕관은 합스부르크 가문의 손에서 완전히 벗어났다. 위트레흐트 평화조약의 일환으로 1714년 3월 6일 라슈타트(Rastatt)에서 만난 오스트리아의 오이겐과 프랑스의 헥토르 공작(Louis-Claude Hector, duc de Villars)은 37개 항목과 3개의 별항으로 구성된 라슈타트 평화조약을 체결했다. 라슈타트 평화조약을 통해 오스트리아는 브라이자흐(Breisach), 프라이부르크(Freiburg), 켈(Kehl)을 프랑스로부터 반환받았다. 그리고 프랑스는 라인강 우안의 자국 방어시설을 철거하고, 신성로마제국의 제후들로부터 빼앗은 지역들을 1697년 9월 20일 네덜란드 서부 자위트홀란트(Zuid-Holland)의 레이스베이크(Rijswijk)에서 체결된 평화조약 수준으로 환원시키는 대가로 란다우(Landau)를 획득하고,[42]

---

41 T. Chorherr, *Eine kurze Geschichte Österreichs*, p.93; M. Erbe, D*ie Habsburger 1493-1918*, p.130; M. Vogt, *Deutsche Geschichte*, pp.240~241.

42 이 평화조약으로 1688년 9월 27일에 발생한 팔츠 계승전쟁(Pfälzischer Erbfol-

영국 국왕 조지 1세(George I : 1714~1727)의 하노버 선제후 자격을 승인

gekrieg)은 종료되었다. 그런데 팔츠 계승전쟁은 알자스 북부 팔츠(Pfalz) 가문의 남계가 단절됨에 따라 발생했다. 보헤미아 왕국의 겨울왕(Winterkönig)이었으며 팔츠 선제후였던 프리드리히 5세(Friedrich V)의 아들 카를 루트비히(Karl Ludwig), 즉 카를 1세(Karl I)는 자신의 딸인 리젤로테 폰 팔츠(Liselotte v. Pfalz)를 루이 14세의 유일한 남동생 오를레앙(Orleans)의 필리프(Philippe) 공작과 결혼시켜 프랑스와의 친선관계를 구축하려고 했다. 이것은 프랑스의 침략을 미연에 방지하고, 국경을 공유하던 프랑스와의 관계를 정치적으로 안정시키려는 정략결혼으로 볼 수 있다. 루이 14세는 카를 1세의 제의에 동의했는데 이것은 카를 1세의 의도와는 달리 팔츠에서 프랑스의 영향력을 확대시킬 수 있다는 확신에서 비롯되었다. 그런데 카를 1세는 딸에게 결혼 후 팔츠 영토에 대해 어떠한 요구도 하지 않겠다는 서약서를 받아냈다. 그러나 그는 딸이 받은 세습영지는 결혼 후에도 인정하겠다는 입장을 밝혔다.

1680년 카를 1세가 사망한 후 팔츠 선제후국의 위정자로 등장한 카를 2세(Karl II)는 남자 상속인 없이 1685년에 생을 마감했다. 이에 따라 팔츠 선제후국의 통치권은 가톨릭 계통의 팔츠-노이부르크(Pfalz-Neuburg) 가문으로 넘어가게 되었다. 그런데 당시 팔츠-노이부르크의 통치자였던 필립 빌헬름(Philpp Wilhelm)은 반프랑스적 입장을 표출하는 데 주저하지 않았다. 이에 분노한 루이 14세는 카를 1세와 자신이 작성한 결혼약정서를 제시하면서 팔츠 가문의 통치권이 팔츠-노이부르크 가문이 아닌 프랑스로 귀속되어야 한다는 입장을 강력히 표명했지만 필립 빌헬름의 반응은 매우 부정적이었다. 1685년 5월 루이 14세는 필립 빌헬름이 자신에게 상속된 팔츠 선제후국을 리젤로테에게 넘기지 않을 경우 무력으로 자신의 구상을 관철시키겠다는 입장을 밝혔다. 이렇게 독일에서 프랑스의 영토 확장 야욕이 가시화됨에 따라 신성로마제국 황제 레오폴트 1세의 주도로 1686년 7월 9일 아우구스부르크 동맹체제(Augsburger Allianz)가 결성되었는데 여기에는 바이에른, 작센, 에스파냐, 네덜란드, 스웨덴, 영국, 그리고 사보이 등이 참여했다. 이후 프랑스와 아우구스부르크 동맹체제에 가입한 국가들 사이에 팔츠 상속 문제에 대한 협상이 전개되었지만 가시적인 결과는 도출되지 못했다. 이에 따라 루이 14세는 1688년 9월 27일 팔츠 공격을 명령했다. 팔츠 계승전쟁의 첫 전투는 슈타름헴베르크(Lothar v. Starmhemberg) 백작이 지키던 트리어 대주교관구 소속인 필립스부르크 요새를 프

했다. 조지 1세의 부친 브라운슈바이크–칼렌베르크(Braunschweig–Calen-berg) 대공 에른스트 아우구스트(Ernst August)는 1692년 3월 22일 레오폴트 1세로부터 신성로마제국의 아홉 번째 선제후로 임명되었다. 이렇게 레오폴트 1세가 에른스트 아우구스트를 선제후로 임명한 것은 브라운슈바이크–칼렌베르크 대공이 1681년 레오폴트 1세와의 독대에서 향후 오스트리아가 프랑스와 전쟁을 펼칠 경우 최대 1만 명에 달하는 병력을 브라운슈바이크–칼렌베르크가 지원하겠다는 약속을 했기 때문이다. 그런데 레오폴트 1세에 의해 에른스트 아우구스트가 아홉 번째 선제후로 임명된 것에 대해 당시 트리어 대주교, 쾰른 대주교, 바이에른 선제후, 그리고 팔츠 궁중백은 반대의사를 명백히 밝혔을 뿐만 아니라 그러한 임명이 효력을 가지기 위해서는 제국의회의 동의가 필요하다는 것도 언급했다. 이러한 분쟁은 1년 이상 지속되었고 결국 에른스트 아우구스트의 선제후직은 인정되었다.[43]

카를 6세는 요제프 1세 때 제국추방령을 선고받은 바이에른 선제후 막시밀리안 2세와 그의 동생 쾰른 선제후 요제프 클레멘스 대주교에게 전쟁배상금 요구 없이 칭호 및 영토를 원상 복귀시켜주었다. 이에 대한 반대급부로 막시밀리안에게 양여하기로 약속된 사르데냐는 오스트리

랑스군이 공격하면서 시작되었다. 그런데 슈타름헴베르크 백작은 오스만튀르크군으로부터 빈을 사수한 에른스트 뤼디거 폰 슈타름헴베르크 원수의 친동생이었다. 이후부터 9년 동안 지속된 이 전쟁으로 팔츠 지방은 초토화되었고 독일 및 네덜란드도 경제적으로 큰 타격을 보게 되었다. M. Erbe, *Die Habsburger 1493-1918*, p.130; M. Vogt, *Deutsche Geschichte*, p.241.

43 그러나 조지 1세는 1711년 10월 12일 실시된 신성로마제국 황제 선거에서 투표권을 행사하지 못했다. B. Simms, *Kampf um Vorherrschaft*, p.127; F. Weissensteiner, *Die großen Herrscher des Hauses Habsburg*, p.212.

아에 편입되었다. 이러한 영토적 상실에 대한 보상으로 바이에른은 팔츠 선제국의 영토였던 오버팔츠(Oberpfalz)에 대한 그들의 주권을 영원히 보장받았다. 그리고 네덜란드가 반환을 요구한 프랑스 국경의 방어 시설을 제외한 에스파냐령 네덜란드인 벨기에와 룩셈부르크는 오스트리아에 귀속되었고, 오스트리아는 이탈리아 내 에스파냐 영토, 즉 밀라노(Milano), 만투아(Mantua), 나폴리, 사르데냐, 토스카나 지역의 에스파냐령 해안기지도 양도받았다. 또한 양 대표는 에스파냐와 에스파냐 해외통치령 모두를 프랑스 부르봉 가문에 양도한다는 것에 대해서도 합의했다.[44]

3. 국사조칙

에스파냐 합스부르크 가문의 카를로스 2세가 남자 상속인 없이 타계한 데서 에스파냐 왕위계승전쟁이 비롯되었다는 것을 잘 알고 있던 카를 6세는 자신의 후계자에 대해서도 숙고하게 되었다. 그때까지 남자 상속자가 없었던 그는 자신의 사후 에스파냐에서와 같은 상황이 오스트리아에서도 발생할 수 있다는 우려를 하고 있었다. 또한 오스트리아 왕국의 경우 왕국 존속의 문제까지도 부각될 수 있다는 것을 그는 잘 알고 있었다.

1713년 합스부르크 가문에는 왕위를 계승할 수 있는 여자들이 많았다. 레오폴트 1세의 미망인 엘레오노레 마그달레나 폰 팔츠-노이부르

44 F. Weissensteiner, *Die großen Herrscher des Hauses Habsburg*, p.212.

크(62세), 요제프 1세의 미망인 빌헬미네 아말리에 폰 브라운슈바이크-뤼네부르크(40세), 카를 6세의 누이동생들인 마리아 엘리자베트(Maria Elisabeth, 33세)[45] 마리아 안나(Maria Anna, 31세)[46], 마리아 마그달레나(Maria Magdalena, 24세), 요제프 1세의 나이 어린 두 딸 마리아 요제파(14세), 마리아 아말리아(12세), 그리고 22세의 부인까지 모두 여덟 명이나 되었다. 따라서 카를 6세는 이들 간의 서열을 우선 정리해야만 했다.[47]

레오폴트 1세가 에스파냐 왕위계승전쟁에 개입하면서 제정한 1703년의 '상호계승약관'은 에스파냐계와 오스트리아계 가문이 번갈아가면서 오스트리아 왕위를 계승하며 남녀를 막론하고 장자상속 원칙에 따라 상속순위도 결정한다는 것이 명시했다. 예를 들어 카를 6세가 후계자 없이 사망할 경우, 장자상속 원칙에 따라 요제프 1세의 두 딸들과 결혼한 작센 가문과 바이에른 가문의 후손이 후계자로 등장한다는 것이다. 당시 카를 6세는 다른 가문에게 합스부르크 가문을 넘겨줄 생각이 없었기 때문에 자신이 남자 상속인 없이 타계할 경우 자신의 딸이 왕위를 계승해야 한다는 생각을 하고 있었다. 따라서 그는 가족 간의 협약인 '상호간의 상속순위'를 자신의 관점에 따라 변경하려고 했다. 즉 그는 남자 상속인이 없어도 자신의 가문이 계속하여 오스트리아 왕위를 계승할 수 있다는 내용으로 변경시키려 했던 것이다.[48] 그러나 그는 법적으로 규

---

45 오스트리아령 네덜란드 총독직을 수행하고 있었다.

46 1708년 포르투갈 국왕 주앙 5세(João V de Portugal : 1706~1750)와 결혼했다.

47 오스트리아에서 신성로마제국의 황제가 서거할 경우 황후 명칭도 태후(Kaiser-inwitwe)로 바뀌게 된다. E. Badinter, *Maria Theresia*, p.39.

48 E. Badinter, *Maria Theresia*, p.39 ; D. Pieper, *Die Welt der Habsburger*. p.150 ; M. Erbe, *Die Habsburger 1493-1918*, p.133 ; G. Schreiber, *Franz I. Stephan. An der Seite einer großen Frau*(Graz-Wien-Köln, 1986), p.75 ; M. Vogt, *Deutsche*

제되지는 않지만 왕국 내 귀족들과의 타협을 통해 그들의 동의도 얻어내야 하는 과제를 안고 있었다. 1712년 크로아티아-슬라보니아 귀족들은 카를 6세가 상속법, 즉 '상호간의 상속순위'를 개정하려 한다는 소식을 접했다. 이에 따라 이들은 만일 여자 상속인이 오버외스터라이히, 니더외스터라이히, 그리고 인너외스터라이히(Innerösterreich)를 통치한다면 그들 역시 여자 상속인을 인정하겠다는 입장을 밝혔다. 이러한 결정은 향후 있을 수 있는 오스만튀르크 침입을 크로아티아-슬라보니아가 독자적으로 방어할 수 없다는 현실적 판단에서 비롯된 것 같다. 또한 이들은 카를 6세에게 선호적 자세를 보일 경우 헝가리 왕국과 동군연합하에 있던 크로아티아-슬라보니아가 보다 많은 자치권을 확보할 수 있다는 예견도 했다. 이러한 결정에 고무받은 카를 6세는 헝가리 귀족들과 협상을 전개했는데 여기서 헝가리 귀족들은 그들 계층에 대한 면세특권과 향후 통치자로 등장할 여성의 결혼 문제에 대한 헝가리 제국의회의 개입권도 요구했다.[49]

에스파냐 왕위계승전쟁의 막바지였던 1713년 4월 19일 오전 10시 카를 6세는 빈에 체류 중인 추밀고문관(Geheimrat)을 비롯한 고위관료들을 황궁으로 소환했는데 여기에는 오이겐 공작, 슈바르첸베르크(Ferdinand Schwarzenberg) 공작등도 포함되었다.[50] 이렇게 소집된 회의에서 카를 6세는 1703년에 발표된 '상호계승약관'의 내용과 그것이 가지는 문

Geschichte, p.244.

49 E. Badinter, *Maria Theresia*, p.40; M. Erbe, *Deutsche Geschichte 1713-1790*, p.118; G. Schreiber, *Franz I.Stephan*, p.75; M. Vogt, *Deutsche Geschichte*, p.244.

50 당시 오이겐은 카를 6세에 의해 공작으로 임명되었다.

제점들을 언급했다. 그에 따를 경우 '상호계승약관'을 오스트리아 왕위 계승에 적용시킬 경우 왕국 분열이 가시화될 것이고 그것에 따라 오스트리아의 국제적 위상 역시 실추될 수 있다는 것이다. 이어 그는 국가재상(Staatskanzler)이었던 자일레른에게 국사조칙(Pragmatische Sanktion, Sanctio pragmatica)을 낭독하게 했고 거기서 참석자들의 동의도 얻어냈다. 이러한 그의 행위는 왕위 계승에 대한 상호계승약관을 국법(Staatsgrundgesetz)으로 대체시킨 것으로 볼 수 있다.[51]

장남에게 주어진 우선상속권이 장남의 가계, 장남의 가계가 단절될 경우 차남 및 차남의 가계로 이양되는 것에 대해 상호계승약관과 국사조칙은 견해를 달리하지 않았다. 그리고 양 문서는 모든 남성계가 단절된 후 비로소 여성 상속권이 효력을 가진다고 했다. 여기서 상호계승약관은 남성계가 단절된 후 발생하는 여성의 상속순위를 구체적으로 정하지 않았지만 국사조칙은 이 경우 마지막 남성 왕위계승자의 후손에게 계승권이 귀속된다는 것을 명시했다. 당시 카를 6세는 남자 후계자가 없을 경우를 대비하여 국사조칙을 제정했지만 이러한 조칙을 통해 왕국의 통합을 견지시키려는 의도도 가졌다 하겠다.[52]

그런데 카를 6세는 국사조칙을 바로 공포하지 않고 당분간 황궁 내

51 이미 '상호계약약관'의 초안을 작성했던 자일레른은 카를 6세의 명령에 따라 국사조칙도 제정했다. T. Chorherr, *Eine kurze Geschichte Österreichs*, p.95; M. Erbe, *Die Habsburger 1493~1918*, p.134; E.J. Görlich, *Grundzüge der Geschichte der Habsburger Monarchie und Österreichs*, p.142; K. Pfister, *Maria Theresia*(München, 1949), p.26; D. Pieper, *Die Welt der Habsburger*. p.150; B. Simms, *Kampf um Vorherrschaft*, p.138; F. Weissensteiner, *Die großen Herrscher des Hauses Habsburg*, pp.212~213.

52 F. Weissensteiner, *Die großen Herrscher des Hauses Habsburg*, p.212.

에서 비밀로 남겨두었는데 그것은 그가 아들의 출생을 기다렸기 때문이다. 카를 6세는 당시 유럽의 군주들과 마찬가지로 전쟁이 발생할 경우 자신의 후계자가 군대를 이끌고 전선에 나서야 한다는 생각을 했지만 국사조칙으로 자신의 장녀가 오스트리아 왕위를 계승할 경우 그러한 과제 수행이 불가능하다는 것도 인지하고 있었다. 따라서 그는 결혼 후 가능한 한 빨리 남자 상속인을 얻기 위해 노력했고 그 과정에서 주치의들도 동원했다. 주치의들은 알코올에 희망을 걸고 황후에게 포도주와 브랜디를 처방했다. 그러나 이러한 방법이 별 효과를 거두지 못함에 따라 점차 그 양을 늘렸다. 엘리자베스 크리스티네는 언제나 처방된 알코올을 성실하게 마셨으며, 그녀의 얼굴이 습관적인 음주자들의 얼굴처럼 분홍빛이 되는 것도 감수했다. 실제로 결혼한 직후부터 엘리자베스 크리스티네는 왕위를 계승할 후계자를 낳아야 한다는 압박감에 시달리게 되었다. 이러한 것은 그녀가 부모에게 보내는 서신에서도 확인되었다. 편지에서 엘리자베스 크리스티네는 자신의 의무가 무엇인지를 잘 알기 때문에 그것을 이행하기 위해 최선의 노력을 기울이고 있다는 것도 언급했다.

그런데 당시 오스트리아 황실은 남자 상속인을 생산하지 못한 황후에 대해 가혹한 처벌을 가하는 데 주저하지 않았는데 이 과정에서 황제의 관점은 완전히 배제되었다. 즉 황실은 황후가 더 이상 임신을 하지 못할 경우 인위적 병(예를 들면 위염에 걸렸을 경우 치료 대신에 오히려 병을 악화시키는 약을 제공)으로 천천히 죽게 했는데 이것에 대해 주변의 인물들도 인지하지 못할 정도로 세심한 주의를 했다. 당사자였던 대다수의 황후는 자신이 황실에 의해 처벌받고 있다는 사실을 인지하는 경우가 많았지만 그것을 대외적으로 발설하지는 않았다. 이것은 아마도 발설로 인해 야기될 가문의 존폐 위기를 고려해야 한다는 판단에서 비롯된 것

카를 6세

같다.[53]

  카를 6세는 결혼한 지 8년 그리고 에스파냐를 떠난 지 5년 만인 1716
년 4월 13일 기다리던 아들인 레오폴트 요한(Leopold Johann)을 얻었지만
이 아들은 불과 7개월 만인 1716년 11월 4일에 죽었다. 이후 카를 6세
는 1717년 5월 13일 마리아 테레지아(Maria Theresia : 1740~1780), 1718
년 9월 14일 마리아 안나(Maria Anna), 그리고 1724년 4월 5일 마리아 아
말리아(Maria Amalia)만을 얻었다.[54] 세 명의 딸이 태어난 후 카를 6세는

53 E. Badinter, *Maria Theresia*, p.40.

54 M. Erbe, *Deutsche Geschichte 1713~1790*, p.118 ; F. Weissensteiner, *Die großen
    Herrscher des Hauses Habsburg*, p.212. 카를 6세는 마리아 테레지아가 태어난 직

황후가 더 이상 임신할 수 없다는 것을 파악한 후 국사조칙을 공포했다.

이후 국사조칙은 오스트리아의 모든 지역의회와 헝가리 및 보헤미아 왕국의회에 제출되어, 1720년과 1725년 사이에 승인을 받음으로써 오스트리아 왕국의 공식적 헌법으로 자리 잡게 되었다.[55] 이렇게 국내적 절차가 완료됨에 따라 바르텐슈타인(Johann Christoph v. Freiherr Bartenstein) 남작은 카를 6세에게 유럽 열강의 승인이 필요하다는 견해를 제시했고 이 점에 대해 카를 6세 역시 동의했다. 여기서 카를 6세는 각국의 요구 역시 수렴해야 한다는 사실을 잘 알고 있었다. 당시 러시아는 오스트리아가 폴란드 문제 및 오스만튀르크 문제에서 그들을 전적으로 지지한다는 약속을 받아낸 1726년에 국사조칙을 인정했다. 아울러 러시아는 오스트리아에게 동맹체제 결성도 요구했고 카를 6세는 그것에 동의해야만 했다. 프로이센의 프리드리히 빌헬름 1세(Friedrich Wilhelm : 1713~1740)는 1726년 10월 베를린 근처의 부스터하우젠(Wüsterhausen)과 1728년 12월 베를린에서 체결된 조약에서 국사조칙을 인정하겠다는 입장을 밝혔다. 여기서 프리드리히 빌헬름 1세는 팔츠-노이부르크(Pfalz-Neuburg) 가문이 통치하던 니더라인(Niederrhein) 내 경제 부국인 베르크 대공국(Herzogtum Berg)에 관심을 표명했다. 그리고 그는 팔츠-노이부르크 가문이 단절될 경우 카를 6세의 도움을 받아 이 대공국을 프로이센에 편입시키겠다는 의도도 밝혔지만 이것은 오스트리아 황제의 무관심

후, 즉 1717년 6월 9일 장모에게 서신을 보냈다. 여기서 부인이 딸을 출산한 것에 대해 불만과 낙담을 표시했지만 마리아 테레지아 역시 자신의 딸이라는 것을 강조했다. 이어 그는 아들들과 딸들이 곧 태어날 것이라는 확신도 표명했다.

55 1724년에 오스트리아 네덜란드 귀족들이 국사조칙을 인정했고 다음해인 1725년 밀라노 공국도 국사조칙의 실행에 대해 이의를 제기하지 않았다. F. Weissensteiner, *Die großen Herrscher des Hauses Habsburg*, p.213.

오스트리아 최초의 여왕 마리아 테레지아

50

으로 인해 현실화되지 못했다. 그리고 이것은 후에 발생한 오스트리아 왕위계승전쟁의 한 요인이 되기도 했다.

카를 6세는 영국과 네덜란드로부터 국사조칙을 인정받기 위해 자신이 1722년에 직접 세운 동인도회사(Ostindische Handelskompagnie)를 1731년에 해체시켜야 했는데 이것은 오스트리아 경제에 큰 타격을 가져다주었다. 오스트리아는 새로이 획득한 네덜란드 남부지방 덕분에 당시 해외교역에서, 특히 인도의 서부 및 동부, 중국, 그리고 아프리카와의 교역에서 막대한 이익을 얻었지만 이것은 영국과 네덜란드에게 경제적으로 타격을 가져다주었다. 이에 이들 국가들은 카를 6세에게 동인도 회사의 해체를 요구했고 반대급부로 국사조칙을 인정하겠다는 당근도 제시했던 것이다.[56]

작센 선제후 아우구스트 1세(August I)가 1697년 폴란드 국왕, 즉 아우구스트 2세(August II : 1697~1733)로 등극했다. 그런데 그가 1733년 사망함에 따라 폴란드 최고위귀족이면서 루이 15세의 장인인 스타니슬라우스 레슈친스키(Stanislaus Leszczyński)가 폴란드 민족주의자들에 의해 스타니슬라우스 1세(Stanislaus I : 1733~1735)로 등극했다. 스타니슬라우스는 이미 1704년 폴란드 국왕으로 등극했지만 1709년 아우구스트 2세에 의해 권좌에서 강제로 축출당한 바 있었다. 그러나 러시아, 스웨덴, 그리고 오스트리아는 작센 선제후 프리드리히 아우구스트 2세(Friedrich August II)를 대립왕으로 내세워 폴란드에서 왕위계승전쟁(1733~1735)을

---

56 영국과 네덜란드는 1731년 국사조칙을 인정했다. 오스트리아는 당시 국사조칙에 부정적 시각을 가졌던 스웨덴과 덴마크와도 협상을 벌였지만 이들 국가들의 과다한 요구로 협상은 중단되었다. R. Bauer, *Österreich*, p.205; F. Weissensteiner, *Die großen Herrscher des Hauses Habsburg*, p.215.

국사조칙

유발시켰다.[57] 당시 프리드리히 아우구스트 2세 역시 자신이 폴란드 국왕으로 등극하기 위해서는 러시아와 오스트리아의 지지가 절대적으로 필요하다는 사실을 인지하고 있었다. 따라서 그는 오스트리아의 카를 6세가 발표한 국사조칙을 인정했다. 이에 반해 스타니슬라우스 1세는 그를 지지하던 프랑스 및 에스파냐로부터 군사적 지원을 기대했지만 그러한 것이 가시화되지 못했다. 이에 따라 스타니슬라우스 1세와 그의 추종세력은 크게 위축되었고 그것은 스타니슬라우스 1세가 프리드리히 아우구스트 2세와의 대립에서 패하는 요인으로 작용했다.[58]

　　1738년 11월에 체결된 빈 평화조약에서 오스트리아는 스타니슬라우

57　당시 러시아는 프랑스의 지원을 받던 스웨덴, 폴란드, 그리고 오스만튀르크가 상호 협력하여 북방전쟁에서 그들이 이미 획득한 영토를 다시 차지할지도 모른다는 우려를 하고 있었다.

58　T. Chorherr, *Eine kurze Geschichte Österreichs*, p.95; F. Weis7sensteiner, *Die großen Herrscher des Hauses Habsburg*, p.215; M. Vogt, *Deutsche Geschichte*, p.245.

스 1세가 로트링엔 대공국의 지배자로 등장하는 것을 허용했고 그가 죽은 후 이 대공국이 자동적으로 프랑스에 귀속된다는 것에 대해서도 동의했다. 프랑스는 그것에 대한 대가로 국사조칙을 인정했다.[59]

---

59 F. Weissensteiner, *Die großen Herrscher des Hauses Habsburg*, p.215; M. Vogt, *Deutsche Geschichte*, p.245.

제2장

마리아 테레지아의 성장과 결혼

마리아 테레지아의 성장과 결혼

1. 마리아 테레지아의 탄생

1717년 5월 13일 오전 7시 30분 엘리자베스 크리스티네는 왕자 탄생을 바라던 황실의 기대와는 달리 공주를 순산했다. 빈의 슈테판 교회(Stephanskirche)의 큰 종은 공주의 탄생을 알렸고, 새 아기는 마리아 테레지아 발부르가 아말리아 크리스티네(Maria Theresia Walburga Amalia Christine)라는 이름으로 영세를 받았다. 다음해인 1718년 마리아 안나, 1724년 마리아 아말리아가 계속하여 태어났지만 마리아 아말리아는 1730년 사망했다. 당시의 관례상 왕자가 탄생할 경우 3일 동안 궁정에서 대연회(Großer Gala)가 개최되지만 공주가 태어날 경우에는 하루 동안의 대연회와 이틀간의 소연회(Kleiner Gala)로 축소되는데 마리아 테레지아 역시 이에 해당되었다.[1]

합스부르크 가문은 하나님으로부터 선택(Göttliche Auserwähltheit)되었

1   E. Dillmann, *Maria Theresia*, p.9 ; F. Herre, *Maria Theresia*, p.11 ; B. Stollberg-Rilinger, *Maria Theresia*, p.2.

다는 의식을 가졌기 때문에 마리아 테레지아의 영세의식 또한 종교예식을 넘어 화려하게 거행되었다. 금으로 된 영세반(Taufbecken)에는 예수 그리스도가 세례받았다는 요르단(Jordan)강의 물을 담았고, 그 옆에는 예수의 가시면류관에서 뽑았다는 가시 한 가지, 십자가 못, 구세주의 피 한 방울을 담은 유리그릇을 놓았다. 성녀 테레사 폰 아빌라(Theresa von Avila)²⁾가 수호성인으로 정해졌고, 합스부르크 왕가의 수호성인이 모셔져 있던 마리아첼(Mariazell) 교회에는 금으로 만든 오스트리아의 위대한 어머니(Magna Mater Austriae) 유아상이 바쳐졌다.³⁾ 그리고 마리아 테레지아의 탄생을 기념하기 위해 메달도 주조되었는데 여기서는 갓 태어난 아기가 기쁨의 얼굴을 하고 풍요의 뿔(Fullhorn)을 팔에 안는 형상이 각인되었고 '다시 만개하는 세계의 희망(Renascens spes orbis)'이라는 문구도 확인되었다. 공주의 대모로는 백부 요제프 1세의 태후 빌헬미네 아말리에 폰 브라운슈바이크−뤼네부르크와 조부 레오폴트 1세의 태후 엘레오노레 마그달레나 폰 팔츠−노이부르크, 그리고 교황 클레멘스 11세(Clemens XI : 1700~1721)가 위임되었다.⁴⁾

2　B. Stollberg−Rilinger, *Maria Theresia*, p.5. 로마교황청은 1622년 에스파냐 출신의 테레사 폰 아빌라를 수호성녀로 선포했다. 테레사 폰 아빌라는 당시 제기된 수도회 개혁을 평생 과제로 삼았고 그것을 실천시키는 데 혼신의 노력도 기울였다. F. Herre, *Maria Theresia. Die große Habsbugerin*, p.11.

3　슈타이어마르크에 있는 이 교회는 위대한 '오스트리아 어머니'라 지칭되는 은총의 목상 때문에 오스트리아에서 중요한 순례지로 간주되고 있다. F. Herre, *Maria Theresia*, p.11 ; B. Stollberg−Rilinger, *Maria Theresia*, p.2.

4　E. Dillmann, *Maria Theresia*, p.9 ; F. Herre, *Maria Theresia. Die große Habsburgerin*, p.11 ; B. Stollberg−Rilinger, *Maria Theresia*, p.2.

오스트리아 최초의 여왕 마리아 테레지아

2. 마리아 테레지아의 성장

어린 시절 마리아 테레지아는 겨울에 호프부르크(Hofburg)에 머물다가 여름에는 호프부르크에서 비교적 가까운 여름별장인 파보리타(Favorita) 소궁에서 생활했다.[5] 호프부르크에서 파보리타 소궁까지는 도보로 20분 정도 걸렸다. 그런데 이 소궁은 빈에서 자랑거리 건물은 아니었는데 그것은 17세기 말에 당시 무명의 건축가에 의해 증축되었기 때문이다. 파보리타 소궁은 오늘날 테레지아눔 인문계 고등학교(Thersianum Gymnasium)로 활용되고 있다.

이 시기 마리아 테레지아는 요제프 1세의 미망인인 태후 빌헬미네 아말리에 폰 브라운슈바이크-뤼네부르크를 자주 방문했고 거기서 양인은 매우 친밀하고 격의 없는 대화를 많이 나누었다. 여기서 빌헬미네 아말리에는 마리아 테레지아를 자신의 친손녀와 같이 귀여워했다. 특히 그녀는 마리아 테레지아가 홍역과 천연두에 걸렸을 때 정성을 다해 보살폈고 이것에 대해 당시 카를 6세는 빌헬미네 아말리에에게 감사의 편지를 보냈다. 이후 빌헬미네 아말리에와 마리아 테레지아 간의 관계는 더욱 긴밀해졌고 이러한 관계는 빌헬미네 아말리에가 거처를 황궁에서 빈 근처의 여자수도원으로 옮긴 후에도 지속되었다.[6] 그리고 마리아 테레지아가 여왕으로 등극한 이후 벌어진 상속전쟁에서 빌헬미네 아말리

---

5   E. Badinter, *Maria Theresia*, p.38; F. Herre, *Maria Theresia*, p.16; B. Stollberg-Rilinger, *Maria Theresia*., p.19.

6   이렇게 마리아 테레지아를 귀여워하고 많은 조언을 주었던 빌헬미네 아말리에 폰 브라운슈바이크-뤼네부르크는 1742년 4월 10일 생을 마감했다. E. Badinter, *Maria Theresia*, p.38.

푹스-몰라드 백작부인

에는 자신의 사위인 바이에른 선제후 카를 알브레흐트가 지향하던 친프로이센 정책을 강력히 비판하고 그것의 수정도 강력히 요구하는 데 주저하지 않았다.[7]

마리아 테레지아는 1728년 11월 3일부터 54세의 푹스-몰라드 백작부인(Maria Karoline Gräfin Fuchs-Mollard)으로부터 대공녀 교육을 본격적으로 받기 시작했다.[8] 당시 엘리자베스 크리스티네 황후와 푹스-몰라드 백작부인은 매우 긴밀한 관계를 유지했고 거기서 황후는 백작부인을 전적으로 신뢰했

7   요제프 1세는 빌헬미네 아말리에 폰 브라운슈바이크-뤼네부르크의 정치적 관점이 뛰어나다는 것을 인지했기 때문에 종종 그녀와 더불어 국가의 주요 사안들을 논의하기도 했다. 그리고 요제프 1세에 이어 제위를 계승한 카를 6세 역시 그녀로부터 국정에 대한 조언을 많이 듣고자 했다. E. Badinter, *Maria Theresia*, p.40; B. Stollberg-Rilinger, *Maria Theresia*, p.19.

8   마리아 테레지아의 스승(Ajas)으로 임명된 푹스-몰라드 백작부인의 부친 몰라드(Franz Maximillian v. Mollard)는 사보이 계통의 귀족가문 출신으로서 왕실 금고관리인으로 활동했다. 몰라드의 부인인 마리아 카롤리네 폰 몰라드(Maria Karoline v. Mollard)는 레오폴트 1세의 딸인 마리아 안나의 궁녀로 일하다가 1710년 푹스 추 빔바흐와 도른하임(Christoph Ernst v. Fuchs zu Bimbach und Dornheim)과 결혼했다. 이 인물은 5년 전인 1705년 요제프 1세에 의해 제국 직속백작(Reichsgrafenstand)으로 임명되었다. 마리아 카롤리네 폰 몰라드는 두 명의 딸을 낳고 결혼한 지 9년 만에 사망했다. E. Badinter, *Maria Theresia*, p.40; F. Herre, *Maria Theresia*. p.24; B. Stollberg-Rilinger, *Maria Theresia*, p.19.

오스트리아 최초의 여왕 마리아 테레지아

다. 따라서 그녀는 마리아 테레지아를 비롯한 딸들의 교육을 푹스-몰라드 백작부인에게 맡겼다.

마리아 테레지아의 교육을 전담한 푹스-몰라드 백작부인은 그녀의 천부적 재능을 확인하고 그것의 효율적인 확산에 신경을 썼다. 엘리자베스 크리스티네 황후는 1736년 푹스-몰라드 백작부인을 마리아 테레지아의 궁내부장관(Obersthofmeisterin)으로 임명했고 그녀에게 로다운(Rodaun)에 위치한 작은 성도 선물했다. 점차 마리아 테레지아와 푹스-몰라드 백작부인 사이의 관계는 더욱 친밀해졌고 그 과정에서 마리아 테레지아는 그녀를 '자유분방한 암여우(Burschikose Füchsin)' 또는 '사랑하는 어머니(Liebevolle Mami)'라 칭하기도 했다. 당시 마리아 테레지아는 모친인 엘리자베스 크리스티네 황후보다 푹스-몰라드 백작부인을 더욱 사랑했다. 그 일례로 친모 엘리자베스 크리스티네 황후가 1750년 12월 21일 사망했을 때 마리아 테레지아는 특별히 슬픈 감정을 보이지 않았고 상투적인 미사여구로 어머니의 죽음을 애도했다. 그러나 푹스-몰라드 백작부인이 1754년 4월 27일 세상을 떠나자 마리아 테레지아는 극도의 슬픔을 경험했고 그것을 극복하기까지 상당 기간도 필요했다. 마리아 테레지아는 1754년 5월 8일 푹스-몰라드 백작부인이 살았던 성의 방들을 파괴하라는 의외의 명령도 내렸는데 이것은 그녀가 성을 볼 때마다 자신과 백작부인과의 긴밀한 관계가 다시금 뇌리에 떠오르는 것을 막기 위한 시도에서 비롯된 것 같다.[9]

---

9   E. Badinter, *Maria Theresia*, p.40. 1744년 12월 프로이센군이 빈으로 진격함에 따라 이 도시는 공포에 휩싸이게 되었다. 이러한 시점에 엘리자베스 크리스티네의 건강은 병자성사를 할 정도로 악화되었다. 이후 마리아 테레지아의 모친은 다시 건강을 회복했지만 그녀는 1750년 12월 21일 결국 생을 마감했다.

푹스-몰라드 백작부인은 그녀가 사망할 때까지 마리아 테레지아를 진심으로 보살폈고 이것은 마리아 테레지아가 그녀를 가장 신뢰하고 친밀한 조언자 겸 벗으로 간주하게 했다. 마리아 테레지아는 푹스-몰라드 백작부인이 사망한 후 성대한 장례식을 치르게 했고 거기에는 빈 정부의 고위 인사들을 비롯하여 빈의 시민들도 대거 참석했다. 이후 마리아 테레지아는 그녀의 시신을 카푸치너(Kapuziner) 교회 지하 합스부르크 가문 역대 영묘에 안치시키는 특별 배려도 했다.[10]

마리아 테레지아의 교육은 푹스-몰라드 백작부인이 대공녀 교육을 전담하기 이전인 7세부터 시작되었는데 당시의 관례대로 예수회 교단과 황궁의 교육자들이 전담했다. 파히터(Michael Pachter)와 보겔(Franz Xaver Vogel) 신부는 가톨릭 종교학을, 켈러(Johann Franz Keller)와 스판나글(Gottfried Philipp Spannagl)은 라틴어, 지리, 역사를, 그리고 궁중수학자인 마리노이(Jacob Marinoii)는 산술과 기하학을 가르쳤다. 당시 예수회 교단은 어린 대공녀의 하루 일과를 정해 그것에 따라 엄격히 시행했는데 심지어 마리아 테레지아의 취침시간까지 확인할 정도였다. 그리고 교육시간에 사용한 학습교본들은 그녀를 위해 별도로 제작하는 등의 세심한 배려도 했다. 당시 예수회 교단은 신앙심 증대를 우선했기에 어린

---

10 호프부르크(Hofburg) 왕궁 근처에 위치한 카푸치너(Kapuziner) 교회 지하 합스부르크 가문 역대 영묘는 1633년부터 합스부르크 가문 전용 황실 납골당으로 사용되었다. 여기에는 합스부르크 가문의 황제, 황후 및 그들의 자녀 150명이 잠들어 있다. 마리아 테레지아는 푹스-몰라드 백작부인의 석관묘 뚜껑에 '나, 마리아 테레지아는 미덕과 선행을 증대시키기 위해 시행한 고귀한 교육에 헌신적 봉사를 한(푹스-몰라드 백작부인)의 마음을 영원히 기억하고 있다'라는 문구를 각인하게 했다. E. Badinter, *Maria Theresia*, p.41 ; F. Herre, *Maria Theresia*. p.24 ; B. Stollberg-Rilinger, *Maria Theresia*, p.20.

대공녀 역시 일찍부터 사제들로부터 빈 궁전에 장식된 선조들의 위업에 대한 지식과 가문의 성장 및 역사에 대해 집중적으로 배웠다.[11]

그러나 마리아 테레지아는 국가행정, 법률제도, 군사제도, 그리고 정치 분야에 대해 제대로 배우지 못했는데 이것은 그때까지 카를 6세가 그녀를 자신의 후계자로 생각하지 않았기 때문이다. 만일 카를 6세가 마리아 테레지아를 후계자로 생각했다면 그는 마리아 테레지아에게 유럽 각국을 방문하는 기사여행(Kavalierstour)을 시켰을 것이다.[12] 그럼에도 불구하고 카를 6세는 마리아 테레지아를 비밀고문관회의(Geheimer Rat)에 종종 참석시켜 국가업무를 파악하는 기회도 제공하려고 했는데 당시 그녀의 나이는 14세에 불과했다. 일반적으로 비밀고문관회의는 서너 시간 동안 진행되었고 거기서는 중요한 결정도 내려지지 않았다. 비밀고문관회의에 참석한 마리아 테레지아는 그 시간 동안 입을 굳게 다물고만 있는 경우가 많았다. 그렇다고 그녀의 이러한 태도가 국가업무에 대한 무관심에서 나온 것 같지는 않은데 그것은 즉위한 이후 그녀가 펼친 일련의 개혁에서 쉽게 확인할 수 있다. 마리아 테레지아는 오스트리아 왕국 내 다양한 언어의 공존으로 외국어 습득을 해야 했기 때문에 독일어는 뒷전으로 밀렸다.[13] 이러한 연유로 마리아 테레지아는 당대의 국제공용어인 프랑스어를 자유롭게 구사할 수 있었다.[14] 또한 그녀는 합

---

11   F. Herre, *Maria Theresia*. p.23 ; B. Stollberg-Rilinger, *Maria Theresia*, p.20.

12   B. Stollberg-Rilinger, *Maria Theresia*, p.20.

13   따라서 마리아 테레지아가 쓴 독일어 문서들을 읽을 경우 거기서 많은 문법적 오류들이 있음을 확인할 수 있다. B. Stollberg-Rilinger, *Maria Theresia,* p.23.

14   카를 6세는 빈의 황궁에서 프랑스가 공용어로 사용되는 것을 금지시켰음에도 불구하고 프랑스어는 계속하여 공용어로 사용되었다. B. Stollberg-Rilinger, *Maria Theresia*, p.23.

스부르크 가문의 통치지역과 관련하여 헝가리 공용어인 라틴어는 물론이고, 궁중문화와 궁중예식에 많이 사용되는 이탈리아어와 에스파냐어도 배웠다.

이 시기 마리아 테레지아는 많은 서적들을 읽었다. 종교서적뿐만 아니라 당시 이탈리아 및 프랑스 작가들이 쓴 계몽주의적 문학작품들도 읽었다. 그러나 그녀는 철학 저서들에 대해서는 그리 큰 관심을 보이지 않았다.

데생, 수채화, 성악, 피아노, 춤과 같은 것들도 마리아 테레지아의 교육에서 큰 비중을 차지했다. 음악을 애호한 조부 레오폴트 1세는 직접 작곡한 곡도 여러 편이었는데 마리아 테레지아 역시 조부로부터 그러한 음악적 재능을 물려받았다. 따라서 그녀는 1724년부터, 즉 7세부터 궁중 오페라에서 춤을 추고 이탈리아어로 노래도 부르며 연극에 출연하기도 했다. 부친인 카를 6세 또한 선왕 레오폴트 1세와 마찬가지로 예술가적 재능을 지녔다. 실제로 그는 작곡을 많이 했으며 바이올린 연주자로도 알려졌다. 그리고 그는 매년 열 편 정도의 오페라와 오라토리오(Oratorio)를 궁정 작곡가들에게 작곡하게 한 후 이것들을 무대에 올렸고 초연 과정에 드는 비용인 6만 굴덴도 지원했다. 따라서 작곡가이며 음악평론가로 활동한 푹스(Johann Joseph Fux)가 지휘한 궁정악단은 카를 6세 시기에 그 황금기를 맞이했다. 실제로 푹스는 1711년 카를 6세에 의해 당시 유럽 음악계의 가장 중요한 직책 중의 하나로 평가되던 빈 궁정악장에 임명된 후 많은 오페라 및 오라토리오를 작곡했고 그것들은 오늘날에도 많이 연주되고 있다.[15]

---

15 보통 성담곡으로 번역되는 오라토리오는 성서에 입각한 종교적 내용을 취급했으며 동작이나 무대장치가 따르지 않는 것이 특징이라 하겠다. 오페라처럼 독

카를 6세는 자녀들을 축제 또는 황제 부부 생일에 개최하는 행사에 참석시켜 그들의 연기를 보여주게끔 했다. 그 일환으로 마리아 테레지아는 1724년 5월 17일 궁중 시인인 체노(Apostolo Zeno)가 쓰고 궁중 부악장인 칼다라(Antonio Caldara)가 작곡한 〈에우리스테오(Euristeo)〉에서 그녀의 동생인 마리아 안나와 같이 출연하여 춤을 추었다. 그리고 마리아 테레지아는 1730년 11월 4일 카를 6세의 수호성인 날을 기념하기 위해 궁중에서 개최된 칸타타(Kantate, 관현악을 동반하며 독창과 합창을 포함한 가곡)에서 성악가로 데뷔했다. 이로부터 2년 후 그녀는 이탈리아의 희극

창, 합창, 그리고 관현악이 등장하나 오페라에 비해 합창의 비중이 크며, 이야기 줄거리는 내레이터가 낭송한다. 오라토리오라는 단어는 원래 이탈리아어로 가톨릭 성당에서의 '기도소'를 뜻하지만 16세기 후반 로마의 성 필리포 네리(San Filippo Neri)가 기도소 집회에서 사용한 음악이 계기가 되어 특정한 음악 형식으로 발전한 것이다. 성 필리포 네리는 가톨릭 개혁운동의 대표적 인물로, 회심한 뒤 로마에 가서 가정교사로 활동하면서 철학과 신학 공부를 했고, 1548년 자선을 위한 삼위일체신심회를 설립했다. 1551년 사제가 된 성 필리포 네리는 산 지로라모 델 카리타 성당에 정주한 후 자기 방에서 젊은이들과 더불어 토론을 자주 했다. 이후 참석자들이 늘어나자 기도소 장소를 교회의 다락방으로 옮겼는데 이곳을 지칭하여 오라토리움이라고 했다. 그리고 이러한 모임이 발전하여 오라토리아회가 되었으며, 거기서 노래한 음악이 오라토리아가 되었다. 그런데 오라토리아회는 다른 종단에 비해 자유분방하고, 자신들의 영적 삶을 증대시키며, 이웃들에게 자선을 베푸는 사제와 재속사제들로 구성되었다.

　1714년 궁정시인으로 빈에 초빙되어 창작활동을 하던 이탈리아의 시인이자 대본가인 파리아티(Pietro Pariati)의 시에 기초한 푹스의 오페라 〈오르페오와 에우리디체(Orfeo ed Euridice)〉는 카를 6세의 30회 생일을 축하한 작품이었다. 파리아티는 카를 6세의 후원을 받아 1729년까지 오라토리오, 칸타타, 그리고 오페라를 위한 텍스트를 창작했으며, 그의 작품들은 거의 모두 푹스에 의해 작곡되었다. F. Herre, *Maria Theresia*, p.17; B. Stollberg-Rilinger, *Maria Theresia*, pp.24~25.

연극에 배우로 등장하여 능력을 발휘하기도 했다. 당시 귀족들 역시 궁정 사교 과정에서 음악이 반드시 필요하다고 인지했기 때문에 이 부분에 대해 해박한 지식을 가지려고 노력했다.[16]

이렇게 예술적 재능을 가졌음에도 불구하고 마리아 테레지아의 건강 상태는 그리 양호하지 못했는데 이 점에 대해 카를 6세는 매우 우려했다. 실제로 당시 마리아 테레지아는 매우 날씬했고 그것 때문에 종종 현기증(Schwindsucht)에 시달리는 경우도 많았다.[17] 이에 반해 그녀보다 두 살이나 어린 마리아 안나는 바로 결혼할 정도로 성숙했다.

이렇게 마리아 테레지아와 마리아 안나가 성장함에도 불구하고 카를 6세는 부인으로부터 아들을 얻기를 기대했다. 그러나 그는 그 기대가 더 이상 실현될 수 없다는 사실을 인지했고 그것은 그를 매우 초조하게 하는 요인으로 작용했다. 이에 따라 카를 6세는 남자 후계자를 얻을 수 있는 방법을 구체적으로 모색했고 거기서 두 번째 부인을 얻는 방법밖에 없다는 것도 인지했다. 그러나 그것은 엘리자베스 크리스티네가 죽어야만 가능한 방안이었다. 지금까지 엘리자베스 크리스티네는 만성적인 나쁜 건강 상태에도 불구하고 임신을 위한 처방에 따라 과다한 음식을 섭취했다. 즉 그녀는 향미로 색소를 첨가한 술과 영양분이 지나친 음식을 섭취했고 이것은 체내에 지방 축적을 가져왔을 뿐만 아니라 얼굴마저 볼품없이 붉게 했다. 점차적으로 그녀는 제대로 걸을 수 없을 만큼

16 E. Badinter, *Maria Theresia*, p.41 ; F. Herre, *Maria Theresia*. p.23 ; B. Stollberg-Rilinger, *Maria Theresia*, p.25.

17 물론 마리아 테레지아의 건강 문제는 결혼 후 자연스럽게 해결되었고 그녀는 나이가 들면서 오히려 과체중을 걱정해야 했다. E. Badinter, *Maria Theresia*, p.25 ; B. Stollberg-Rilinger, *Maria Theresia*, p.25.

오스트리아 최초의 여왕 마리아 테레지아

비만해졌다. 당시 카를 6세의 주변 인물들은 황제가 비만한 엘리자베스 크리스티네 황후가 빨리 죽기를 기원하는 것 같다고 언급했다. 1735년 초부터 빈 황실에서는 엘리자베스 크리스티네의 죽음이 임박했고 카를 6세가 새로운 부인을 얻으려 한다는 소문이 돌기 시작했다. 이 과정에서 요제프 1세의 장녀인 마리아 요제파, 로트링엔 대공국의 장녀, 즉 마리아 테레지아의 미래 남편인 프란츠 슈테판의 여동생 엘리자베스 테레제(Elisabeth Therese), 그리고 엘리자베스 테레제의 동생인 안나 샬로테(Anna Charlotte) 등이 황후후보로 거론되었다. 카를 6세가 죽기 1주일 전에는 모데나(Modena) 공작의 딸도 황후후보군에 포함되었다.[18]

3. 마리아 테레지아의 결혼

카를 6세는 유럽의 여러 국가에 파견한 외교관들을 통해 마리아 테레지아의 배우자를 찾으려고 했지만 그의 마음에 딱 드는 인물은 없었다. 그러던 중 그는 에스파냐와 다시 우호관계를 구축해야 한다는 필요성 때문에 펠리페 5세의 아들들과 자신의 두 딸들 간의 이중 결혼도 생각했다. 이때 오스만튀르크와의 전쟁에서 승리를 이끈 오이겐 공은 왕위계승권을 둘러싼 제 상황을 우선적으로 고려해야 한다는 견해를 제시했고 거기서 그는 비텔스바흐 가문의 바이에른과 결합하는 것이 가장 유익하다는 입장도 밝혔다. 그에 따를 경우 만일 마리아 테레지아가 바이에른 선제후의 아들과 결혼할 경우 바이에른 선제후국과 오스트리

---

18 E. Badinter, *Maria Theresia*, p.25. 엘리자베스 테레제는 1711년에 태어났다. 그리고 안나 샬로테는 1714년 레오폴트-요제프 대공의 막내딸로 태어났다.

아는 합병될 것이고 이것은 신성로마제국에서 오스트리아의 위상을 크게 증대시킬 수 있는 계기도 된다는 것이다.[19] 이에 반해 카를 6세의 시종장이었던 바르텐슈타인 남작은 프로이센의 왕위계승자인 프리드리히(Friedrich)를 천거했다. 그러나 카를 6세는 신성로마제국 내 많은 국가들이 이러한 제의들에 대해 동의하지 않으리라는 것을 잘 알고 있었는데 이것은 이들 국가들이 오스트리아의 위상이 독일권에서 지나치게 증대되는 것을 바라지 않는다는 판단에서 비롯된 것 같다. 또한 영국과 네덜란드는 1713년 국사조칙을 인정하면서 황제의 상속녀는 오로지 약소국가 위정자들의 아들과 결혼해야 한다는 약속을 받아냈는데 이것 역시 유럽 열강 간의 균형을 유지시켜야 한다는 판단에서 비롯된 것 같다.[20]

여러 가지 상황을 고려한 끝에 카를 6세는 로트링엔(Lothringen) 대공국의 레오폴트 클레멘스(Leopold Klemens) 대공을 사윗감으로 결정했다. 프랑스어로 로렌(Lorraine)인 로트링엔 대공국은 독일과 프랑스 사이에 위치했기 때문에 끊임없이 양국 사이의 쟁탈전이 펼쳐진 곳이었다.

18세기 전반까지만 해도 로트링엔 대공국은 소국의 지위에서 벗어나지 못했다. 당시 이 대공국을 통치하던 레오폴트-요제프(Leopold Joseph) 대공에게는 세 아들이 있었는데 이 중 차남인 레오폴트 클레멘스가 마리아 테레지아의 약혼자로 내정되었다.[21]

---

19 그러나 신성로마제국 내 나머지 국가들은 이러한 결혼에 동의하지 않았다. E. Dillmann, *Maria Theresia*, p.19; E.J. Görlich, *Grundzüge der Geschichte der Habsburger Monarchie und Österreichs*, p.143; F. Herre, *Maria Theresia*, p.27; B. Stollberg-Rilinger, *Maria Theresia*, p.26.

20 E. Dillmann, *Maria Theresia*, p.19; B. Stollberg-Rilinger, *Maria Theresia*, p.27.

21 레오폴트-요제프 대공은 부르봉-오를레앙(Bourbon-Orléans) 가문의 엘리자베스 샬로테(Elisabeth Charlotte)와 결혼했는데 이 인물은 루이 14세의 여동생

오스트리아 최초의 여왕 마리아 테레지아

68

신성로마제국 황제 페르디난트 3세(Ferdinand III : 1636~1637)의 손자이고 루이 14세(Louis XIV)의 조카인 레오폴트-요제프 대공은 1697년 인스부르크(Innsbruck) 왕궁에서 태어났고 적지 않은 시간을 빈의 황궁에서 보냈다. 이 시기에 그는 종형제인 요제프 1세 및 카를 6세와도 친하게 지냈다. 로트링엔 대공국의 지배자로 등장한 이후부터 그는 차남 레오폴트 클레멘스를 향후 오스트리아 지배자로 등장시킬 수 있는 방법을 강구했고 그것을 위해 빈 황실의 상황을 정확히 전달할 수 있는 인물들도 포섭했다.[22] 그러다가 레오폴트-요제프 대공은 카를 6세가 보헤미아 국왕 즉위식을 프라하에서 거행한다는 소식을 듣고 아들을 보내어 그와 자연스럽게 만나게 하려고 했다. 그러나 1723년 6월 4일 16세의 레오폴트 클레멘스가 천연두(Die Blattern ; petites véroles)로 목숨을 잃게 됨에 따라 레오폴트-요제프 대공은 계획을 수정해야만 했다.[23] 그는 빈 황실

　　이었다. 레오폴트-요제프 대공과 엘리자베스 샬로테는 열네 명의 자녀를 출산했지만 이들 중에서 단지 다섯 명만이 생존했다. E. Badinter, *Maria Theresia*, p.42 ; B. Stollberg-Rilinger, *Maria Theresia*, p.27.

22　빈 주재 프랑스 외교관은 1721년 5월 파리에 보내는 보고문에서 레오폴트-요제프가 레오폴트 클레멘스와 마리아 테레지아의 결혼에 매우 깊은 관심을 보이고 있을 뿐만 아니라 그것의 실천을 국가의 중대 과제로도 선정한 것 같다고 언급했다. 실제로 레오폴트-요제프는 카를 6세에게 자신의 차남을 보내어 그의 후견하에 교육 및 통치자로서 필요한 제 자질을 배우게 하려는 생각도 가지고 있었다. E. Badinter, *Maria Theresia*, p.43 ; F. Herre, *Maria Theresia*.pp.24~25 ; B. Stollberg-Rilinger, *Maria Theresia*, p.27.

23　레오폴트 요제프 대공은 이미 1711년 5월 10일 7세의 대공국 상속인 루트비히(Ludwig)와 대공녀 가브리엘레(Gabrielle)를 그 다음날인 5월 11일 천연두로 잃었다. 이에 따라 그는 남은 대공들인, 레오폴트 클레멘스와 프란츠 슈테판을 살리기 위해 천연두로부터 비교적 자유로운 레오몽(Leomont)으로 옮겼다. 레오폴트 클레멘스가 천연두로 목숨을 잃은 지 4년 후인 1727년 12월 프란츠 슈

에 사절단을 보내어 레오폴트 클레멘스의 사망 소식을 알렸고 그 과정에서 삼남의 존재도 부각시키게 했다. 이 자리에서 사절단은 삼남 프란츠 슈테판(Franz Stephan)의 외모를 정확히 묘사했고 그가 카를 6세를 매우 존경하고 있다는 것도 언급했다. 사절단의 이러한 행동은 레오폴트-요제프 대공의 지시에 따른 것이었다.[24]

레오폴트-요제프 대공은 차남이 죽은 지 1주일도 안 되어 삼남을 카를 6세의 사위로 제시했고 그로부터 긍정적 반응이 나오기를 기대했던 것이다. 이를 위해 그는 삼남 프란츠 슈테판을 보헤미아 지방으로 보냈다. 여기서 테센 대공국(Herzogtum Teschen)을 시찰한다는 것이 프란츠 슈테판의 표면적 방문 목적으로 제시되었다. 그러나 실제 목적은 카를 6세에게 프란츠 슈테판의 실제 모습을 보여주면서 그로부터 긍정적 평가를 받으려는 것이었다.[25] 당시 프란츠 슈테판 역시 황제 부부를 알현하는 과정에서 그들이 자신에 대해 매우 흡족해야 한다는 것을 잘 알고 있었다. 그런데 예상과는 달리 카를 6세는 프란츠 슈테판에게 다가가 두 팔로 그를 껴안으면서 자신의 아들이라고 부를 정도의 친밀감을 보였다.[26]

1723년 8월 10일, 6세의 마리아 테레지아는 프라하에서 거행된 카

테판 역시 천연두에 걸렸지만 무사히 회복되었다. E. Dillmann, *Maria Theresia*, p.12; G. Schreiber, *Franz I. Stephan. An der Seite einer großen Frau*(Graz-Wien-Köln, 1986), p.9; B. Stollberg-Rilinger, *Maria Theresia*, p.28.

24 F. Herre, *Maria Theresia*. p.23; B. Stollberg-Rilinger, *Maria Theresia*, p.28.

25 E. Badinter, *Maria Theresia*, p.43; E. Dillmann, *Maria Theresia*, p.12; B. Stollberg-Rilinger, *Maria Theresia*, p.29.

26 E. Badinter, *Maria Theresia*, pp.43~44; E. Dillmann, *Maria Theresia*, p.12; B. Stollberg-Rilinger, *Maria Theresia*, p.29.

를 6세의 보헤미아 국왕 대관식에서 9세 연상의 프란츠 슈테판을 처음 만났다.[27] 그리고 같은 달 14일 15세의 프란츠 슈테판은 프라하에서 황후 및 그녀의 두 딸도 개인적으로 보게 되었다. 다음 날 프란츠 슈테판은 황금 블리에스 훈장(Orden vom Goldenen Vlies)을 수여받았는데 이것은 빈 황실이 개최하는 예식에 참여할 수 있는 권한을 부여받은 것으로 볼 수 있을 것이다.[28] 얼마 안 되어 카를 6세는 레오폴트-요제프 대공에게 서신을 보냈는데 여기서 그는 모든 일에 성실하고 적극적인 프란츠 슈테판을 통해 자신이 오랫동안 생각한 양 가문의 결합에 대해서도 고려하겠다는 입장을 밝혔다. 그러나 이 당시 카를 6세는 임신 중인 엘리자베스 크리스티네로부터 아들을 기대하고 있었기 때문에 장녀의 결혼에 그리 적극성을 보이지 않았다.[29] 뿐만 아니라 당시 프라하에 머물던 폴란드 국왕과 바이에른 선제후 역시 그들의 아들과 마리아 테레지아의 결혼에 깊은 관심을 표명했기 때문에 카를 6세는 이들도 배려해야만 했다. 카를 6세의 이러한 내심을 정확히 파악한 레오폴트-요제프 대공은 아들에게 일단 낭시(Nancy)로 돌아올 것을 명령했다.

9월 초부터 레오폴트-요제프 대공은 몇 주에 걸쳐 카를 6세와 더불어 아들이 빈에 체류하는 것에 대한 협상을 벌였고 거기서 황제로부터 긍정적인 답변도 얻어냈다.[30] 이에 따라 프란츠 슈테판은 1723년 11월

---

27 E. Badinter, *Maria Theresia*, p.44 ; D. Pieper, *Die Welt der Habsburger*, p.151 ; B. Stollberg-Rilinger, *Maria Theresia*, p.29.

28 E. Badinter, *Maria Theresia*, p.44 ; B. Stollberg-Rilinger, *Maria Theresia*, p.29.

29 그러나 엘리자베스 크리스티네는 남편이 기대하던 아들이 아닌 딸 마리아 아말리아를 출산했다.

30 독일어로 '난지그(Nanzig)'라 지칭되는 이 도시는 8천 명의 인구를 가진 로트링엔 대공국의 수도였다. E. Badinter, *Maria Theresia*, p.44. ; G. Schreiber, *Franz*

22일 다시 빈을 찾았고 황제 부부도 다시 알현했다. 이후 그는 가난한 친척의 신분으로 태후 엘레오노레 마그달레나 폰 팔츠-노이부르크의 궁에서 1729년까지 머물렀다.[31] 이렇게 장기간 빈에 머물렀던 프란츠 슈테판은 카를 6세와 같이 종종 사냥을 갔지만 궁중사회나 공공석상에서는 그러한 친밀도가 허용되지 않았다.[32] 그리고 카를 6세의 이러한 이중적 태도는 당시 마리아 테레지아의 결혼에 관심을 보이던 국왕 및 대공들에게 어떠한 빌미도 제공하지 않겠다는 의지에서 비롯된 것 같다.

카를 6세는 프란츠 슈테판에게 많은 교양서적을 선물했는데 이것은 프란츠 슈테판이 로트링엔 대공국에서 제대로 교육받지 못했을 것이라는 판단에서 비롯되었다. 실제로 프란츠 슈테판은 거의 교육을 받지 않았기 때문에 문서나 책들을 제대로 읽지 못했고 소리 나는 대로(phonetisch) 쓸 수준에서 벗어나지 못했다. 따라서 그에게 편지가 올 경우 주변 사람들은 그를 위해 편지를 크게 읽어야만 했다. 또한 프란츠 슈테판은 황제의 기대와는 달리 빈의 화려한 분위기에 매료되어 선물받은 역사

I. Stephan, p.9.

31　엘레오노레 마그달레나 폰 팔츠-노이부르크는 매우 경건한 신앙생활을 했기 때문에 '황후수녀'라는 명칭도 부여받았다. E. Badinter, *Maria Theresia*, p.44.; G. Schreiber, *Franz I. Stephan*, p.10.

32　이 인물은 춤을 잘 추었고 펜싱 경기에서도 탁월한 실력을 발휘했다. 뿐만 아니라 당시 황제가 선호하던 사냥에서도 남다른 솜씨를 보여주곤 했다. 당시 카를 6세는 자신의 사냥 달력에 정확한 실적을 기록했는데 거기에는 언제, 어디서, 어떠한 날씨에서 사냥했고 기기서 얼마만큼의 수확을 했는지가 적혀 있었다. 한 예를 들면 1717년의 사냥 달력에는 모두 스물두 마리의 곰이 잡혔다는 것이 명시되었다. E. Badinter, *Maria Theresia*, p.48; B. Stollberg-Rilinger, *Maria Theresia*, p.30; F. Weissensteiner, *Die großen Herrscher des Hauses Habsburg*, p.217.

서나 법률서에 대해 관심도 보이지 않았다. 이러한 소식을 접한 카를 6세는 프란츠 슈테판에게 어떠한 비난도 하지 않았는데 이것은 그 역시 많은 독서를 통해 얻는 지식들이 한 국가의 통치자에게 그리 큰 도움이 주지 못한다는 판단을 했기 때문이다.[33] 바로크 시대의 위정자들과 마찬가지로 카를 6세는 사냥에 대한 열정과 대외적으로

어린 시절의 프란츠 슈테판

자신을 효율적으로 표출시키는 능력이 군주에게 우선적으로 필요하다는 데 견해를 같이했다. 그럼에도 불구하고 카를 6세는 프란츠 슈테판을 1725년 2월 시에나(Siena)대학으로 보내어 학업에 전념시키겠다는 생각도 했지만 이것을 실제로 이행하지는 않았다.

이렇게 프란츠 슈테판이 빈에 머물렀던 시기 마리아 테레지아는 그에게 깊은 관심을 보였다. 물론 어린 마리아 테레지아는 프란츠 슈테판이 그녀의 남편이 될 사람임을 알지 못했지만 그녀는 그를 처음 본 순간부터 자신이 마치 그를 위해 태어났다는 생각을 하기 시작했다. 또한 그

---

33 카를 6세의 이러한 판단에도 불구하고 프란츠 슈테판은 1724년 12월에 역사시험, 다음해 7월에 통어론(Syntax), 문법, 지리학, 역사시험을 보아야만 했다. 그리고 1726년 8월에는 변증법(Dialektik), 논리학(Kogik), 그리고 철학시험도 치러야 했고 시험 결과는 바로 카를 6세에게 전달되었는데 이것에 대한 카를 6세의 반응은 확인되지 않고 있다. F. Herre, *Maria Theresia*. p.25; G. Schreiber, *Franz I. Stephan*, p.11; B. Stollberg-Rilinger, *Maria Theresia*, p.30.

아닌 어느 누구와도 결코 결혼하지 않겠다고, 꿈속에서도 그를 보았다고 말하는 등 낮에는 주변의 궁녀들에게 오직 그에 대해서만 이야기할 정도로 마리아 테레지아는 프란츠 슈테판에게 깊이 빠져 있었다.[34]

레오폴트-요제프 대공이 1729년 3월 27일에 서거함에 따라 프란츠 슈테판은 로트링엔 대공국의 군주, 즉 프란츠 3세(Franz III)로 등극해야 했다. 그런데 프란츠 슈테판은 부친이 서거한 지 7개월이 지난 11월 중순 낭시에 돌아와 대공직을 계승했다. 이러한 그의 행동에 많은 사람들은 의아감을 표시했다. 1729년 11월 9일 빈을 떠나기 전에 프란츠 슈테판은 12세의 마리아 테레지아로부터 다이아몬드로 장식된 그녀의 초상화를 선물받았는데 이것은 프란츠 슈테판이 자신을 항상 기억하기를 바라는 마리아 테레지아의 염원에서 비롯된 것 같다. 낭시에 도착한 프란츠 슈테판은 우선 어려운 대공국의 재정적 상황을 개선시키는 데 주력했고 거기서 어느 정도의 성과도 거두었다. 또한 동시에 그는 자신이 좋아하던 가구들과 그림들을 빈으로 보냈는데 이것은 그가 다시 빈으로 돌아가겠다는 의지의 표현이라 하겠다. 프란츠 슈테판은 1731년 4월 25일 낭시를 떠나면서 어머니인 엘리자베스 샬로테에게 대공국의 통치권을 위임했다. 당시 엘리자베스 샬로테는 자신보다 동생인 카를 알렉산더(Karl Alexander)에게 통치권을 위임해야 한다고 주장했지만 프란츠 슈테판은 그것을 거부했다. 이러한 결정 이면에는 자신과 마리아 테레지아의 결혼이 성사되지 않을 경우 다시 대공국의 통치자로 회귀하겠다

34 1735년 7월 5일 빈 주재 영국 외교관이었던 로빈슨(Thomas Robinson) 남작은 프란츠 슈테판에 대한 마리아 테레지아의 이러한 감정 표현을 여과 없이 런던 정부에 보고했다. E. Badinter, *Maria Theresia*, p.52; F. Herre, *Maria Theresia*, p.29.

는 복안이 작용한 것 같다. 만일 당시 대공국에서 인기가 있던 카를 알렉산더에게 통치권을 일시적으로 위임할 경우 그러한 통치권을 다시 찾을 수 없다는 우려도 그러한 결정의 요인으로 작용한 것 같다.

빈으로 돌아가기 전 프란츠 슈테판은 오스트리아령 네덜란드, 네덜란드, 영국, 그리고 프로이센으로 기사여행을 떠났는데 이것은 카를 6세의 요구에 따른 것이라 하겠다. 이 기간 중 그는 카를 6세의 사위로 대접받았다. 네덜란드에서 프란츠 슈테판은 얼 체스터필드(Earl of Chesterfield) 경이 주도하던 프리메이슨 운동(Freimaurerei)에 관심을 보였다. 이에 따라 그는 수습생으로 활동하다가 정회원으로 가입하기도 했다. 그리고 그는 베를린에서 프리드리히(Friedrich) 왕자의 약혼식에도 참석했다. 빈으로 돌아오기 전 프란츠 슈테판은 카를 6세로부터 헝가리 총독에 임명되었고 그것에 따라 그는 프레스부르크(Preßburg)에 머무르게 되었다. 당시 그는 헝가리 총독으로 활동하면서 3천 굴덴의 급료도 받았다.

1732년 4월 16일 프란츠 슈테판은 빈에서 몇 주 동안 머무르게 되었다. 이 기간 중 그는 아름다운 여인으로 변모한 마리아 테레지아와 만났다.[35] 프란츠 슈테판에 대한 마리아 테레지아의 깊은 연정은 변하지 않았고 그가 자신의 남편이 될 것이라는 확신도 더욱 깊어졌다. 그러나 당시 프란츠 슈테판에 대한 빈의 여론은 매우 부정적이었는데 그것은 마

---

35 당시 마리아 테레지아는 둥글고 다소 마른 얼굴에 머리칼은 금발이었다. 담청색의 큰 눈은 선명하고 온순한 느낌을 주었다. 코는 다소 작지만 매부리코(Adlernase)나 들창코(Stupsnase)는 아니었다. 입은 다소 크지만 치아는 희고 가끔 보이는 미소 역시 매우 호감적이었다. 또한 목은 다소 가늘었지만 신체와 잘 조화를 이루었다. E. Badinter, *Maria Theresia*, p.46.

리아 테레지아에 대한 그의 미온적인 태도에서 비롯된 것 같다. 또한 카를 6세 역시 프란츠 슈테판에게 비우호적이었는데 그것은 황제의 명에 따라 그를 감시하던 나이페르크(Wilhelm Reinhardt v.Neipperg) 백작의 보고에서 비롯되었다. 백작의 보고에 따르면 프란츠 슈테판은 매우 부주의하고, 뻔뻔스러운 행동을 주저 없이 했고 그것으로 인해 헝가리 내에서도 그에 대한 부정적 평판이 크게 증대되고 있다는 것이다. 이렇게 자신에 대한 비우호적인 분위기가 조성되었음을 인지한 프란츠 슈테판은 점차 이전과는 달리 진지한 자세를 보이기 시작했고 카를 6세의 생활태도도 답습하려고 했는데 이것은 이렇게 해야만 자신에 대한 황제의 부정적 평가 역시 사라진다는 확신에서 비롯된 것 같다. 또한 그는 스스로 노력할 경우 오스트리아의 위정자뿐만 아니라 신성로마제국 황제가 될 수 있다는 판단도 했다.[36]

그런데 당시 황실 결혼은 자유로운 사랑의 감정으로 간단히 이뤄지는 것은 아니었다. 실제로 프란츠 슈테판은 마리아 테레지아를 얻기 위해 커다란 대가를 치러야만 했다. 그가 합스부르크 가문의 후계자로 부각되던 대공녀와 결혼한다는 사실이 알려졌을 때, 로트링엔 대공국과 국경을 접하고 있던 프랑스의 루이 15세(Louis XV)는 이 대공국이 그들의 숙적인 합스부르크 가문의 일부가 된다는 사실에 긴장했다. 따라서 그는 이 결혼을 방해했고, 프란츠 슈테판을 로트링엔 대공국에서 축출하려는 방법을 강구했고 거기서 에스파냐와의 동맹도 가시화시켰다.[37]

---

36 E. Badinter, *Maria Theresia*, p.46.

37 이 당시 펠리페 5세는 프랑스의 도움을 받아 아들 돈 카를로스(Don Carlos)를 마리아 테레지아와 결혼시키려고 했다. E. Badinter, *Maria Theresia*, p.53; F. Herre, *Maria Theresia*. pp.27~28; E. Marinelli, *Die Habsburger. Eine eu-*

그런데 1733년에 시작되어 1735년에 끝난 폴란드 왕위계승전쟁이 그 해결책을 제시했다. 작센 공국의 위정자였던 프리드리히 아우구스트 1세가 1697년 폴란드 국왕 아우구스트 2세로 등극했다가 1733년 사망했다. 이에 따라 폴란드 최고위귀족이면서 루이 15세의 장인인 레슈친스키가 스타니슬라우스 1세로 등극했다. 그는 이미 1704년 폴란드 국왕으로 등극했지만 1709년 아우구스트 2세에 의해 권좌에서 강제로 축출당한 바 있었다. 그러나 오스트리아는 작센 선제후인 프리드리히 아우구스트 2세를 대립왕으로 내세워 폴란드에서 왕위계승전쟁을 유발시켰다. 당시 프리드리히 아우구스트 2세 역시 자신이 폴란드 국왕으로 등극하기 위해서는 러시아와 오스트리아의 지지가 절대적으로 필요하다는 사실을 인지하고 있었다. 따라서 그는 오스트리아의 카를 6세가 발표한 국사조칙을 인정했을 뿐만 아니라 러시아가 쿠를란트(Kurland, 라트비아 남부 지역)를 자유롭게 사용할 수 있는 권한도 부여하려고 했다. 이에 반해 스타니슬라우스 1세는 자신을 지지하던 프랑스 및 에스파냐로부터 군사적 지원을 기대했지만 실제로 그러한 지원은 이루어지지 못했다. 이에 따라 스타니슬라우스 1세와 그의 추종세력은 크게 위축되었고 이것은 폴란드 국왕이 프리드리히 아우구스트 2세와의 대립에서 패하는 결정적인 요인으로 작용했다.

1734년 9월 프란츠 슈테판은 어머니인 엘리자베스 샬로테로부터 편지를 받았는데 거기서 그녀는 폴란드 왕위계승전쟁에 참여한 국가들이 전쟁 종식을 위해 로트링엔 대공국을 활용하려 한다는 것을 언급했다. 그리고 엘리자베스 샬로테는 아들에게 로트링엔 대공국을 보존시킬 수

ropäische Dynastie(Berlin, 2008), p.99; B. Stollberg-Rilinger, *Maria Theresia*, pp.32~33.

있는 방안을 강구할 것도 요구했다. 이러한 상황에서 카를 6세는 바르텐슈타인 남작을 프란츠 슈테판에게 보내 로트링엔 대공국을 포기해야만 마리아 테레지아와 결혼할 수 있다는 것을 알렸다. 거의 같은 시기 엘리자베스 샬로테는 그녀의 측근인 부르시어(Bourcier)를 프란츠 슈테판에게 보내 만일 로트링엔 대공국을 포기해야 한다면 그러한 대공국과 걸맞은 대공국을 카를 6세로부터 반드시 얻어내야 한다는 것을 인지시켰다. 이에 따라 프란츠 슈테판은 카를 6세에게 오스트리아령 네덜란드나 밀라노 대공국을 대체공국으로 제시했지만 카를 6세는 국사조칙에 위배된다는 이유로 거절했다. 실제로 국사조칙에서는 오스트리아 영토 일부를 제3자에게 할양할 수 없다는 것이 명시되어 있다.

1735년 10월 31일부터 폴란드 왕위계승전쟁을 종식시키기 위한 평화회의가 빈에서 개최되었다. 여기서는 우선 다음해 1월 28일 폴란드 왕위에서 레슈친스키를 물러나게 하는 것과 프리드리히 아우구스트 2세가 아우구스트 3세로 등극하는 것이 결정되었다. 그리고 왕위에서 물러난 레슈친스키는 한시적으로 로트링엔 대공국을 차지했지만 그가 죽은 후 이 대공국은 자동적으로 프랑스에 귀속된다는 것은 1736년 4월 13일에 체결된 평화조약의 문구에서 확인할 수 있다. 평화회의 과정에서 프란츠 슈테판은 로트링엔 대공국 포기를 선언하고 그것에 대한 반대급부로 토스카나 대공국(Großherzogtum Toscana)의 계승권을 받는다는 조건에 동의해야만 했다.[38]

평화회담에서 결정된 사안에 대해 프란츠 슈테판의 어머니, 카를 알렉산더 대공, 그리고 엘리자베스 테레제(Elisabeth Therese) 대공녀는 반대

---

38 E. Badinter, *Maria Theresia*, p.54; E. Dillmann, *Maria Theresia*, p.21; F. Herre, *Maria Theresia*. pp.27~28; B. Stollberg-Rilinger, *Maria Theresia*, p.33.

입장을 분명히 표명했다. 이에 카를 6세는 다시금 프란츠 슈테판이 로트링엔 대공국을 포기하지 않는다면 마리아 테레지아와의 결혼 역시 성사될 수 없다는 입장을 밝혔다. 결국 프란츠 슈테판은 카를 6세의 이러한 일방적 요구를 받아들였고 이것으로 그동안 마리아 테레지아와의 결혼에서 장해요소로 작용한 열강들의 입장 역시 정리되었다.

1737년 2월 프란츠 슈테판은 자신이 통치하던 대공국을 잃게 되었다.[39] 그러나 그는 향후 오스트리아 왕국의 공동통치자가 될 수 있다는 것과 경우에 따라 신성로마제국의 황제로도 등극할 수 있다는 것으로 마음을 달래야 했다. 또한 그는 사랑스러운 마리아 테레지아를 얻을 수 있다는 기쁨으로 모국 상실의 슬픔도 보상받으려고 했다. 당시 프란츠 슈테판은 "그녀는 아름다울 뿐만 아니라 지적인 능력도 충분히 소유했다."라고 언급했다.

1735년 12월 중순 카를 6세는 마리아 테레지아 대공녀와 로트링엔 대공국의 프란츠 슈테판의 약혼을 공포했고, 결혼식은 다음해 2월 12일에 거행한다는 것도 확정했다. 이후 카를 6세는 프란츠 슈테판에게 화려한 보석으로 만든 50개의 단추가 달린 결혼예복을 선물했는데 당

---

39 1736년 4월 13일에 체결된 평화조약에 따라 11세기 초부터 로트링엔 대공국을 다스렸던 프란츠 슈테판의 가문은 1737년 3월 이 대공국을 떠나야만 했다. 이에 앞서 프란츠 슈테판은 1737년 2월 로트링엔 대공국을 포기한다는 공식 문서에 서명했다. E. Badinter, *Maria Theresia*, p.54; W. Coxe, *History of the House of Austria, from the Foundation of the Monachy by Rudolph of Habsburgh to the Death of Leopold the Second: 1218 to 1792*, Bd., II(London, 1873), p.195; E. Dillmann, *Maria Theresia*, p.21; F. Herre, *Maria Theresia*. pp.28~29; B. Stollberg-Rilinger, *Maria Theresia*, p.33; F. Weissensteiner, *Die großen Herrscher des Hauses Habsburg*, p.224.

시 가치로는 무려 30만 굴덴이나 되었다. 아울러 카를 6세는 마리아 테레지아와 프란츠 슈테판을 비공개적으로 불렀다. 여기서 그는 로트링엔 대공국을 영원히 포기한다는 것과 향후 오스트리아 왕국 내 세습지(Erbland)에 대한 어떠한 상속권도 요구하지 않는다는 약속을 프란츠 슈테판으로부터 받아냈다. 그리고 자신의 딸에게는 향후 자신 및 마리아 테레지아의 여동생에게서 남자 상속인이 태어날 경우 오스트리아 왕위 계승권을 포기한다라는 서약(renuntiatio et abdiaatio; Reuniciations-Actus)도 받아냈다.[40]

1736년 1월 31일, 신랑 프란츠 슈테판은 마리아 테레지아에게 청혼했다. 이날 오전 11시, 서열에 따라 길게 늘어선 행렬 뒤로 다이아몬드를 비롯한 여러 보석들로 장식한 예복을 입은 신랑이 호프부르크궁에서 나왔다. 이후 그는 카를 6세와 잠시 대화를 나눈 후 황제 부부와 함께 마리아 테레지아가 있는 곳으로 향했다. 결혼에 동의한다는 마리아 테레지아의 신호를 받자 신랑은 황제의 초상을 받아든 후 그녀에게 키스했다.[41]

이후 이들은 황실 관습에 따라 잠시 떨어져 있어야 했다. 마리아 테레지아는 빈에 남았고, 헝가리 총독이었던 프란츠 슈테판은 프레스부르크에서 지냈다. 이렇게 격리됨에 따라 양인은 서로에 대한 애절함을 알리기 위해 자주 서신을 교환했다. 그런데 프란츠 슈테판의 편지는 형식

40 E. Badinter, *Maria Theresia*, p.55; W. Coxe, *History of the House of Austria*, p.195; F. Herre, *Maria Theresia*. p.30; G. Schreiber, *Franz I. Stephan*, p.114; B. Stollberg-Rilinger, *Maria Theresia*, p.35.

41 E. Badinter, *Maria Theresia*, p.55; E. Dillmann, *Maria Theresia*, p.23; G. Schreiber, *Franz I. Stephan*, p.114; B. Stollberg-Rilinger, *Maria Theresia*, p.35.

오스트리아 최초의 여왕 마리아 테레지아

적이었지만 마리아 테레지아는 전통적인 궁전 의전을 무시하고 즉흥적이고 신선한 표현으로 자신의 마음을 고스란히 편지에 담는 열정을 보였다.[42]

1736년 2월 12일, 즉 재의 수요일(사육제 다음 날로서 사순절의 제1일이다. 이날 가톨릭교도들은 참회의 뜻으로 이마에 성회를 바른다) 이전의 일요일에 프란츠 슈테판은 프레스부르크를 떠나 오후 4시경에 빈에 도착했다. 결혼예식은 오후 6시 왕궁과 인접한 아우구스티너 교회(Augustinerkirche)에서 고풍스럽고 장중하게 진행됐다.[43] 교황 클레멘스 12세(Clemens XII : 1730~1740)의 대리인인 도메니코 파시오나이(Domenico Passionei) 주도로 진행된 예식에는 신부의 부모인 카를 6세와 엘리자베스 크리스티네를 비롯한 합스부르크 가문의 대표자들, 신랑 측의 주빈, 프란츠 슈테판의 동생 카를 알렉산더 대공을 비롯한 일련의 관계자들 모두가 참석했다. 그리고 결혼식에는 적지 않은 귀족들과 궁정인들도 대거 참여했다.[44] 마리아 테레지아와 프란츠 슈테판의 결혼예식은 호프부르크의 코

---

42 당시 프란츠 슈테판은 헝가리 총독 신분으로 프레스부르크에 머무르고 있었다. E. Dillmann, *Maria Theresia*, p.23; G. Schreiber, *Franz I. Stephan*, p.114; B. Stollberg-Rilinger, *Maria Theresia*, p.36.

43 아우구스티너 교회는 황족의 결혼이 거행되던 아우구스티누스 교단 소속의 교회였다. 이 교회에서는 마리아 테레지아와 프란츠 슈테판 대공의 결혼식뿐만 아니라 이들의 아들인 요제프와 이사벨라 파르마 대공녀의 결혼식 및 프란츠 요제프 1세(Franz Joseph I : 1848~1916)와 바이에른 대공녀인 엘리자베스 폰 비텔스바흐(Elisabeth v. Wittelsbach) 결혼식도 1854년에 거행되었다.

44 교황대리인이 예식을 집행함에 따라 체면이 상한 빈의 대주교 콜로니츠(Sigismund v. Kollonitz) 추기경은 몸이 아프다는 이유로 결혼식에 참석하지 않았다. E. Dillmann, *Maria Theresia*, pp.24~25; D. Pieper, *Die Welt der Habsburger*, p.151; G. Schreiber, *Franz I. Stephan,* p.114; B. Stollberg-Rilinger, *Maria*

미디 홀에서 진행된 축하연을 끝으로 종료되었다. 이튿날 아침에는 신혼부부를 위한 특별미사가 있었고, 저녁에는 바로크풍의 고대 양식을 모방하고 우화화한 오페라 〈아킬레 인 시로(Achille in Schiro)〉가 무대에 올려졌다. 이 오페라는 1730년부터 빈 왕궁에서 활동하던 메타스타시오(Pietro Metastatio)가 각본을 쓰고 칼데라(Antonio Caldera)가 작곡한 것이다. 그리고 혼인축제는 다음날인 화요일에 진행된 카니발 가면무도회로 마무리되었다. 2월 말 신혼부부는 유명한 순례지인 마리아 첼을 방문하여 기적을 낳는다는 마리아상에 값비싼 다이아몬드 반지를 바치며 후대에 많은 자손들을 내려줄 것도 기원했다.

4. 카를 6세와 프란츠 슈테판

카를 6세는 딸과 프란츠 슈테판의 결혼예식이 끝난 후 사위 프란츠 슈테판을 오스트리아령 네덜란드 총독으로 임명했고 그 임기는 그가 토스카나 대공국의 지배자로 등극할 때까지라고 명시했다. 그러나 프란츠 슈테판은 오스트리아령 네덜란드 총독으로 활동하지 못했는데 그것은 카를 6세가 그의 총독 취임을 계속 연기했기 때문이다. 이에 대해 마리아 테레지아는 부친의 행동에 강한 불만을 표시했지만 카를 6세는 전혀 신경을 쓰지 않았다. 이는 그가 측근에게 '국정 운영에서 어린 마리아 테레지아의 감정까지 고려할 필요가 없다'라고 언급한 데서 확인할 수 있다.[45]

Theresia, p.40.

45 1737년 2월 5일 마리아 테레지아는 첫째 딸 마리아 엘리자베트(Maria Elisa-

오스트리아 최초의 여왕 마리아 테레지아

1737년 7월 카를 6세는 오스만튀르크에 선전포고를 했다.[46] 이에 따라 전투 경험이 전혀 없던 프란츠 슈테판과 그의 동생 카를 알렉산더 대공이 군복무를 자청했다. 이후 이들은 왕국의 남동지역에서 펼쳐진 실제 전투에 참여했고 9월 초 빈으로 돌아왔다. 이로부터 얼마 후 카를 6세는 프란츠 슈테판을 육군원수(Feldmarschall)로 임명한 후 그것에 적합한 지휘권도 부여했다. 그리고 카를 6세는 1738년 여름 프란츠 슈테판을 쾨니히스에그(Joseph Lothar Dominik v. Königsegg) 백작의 보좌관으로 임명했다. 그런데 쾨니히스에그 백작은 전투경험이 많은 장군이었고 궁정작전회의(Hofkriegsrat)의 의장직도 수행하고 있었다. 프란츠 슈테판은 1738년 7월 4일 코리나(Konrina)에서 벌어진 전투에서 오스만튀르크군을 격파한 후 이들을 도나우강 이서지역으로 몰아내는 데 성공했다. 그러나 곧이어 펼쳐진 두 번째 전투에서 그는 대패했고 그것은 전투에 참여한 오스트리아군의 해체까지 유발시켰다. 실제로 오스트리아군이 전투에서 패배한 이후 프란츠 슈테판은 군대통솔권을 포기하는 등 우둔한 행동도 저질렀다. 이러한 예기치 못한 상황이 초래됨에 따라 프란츠 슈테판이 코리나 전투에서 승리한 것은 그의 능력보다 오스만튀르크군이 전투도 제대로 하지 않고 후퇴한 데서 비롯되었다는 악의적 소문이 빈에서 크게 확산되었다.[47]

---

beth)를 출산했다. E. Badinter, *Maria Theresia*, p.56; F. Herre, *Maria Theresia*. p.31.

46 오스트리아는 러시아와 체결한 1726년 동맹조약에 따라 1737 러시아가 일으킨 오스만튀르크와의 전쟁에 자동적으로 개입해야만 했다. E. Badinter, *Maria Theresia*, p.58.

47 E. Badinter, *Maria Theresia*, pp.58~59; E. Dillmann, *Maria Theresia*, pp.26~27; F. Herre, *Maria Theresia*. p.34; G. Schreiber, *Franz I. Stephan*,

두 번째 전투에서 패한 후 프란츠 슈테판은 후퇴 과정에서 심한 열병에 걸렸다. 부다(Buda)에서 치료를 받았지만 회복의 기미가 보이지 않게 됨에 따라 7월 30일 빈의 한 병원으로 긴급 이송되었다. 건강을 회복한 프란츠 슈테판은 9월 오스트리아 군사령관으로 복직한 후 오스만튀르크와의 평화협상을 전담했다. 그러나 그는 오스만튀르크의 협상단과 협상을 전개한 지 얼마 안 되어 다시 병에 걸려 빈으로 돌아와야만 했다. 당시 오스트리아인들은 쾨니히스에그와 프란츠 슈테판 때문에 오스트리아가 오스만튀르크와의 전쟁에서 패했다고 믿고 있었다. 그리고 이들은 10월 6일 마리아 테레지아가 두 번째 딸 마리아 안나(Maria Anna)를 출산하자 프란츠 슈테판이 부부 잠자리에서도 패장 신분에서 벗어나지 못했다는 악의적 비난도 가했다. 이러한 소문을 접한 이후부터 카를 6세는 프란츠 슈테판에 대해 심한 불만을 가지게 되었다.[48]

당시 카를 6세는 프란츠 슈테판이 능력을 발휘하여 자신의 신임을 받아야 하는데 그러한 것을 프란츠 슈테판이 제대로 수행하지 못하는 것에 대해 불편한 심기를 표출하는 데 주저하지 않았다. 이에 따라 그는 프란츠 슈테판 부부를 토스카나 대공국으로 보내기로 결정했고 프란츠 슈테판을 그곳에 오랫동안 머물게 하겠다는 생각도 했다. 1738년 12월 15일 마리아 테레지아는 남편과 함께 빈을 떠나 다음해 1월 20일 토스카 대공국의 수도인 피렌체(Firenze)에 도착했다. 1737년 7월 9일 토스카나 대공국의 통치자 잔 가스토네 메디치(Gian Gastone dé' Medici)가 사망함에 따라 프란츠 슈테판이 이 대공국의 통치자로 등장했지만 아직까지 그는 이 대공국을 방문하지 않은 상태였다. 피렌체에 도착한 이후 프란

p.151.

48 E. Badinter, *Maria Theresia*, p.61 ; G. Schreiber, *Franz I. Stephan*, p.151.

츠 슈테판은 대공국의 행정을 대대적으로 개편하고 재정적 상황도 개선시키려고 했다. 이 시기에 마리아 테레지아는 1주일에 두 번 정도 살롱을 방문했고 당시 이 도시의 귀족들에게 허용된 공놀이(Ballspiel)에도 적극적으로 참여했다.[49]

당시 프란츠 슈테판은 자신이 피렌체로 추방된 것을 인지했기 때문에 빈으로부터 귀환 명령이 오기를 기대했다. 마침내 카를 6세는 프란츠 슈테판 부부가 빈으로 돌아오는 것을 허락했지만 여기서 그는 프란츠 슈테판이 빈으로 돌아오기 전에 반드시 1739년 오스만튀르크군과 전투를 벌일 오스트리아군을 지휘해야 하고 거기서 지휘관으로서의 역량도 충분히 입증해야 한다는 전제조건도 제시했다. 이에 따라 프란츠 슈테판은 카를 6세에게 즉시 서신을 보냈는데 거기서 그는 4월 20일 이후 언제라도 피렌체를 떠날 수 있음을 알렸고 그것에 대한 황제 승인이 가능한 한 빨리 떨어지기를 기대한다고 했다. 이러한 내용을 담은 사위의 편지를 받은 카를 6세는 프란츠 슈테판이 과연 출정할 것인지 의문을 제시했고 당시 오스트리아군을 이끌던 발리스(Georg Olivier v. Wallis) 원수에게 프란츠 슈테판 대공이 그에게 나타날 경우 이전에 신청한 휴가 알현도 허용하겠다고 했다. 이러한 것을 통해 카를 6세는 사위의 제반 능력에 대해 크게 우려하고 있었음을 확인할 수 있다. 그러나 며칠 후 카를 6세는 프란츠 슈테판 부부의 피렌체 출발을 불허했는데 그것은 당시 마리아 테레지아가 임신 중이었기 때문에 프란츠 슈테판이 전투에 참여하기보다는 그녀 곁에 있는 것이 더 중요하다는 판단에서 비롯되었다. 그런데 카를 6세의 이러한 결정은 프란츠 슈테판의 군사적 역량이

---

49 E. Badinter, *Maria Theresia*, pp.60~61 ; F. Herre, *Maria Theresia*. p.35 ; G. Schreiber, *Franz I. Stephan*, p.152.

매우 미흡하다는 것과 발리스 원수가 단독으로 군사작전을 펼치는 것이 훨씬 유리하다는 결정에서 나온 것 같다.[50]

5. 마리아 테레지아의 자녀 출산과 양육

마리아 테레지아는 1737년부터 1756년까지 모두 16명의 자녀를 출산했는데 이 중에서 4명의 아들과 6명의 딸들만이 성인으로 성장했다. 20세였던 1737년에 첫딸을 낳고, 39세였던 1756년에 막내아들을 출산한 것으로 보아 20년도 채 안 되는 사이에 16명의 자녀를 낳은 것이다.[51] 이 당시 임산부의 사망률은 1천 명당 11명에서 12명에 달했는데 이 수치는 오늘날의 10만 명당 11명과 비교할 때 거의 100배나 높다고 하겠다.

마리아 테레지아 역시 임신할 때마다 자신이 목숨을 잃을 수도 있다는 두려움을 가지고 있었다. 따라서 그녀는 열한 번째 임신을 한 후 측근인 실바-타루카(Emanuel de Silva-Tarouca)에게 더 이상 임신을 하지 않겠다고 했다. 그러나 이러한 결심은 이어진 임신으로 지켜지지 않았다. 이후 그녀는 딸들과 며느리들 역시 임신과 그 중독으로 목숨을 잃을 수 있다는 두려움 때문에 그들에게 자신의 경험담을 알려주고 유능한 산파의 필요성에 대해서도 조언했다. 그리고 딸들과 며느리에게 임신에서 비롯된 공포를 완화하기 위해 본인이 직접 복용한 후 효과를 본 약품들

50 E. Badinter, *Maria Theresia*, p.61~62.

51 실제로 마리아 테레지아는 1739년, 1744년, 1749년, 그리고 1753년을 빼고 1737년부터 1756년까지 매년 왕자와 공주를 출산했다.

오스트리아 최초의 여왕 마리아 테레지아

을 보냈을 뿐만 아니라 그것들의 올바른 섭취방법도 알려주었다.[52]

마리아 테레지아가 출산한 열여섯 명은 그녀의 선조 막시밀리안 2세
(Maximillian II : 1564~1576)와 그의 부인 마리아(Maria) 사이에서 태어난
자녀들 숫자보다 많았다. 그리고 그녀의 할아버지 레오폴트 1세도 열여
섯 명의 자녀들을 두었는데 당시 그에게는 세 명의 부인이 있었다.[53]

마리아 테레지아는 계속된 임신과 출산에도 불구하고 여전히 아름다
웠고 기품이 있었다. 눈처럼 희고 아름다운 살결, 반듯한 이마, 아름다
운 입술을 가진 마리아 테레지아의 모습은 어머니 엘리자베스 크리스티
나로부터 물려받았다. 아버지 쪽인 합스부르크 가문은 튀어 나온 아래
턱과 말상 같은 가늘고 긴 얼굴이 신체적 특징인데 다행히도 마리아 테
레지아에게는 그러한 것이 유전되지 않았다. 그녀는 어머니 쪽의 미모
와 아버지 쪽의 정치능력처럼 부모의 장점들만을 물려받은 셈이다.

마리아 테레지아가 낳은 열여섯 명의 자녀들 중에서 일곱 명은 당시
최대 역병인 천연두에 감염되거나 사망했다.[54] 천연두는 17세기 및 18

---

52 마리아 테레지아는 리젤로테 폰 데어 팔츠(Liselotte v. der Pfalz)가 언급한 '출
    산은 비참한 수작업이다(das Gebaren ist ein ellendes Handwerck)'라는 말
    에 공감을 표명했다. E. Badinter, *Maria Theresia*, pp.183~184; W. Lippert,
    Kaiserin Maria Theresia und Kurfürstin Maria Antonia von Sachsen, Briefwecsel
    1747~1772(Leipzig, 1809), pp.101~103; E. Marinelli, *Die Habsburger*, p.99.
53 F. Herre, *Maria Theresia*, p.200; E. Marinelli, *Die Habsburger*, p.99.
54 이 전염병으로 인해 당시 유럽 각국의 위정자들도 목숨을 잃었는데 대표적인
    인물로는 영국 국왕 메리 2세(Mary II : 1689~1694)와 러시아 황제 표트르 2세
    (Peter II : 1727~1730)를 들 수 있다. 그리고 마리아 테레지아의 선대인 요제
    프 1세 및 그녀의 남편인 프란츠 슈테판의 형제도 이 전염병으로 생을 마감했
    다. 이에 반해 프랑스의 국왕 루이 14세는 9세에, 즉 1647년에 천연두에 걸렸지
    만 다행히도 회복했다. 그렇지만 그는 얼굴에 곰보자국이 생겼고 평생 화장을

세기 유럽에서 가장 두려워했던 전염병이었다. 이 병에 걸리면 얼굴을 비롯한 피부의 여러 곳에 빨간 반점들이 생기고 이것들은 바로 고름주머니로 변형된다. 병의 진행 과정은 매우 빠르고 그 과정에서 환자들은 죽거나 회복된다. 만일 회복되면 천연두에 대한 항체가 생기지만 얼굴이나 몸에 흉터가 생기거나 또는 심할 경우 실명하는 경우도 있다. 당시 통계에 따를 경우 매년 40만 명 이상이 유럽에서 이 병으로 목숨을 잃었는데 이것은 이 병에 대한 예방수단이 전혀 마련되지 않은 데서 비롯된 것 같다.

마리아 테레지아가 가장 사랑했던 차남 카를 요제프(Karl Joseph)는 7년전쟁(1756~1763)의 막바지인 1761년 초 천연두에 걸려 16세의 나이로 사망했다.[55] 카를 요제프의 구체적 사인은 부패열(Faulfieber)이 동반되는 괴혈병(Skorbut)이었다. 평소 마리아 테레지아는 카를 요제프의 지나친 오만함에 대해 종종 야단을 쳤지만 그에 대한 그녀의 총애는 남달랐다. 이렇게 사랑하던 아들이 사망한 후 그녀가 겪은 비통함은 말할 수 없이 깊었다. 당시 마리아 테레지아는 "우리 가족의 불구대천지 원수(Erbfeind der kaiserlichen Familie)인 천연두가 내가 사랑하던 카를 요제프마저 빼앗아갔다"라고 일기장에 썼다. 이후 그녀는 카푸치너 황실 전용 가족묘에 안장된 카를 요제프를 저녁마다 찾아가 서너 시간씩 머무르면서 아들 잃은 슬픔을 달랬다.[56] 카를 요제프의 형수인 이사벨라(Isabella)는 시동생이 죽은 후 그가 친밀감을 자연스럽게 표현하거나 주변을 즐겁게 하

통해 그것을 감추려고 노력했다. F. Herre, *Maria Theresia*, p.200 ; E. Marinelli, *Die Habsburger*, p.99.

55 7년전쟁은 제3차 오스트리아 왕위계승전쟁을 지칭한다.

56 F. Herre, *Maria Theresia*, p.201,

오스트리아 최초의 여왕 마리아 테레지아

는 농담도 자주 했음을 술회했는데 이것은 남편인 요제프의 무미건조한 성격을 우회적으로 비판한 것으로 볼 수 있을 것이다.

마리아 테레지아의 자녀들은 행복한 부모 밑에서 자랐다. 프란츠 슈테판은 상냥한 탓에 자녀들을 버릇없이 키우는 성향이 있었고, 자녀들이 귀찮게 할 경우 슬며시 사라져 자신의 취미나 일에 치중하곤 했다. 이에 반해 자녀들은 어머니의 엄격한 태도 때문에 항상 행동을 조심하곤 했다.[57] 성체배령일과 성 안나(St. Anne) 축일 등과 같은 기념일에 마리아 테레지아 일가가 다 함께 슈테판 교회나 그 밖의 다른 성지로 참배하러 가는 모습은 시민들로 하여금 따뜻한 미소를 짓게 했다.[58] 장엄하게 차린 사제들과 고위 성직자들에게 인도되는 황제 부부의 뒤를 따르는 아름다운 옷을 입은 귀여운 대공들, 대공녀들, 고령의 신하들, 고관들의 행렬은 왕국의 수도인 빈에서만 볼 수 있는 장면이었다.

마리아 테레지아는 자녀교육에서도 세심한 배려를 했다. 대공과 대공녀들은 7세까지 유모의 손에서 자라다가 이후부터 필요한 학문들을 공부했을 뿐만 아니라 라틴어, 독일어, 프랑스어, 그리고 이탈리아어 등 오스트리아 왕국의 통치지역 언어도 열심히 배웠다.[59]

---

57 빈 주재 프로이센 외교관이었던 슈트렝(Streng) 공작은 1754년 마리아 테레지아의 훈육방법에 대해 언급했다. 그에 따르면 마리아 테레지아는 자녀들에게 엄격한 요구들을 제시했고 그것들을 제대로 이행할 경우 칭찬을 했지만 그렇지 않을 경우에는 가차 없이 벌도 주었다는 것이다. F. Herre, *Maria Theresia*, p.202.

58 성 안나는 예수 어머니인 성모 마리아의 모친이다.

59 이 당시 죽은 아이의 이름을 후에 태어난 아이의 이름으로 다시 사용하는 경우가 많았다. 마리아 테레지아 역시 엘리자베스(Elisabeth)는 두 번, 카롤리나(Carolina)는 세 번 사용했다. E. Badinter, *Maria Theresia*, p.180.

여기서는 1751년에 태어난 마리아 요제파(Maria Josepha)의 일과를 살펴보도록 한다.[60] 아침 7시에 기상하여 아침예배에 참석한 후 아침식사를 한다. 그리고 한 시간 정도 습작 연습을 하고 월요일, 수요일, 그리고 금요일에는 9시부터 10시까지 성서 및 라틴어 공부를 한다. 또한 이 시간에는 독일어 서적이나 문헌도 읽는다. 10시부터 11시까지 1주일에 2회 역사 공부를 하고 매일 11시에는 미사에 참석한 후 12시부터 점심식사를 한다. 13시 30분부터 14시까지 역사서들을 읽고, 14시부터 한 시간 동안 독일 문학서들을 읽는다. 매일 14시부터 15시까지 이탈리어를 배우고 그다음 한 시간 동안은 음악 실기에 참석한다. 그 후 매일 정확히 17시에 로사리오 기도(Rosenkranz)에 참석한다. 저녁식사 후 약간의 자유시간을 가지다가 21시에 취침한다. 그리고 일요일에는 평일과는 달리 부모와 같이 교회에 가고 그 이후에는 자유로운 시간도 가진다.[61]

마리아 테레지아의 자녀들, 특히 대공들은 군제 및 육체단련 같은 것을 배웠고, 대공녀들은 결혼할 상대를 위한 언어 및 신앙생활에 치중했다. 자녀들이 성장함에 따라 대공과 대공녀 들의 결혼 적임자를 찾는 것도 국사의 중요한 일부로 간주되었다. 당시 마리아 테레지아는 자녀들의 행복보다 합스부르크 가문 및 오스트리아 왕국의 이익을 우선시했기 때문에 1756년 프랑스와의 화해 이후에도 온갖 수단을 동원하여 프랑스와의 견고한 동맹체제 유지에 신경을 썼다.

---

60   이 인물은 1767년 시칠리아와 나폴리의 국왕이었던 페르디난도 4세(Ferdinand IV, Roi de Naples et des Deux-Siciles)와 결혼할 예정이었지만 같은 해 천연두로 사망했다. E. Badinter, *Maria Theresia*, p.180 ; E. Dillmann, *Maria Theresia*, p.105.

61   F. Herre, *Maria Theresia*, pp.204~205,

이를 위해 그녀는 딸들 중 건강 문제로 결혼하지 않은 둘째 딸 마리아 안나와 넷째 딸 마리아 크리스티네(Maria Christine)를 제외한 모든 딸들을 부르봉(Bourbon) 가문 및 그 방계 가문과 정략결혼을 하게 했다. 마리아 크리스티네는 14세 때 천연두에 걸렸지만 다행히 그녀는 병을 극복했다. 얼마 후 마리아 안나도 중병에 걸렸고 병세 역시 악화됨에 따라 그녀에 대한 병자성사가 4월 9일에 거행되었다. 그러나 그녀의 건강은 예상보다 빨리 회복되었다.

마리아 크리스티네의 연인이었던 알베르트 카지미르(Albert v. Kasimir) 공은 프리드리히 아우구스트 작센 선제후의 여섯째 아들이었고 지위 및 재산도 별로 없었다. 하지만 마리아 크리스티네를 사랑했던 마리아 테레지아는 이들에게 막대한 지참금과 테센 대공국의 성을 하사하고 1780년 오스트리아령 네덜란드 총독이었던 카를 알렉산더가 사망한 이후 알베르트 카지미르를 그 후임으로 임명하는 등 특별한 배려를 했다.[62] 이렇게 마리아 크리스티네가 연애결혼(Neigungsehe)을 함에 따라 정략결혼에 활용할 딸이 하나 줄어든 탓에 연인과 강제로 헤어지고 정략결혼을 해야 했던 여섯째 딸 마리아 아말리아(Maria Amalia)는 평생 어머니와 마리아 크리스티네를 용서하지 않았다. 실제로 마리아 아말리아는 본인의 강한 반대에도 불구하고 파르마 공국에 대한 오스트리아의 영향력 확대를 위해 마리아 테레지아와 카우니츠-리트베르크가 간택한 파르마 공

---

62 1766년 마리아 크리스티네 부부는 헝가리 총독으로 임명된 후 프레스부르크로 갔다. 이것은 똑똑한 마리아 크리스티네를 정략결혼에 활용하지 못한 것을 아쉬워한 마리아 테레지아가 그녀의 딸을 가까이 두면서 자신의 정책에 효율적으로 활용하려는 의도에서 비롯된 것 같다. E. Dillmann, *Maria Theresia*, p.105; F. Herre, *Maria Theresia*, p.323; B. Stollberg-Rilinger, *Maria Theresia*, p 778.

작 필립의 아들 페르디난트(Ferdinand)와 강제결혼을 해야만 했다. 그녀의 결혼생활은 행복하지 못했을 뿐만 아니라 정부정책에 대한 그녀의 과도한 간섭은 마리아 테레지아와 그녀와의 관계를 더욱 악화시키는 요인으로도 작용했다.

어머니의 편애를 악용했던 마리아 크리스티네는 죽을 때까지 형제들로부터 비난을 받았다.[63] 그리고 1767년 마리아 요제파가 16세에 사망함에 따라 마리아 테레지아는 1771년 그녀의 동생인 마리아 카롤리나(Maria Carolina)를 나폴리-시칠리아 왕국의 페르디난트 4세(Ferdinand IV)와 결혼시켰다.[64] 결혼 초 페르디난트 4세와 마리아 카롤리나와의 관계는 원만하지 못했는데 그것은 마리아 카롤리나가 어머니에게 보내는 편지에서도 확인되었다. 서신에서 마리아 카롤리나는 현재 상황에서 죽는 것이 훨씬 낫다고 했는데 그것은 나폴리-시칠리아 왕국에서 겪은 좋지 않은 경험들을 앞으로도 계속해야 한다는 두려움에서 비롯된 것 같다. 결혼 초 페르디난트 4세는 주변 사람들에게 마리아 카롤리나를 무시하는 듯한 발언을 자주 했는데 그에 따르면 그녀는 마치 망자처럼 잠을 자고 멧돼지처럼 땀을 흘렸다. 딸로부터 편지를 받은 마리아 테레지아는

---

63 당시 레오폴트(Leopold)도 누이인 마리아 크리스티네의 편협적 성격에 비판적이었다. 그에 따르면 마리아 크리스티네는 주변 사람들을 배려하지 않고 처음부터 끝까지 자신의 관점만을 고집하고 그것을 결국 관철시키는 경우가 많았는데 어머니인 마리아 테레지아 역시 편애 때문에 누나의 행동에 이의를 제기하지 않는 자세를 보였다는 것이다. E. Dillmann, *Maria Theresia*, p.105 ; F. Herre, *Maria Theresia*, p.323 ; B. Stollberg-Rilinger, *Maria Theresia*, p 778.

64 이 인물은 에스파냐 카를로스 3세(Carlos III : 1759~1788)의 셋째 아들이었다. 그런데 카를로스 3세는 에스파냐 국왕으로 등극하기 전에 파르마 대공(1731~1734)과 나폴리-시칠리아 왕국의 국왕(1734~1759)으로 재임했다. B. Stollberg-Rilinger, *Maria Theresia*, p 778.

"새로운 환경에서는 누구나 힘들다. 따라서 너도 남편의 성격이나 나폴리에서의 생활패턴에 스스로 적응하게끔 노력해야 할 것이다"라고 했다. 이후 마리아 카롤리나는 나폴리 여인이 되게끔 노력했고 그 과정에서 그녀는 남편이 두려워하는 여인으로 변했다. 실제로 페르디난트 4세는 마리아 카롤리나가 '복수의 여신(Furie)'이 된 것 같다고 하소연했다. 그리고 그는 그녀가 자신의 관점을 관철시키기 위해 종종 개처럼 자신의 팔을 깨문다는 것도 주변 사람들에게 이야기했다. 이렇게 나폴리 생활에 적응한 이후 마리아 카롤리나는 국가업무에도 깊이 관여하려 시도했고 이러한 소식을 접한 마리아 테레지아는 딸에게 서신을 보내 페르디난트 4세가 그러한 개입을 좋아하고 그것이 실제로 국가통치에 유용하다고 판단할 때만 시도하도록 권유했다.[65]

마리아 테레지아의 다섯째 딸이며 미모가 가장 출중했다고 알려진 마리아 엘리자베트(Maria Elisabeth)는 루이 15세와 결혼하기로 약속되어 있었으나 1768년 결혼 직전 천연두에 걸리는 바람에 마리아 테레지아의 결혼계획이 무산되었다.[66] 마리아 테레지아의 막내딸인 마리아 안토니아(Maria Antonia)는 그동안 진행된 결혼협상에 따라 1770년 루이(Louis) 왕세자와 결혼하게 되었다.[67]

마리아 안토니아 역시 다른 대공녀처럼 교육을 받았다. 그러나 그녀

---

65 이렇게 페르디난트 4세와의 관계가 원만하지 못했음에도 불구하고 마리아 카롤리나는 마리아 테레지아를 비롯하여 모두 18명의 자녀를 출산했다. F. Herre, *Maria Theresia*, p.323; B. Stollberg-Rilinger, *Maria Theresia*, p 778.

66 1768년 루이 15세의 첫 번째 부인인 마리 레슈친스카가 사망함에 따라 마리아 엘리자베트가 그의 두 번째 부인으로 결정되었다.

67 F. Herre, *Maria Theresia*, pp.327~328; B. Stollberg-Rilinger, *Maria Theresia*, p.778.

는 다른 형제들과는 달리 정확한 계산을 하지 못했고 서투른 피아노 연주에서도 벗어나지 못했다. 또한 그녀는 향후 모국어처럼 사용할 프랑스어를 집중적으로 배웠음에도 불구하고 정확하게 구사하지 못했다. 이에 반해 그녀는 무도회에서 춤을 추는 것과 연극에서 명랑한 역할을 하는 것에 대해서는 매우 관심이 깊었다. 마리아 안토니아와 프랑스 루이 왕세자의 결혼이 확정됨에 따라 파리 정부는 베르몽 주교(Abbé de Vermond)를 마리아 안토니아에게 보내 부르봉 가문의 중요한 역사 및 프랑스 귀족들의 비공식 귀족명감(Adelskalender)에 대해 자세히 설명하게 했는데 이것은 그녀가 가능한 한 빨리 파리 궁중생활에 적응해야 한다는 왕실의 의도에서 비롯된 것 같다.[68] 프랑스와의 동맹관계를 중요시한 마리아 테레지아 역시 14세의 예비신부 마리아 안토니아를 1770년 초부터 자신의 방에서 같이 기거하게 하면서 종교적 경건성을 부각시키는 데 주력했는데 이것은 프랑스 왕실에서 매우 강조되던 사안이었다. 여기서 마리아 테레지아는 딸에게 프랑스에 가면 아침마다 일찍 일어나 무릎을 꿇고 아침예배를 드리면서 종교서적 중에서 하나를 반드시 읽어야 한다고 했다. 또한 철학서나 소설 같은 유해한 책들은 가능한 한 읽지 말 것을 권유했다. 아울러 마리아 안토니아에게 파리에서 생활하면서 스스로 해결하지 못하는 일이 생길 경우 스스로 판단하지 말고 주변 사람들의 조언을 반드시 들어야 한다는 것도 알려 주었다.

68 이 시기에 베르몽 주교는 미래의 시아버지인 루이 15세에게 마리아 안토니아의 외모에 대해 자세히 보고했다. 그에 따를 경우 용모가 아름다운 13세의 마리아 안토니아는 키가 158.8센티미터였는데 이것은 당시 같은 연배의 오스트리아 소녀 키보다 약 2센티미터 정도 작은 수치였다. S. Zweig, E. Paul, und G. Paul, *Marie Antoinette: the portrait of average woman*(New York, 1933), p.5.

1770년 4월 19일 빈의 아우구스티너 교회에서 마리아 안토니아와 루이 왕세자의 대리결혼이 거행되었다. 4월 21일 마리아 테레지아는 파리로 떠나는 막내딸에게 "내가 그들에게 한 명의 천사를 보냈다는 말을 듣게끔 프랑스 국민에게 잘해야 한다"라는 충고를 했다. 그런데 프랑스로 향하던 마리아 안토니아는 슈트라스부르크(Straßburg) 근처에 위치한 라인섬(Rheininsel)에서 프랑스 왕실의 요구에 따라 이름을 마리 앙투아네트(Marie Antoinette)로 바꿨고 그녀를 따라 프랑스로 가려던 사신들도 국경검문소에서 입국이 불허됨에 따라 오스트리아로 발길을 돌려야 했다.[69] 프랑스에 도착한 이후 마리 앙투아네트는 베르사유궁에서 예비 시할아버지인 루이 15세와 다른 왕실 가족들을 처음으로 대면했다. 마리 앙투아네트보다 한 살 많은 신랑은 수줍음을 많이 타는 성격인 데다, 보기에도 약간 이상하고 거리감마저 느껴지는 인물이었다.

1770년 5월 16일 왕실 예배당에서 결혼미사가 성대히 진행되었다. 결혼식이 거행되기 직전 마리 앙투아네트는 시가 200만 리브르가 넘는 왕가의 보석들을 결혼예물로 받았는데 이것들은 카트린 드 메디시스(Catherine de Médicis), 스코틀랜드의 메리(Mary) 여왕, 그리고 안 도트리슈(Anne d'Autriche)가 소장했던 귀중품들이었다.[70] 왕가의 혼인식을 축하

---

69 프랑스로 떠나기 직전 마리 안토니아는 어머니로부터 향후 프랑스 생활에 도움을 줄 수 있는 지침서와 20만 굴덴의 지참금을 받았다. F. Herre, *Maria Theresia*, p.328 ; B. Stollberg-Rilinger, *Maria Theresia*, p 779.

70 카트린 드 메디시스는 프랑스 앙리 2세(Henri II : 1547~1559)의 부인이었다. 1559년 남편이 몽고메리 백작과의 마상시합에서 사고를 당해 사망함에 따라 10세의 샤를 9세(Charles IX : 1660~1674)가 프랑스 왕위를 계승하게 되었다 이때부터 카트린 드 메디시스는 아들을 위해 섭정을 시작했다.

오스트리아 출신의 안 도트리슈는 루이 13세(Louis XIII : 1610~1643)의 부

하기 위해 파리에서 화려한 불꽃놀이 축제가 개최되었고 그것을 구경하기 위해 몰려든 군중들의 혼잡으로 132명이나 사망하는 불상사가 발생했다. 후일 사람들은 이를 왕세자 부부의 불운한 앞날을 계시하는 불길한 전조로 간주했다.

신혼 초기 어린 신부는 잠시나마 궁정의 인기를 독차지했다. 동시대인의 평가에 따르면 마리 앙투아네트는 감미로운 매력을 가진 작은 귀부인이었다. 작고 호리호리한 체구, 금발에 눈꽃처럼 살결이 희고 장미처럼 발그레한 볼, 백조처럼 길고 우아한 목선을 자랑했다. 프랑스에 도착한 이후부터 마리 앙투아네트는 점차 어머니의 조언에 관심을 보이지 않았을 뿐만 아니라 프랑스인들의 울분을 유발시키는 사치 생활, 즉 가면무도회, 오페라, 춤, 그리고 카드놀이에만 치중했다.[71] 뿐만 아니라 마리아 안토니아는 25만 리브르에 달하는 호화 팔찌를 국고로 구입하는 등 세간의 강한 비난을 유발시키는 돌발적인 행동도 자주 저질렀다.

인이었다. 루이 13세는 1615년 11월 24일 펠리페 3세(Felipe III : 1598~1621)의 딸인 14세의 안 도트리슈와 결혼했다. 같은 가톨릭 국가로서 프랑스와 에스파냐가 왕실 간의 결혼을 통해 상호간의 동맹체제를 공고히 하는 것은 양국의 오랜 전통이었다. 안 도트리슈는 프랑스로 시집을 온 이후에도 에스파냐에서의 관습을 고집하며 프랑스 궁정에 좀처럼 적응하려고 하지 않았고, 루이 13세 역시 왕비를 불신하여 부부관계는 원만하지 못했다. 그렇지만 안 도트리슈는 1638년 프랑스 왕위를 계승할 왕자를 출산했다:

71 프랑스에 도착한 후 마리 앙투아네트는 자신이 해결할 수 없는 사안들을 어머니와 논의하려고 했다. 그러나 그녀는 어머니를 두려워했고 그녀에게 편지를 쓴다는 자체를 일종의 고역으로 간주하기도 했다. 1774년에 작성한 한 메모지에서 마리 앙투아네트는 "나는 어머니를 사랑한다. 그러나 나는 이렇게 멀리 떨어진 프랑스에서도 어머니를 두려워한다. 그리고 내가 어머니께 편지를 쓸 경우 그녀로부터 제기될 압박도 바로 느끼게 된다."라고 했다. F. Herre, *Maria Theresia*, p.202; B. Stollberg-Rilinger, *Maria Theresia*, p 779.

이러한 딸의 무분별한 사치 생활 소식을 접한 마리아 테레지아는 '우둔한 행동'을 하는 딸의 미래에 우려를 표시했고 그것의 시정을 강력히 요구하는 서신도 딸에게 보냈다.[72]

마리아 테레지아는 나이가 든 자녀들, 특히 대공녀들이 결혼 후 빈을 떠날 때 현명한 처신이 일상생활에서 왜 중요한가를 인지시키려고 했다. 그리고 그녀는 현명한 처신에 필요한 지시사항들도 상세히 알려주었는데 그것들은 남편의 마음에 들게끔 스스로 노력하면서 복종할 것, 측근을 등용하는 등의 정실인사나 음모에 참여하지 말 것, 아랫사람들과 너무 가깝게 지내지 말 것, 남을 험담하지 말 것, 친정에 대해 가능한 한 언급하지 말 것, 시댁의 예절에 대해 신경을 쓰고 그것에 적응하려는 자세도 보일 것, 계속 공부하여 좋은 책들을 읽고 신앙 수련에도 노력할 것, 그리고 정치에 결코 개입하지 말 것 등이었다. 마리아 테레지아는 자녀들이 결혼한 후에도 그들에게 정기적으로 서신을 보내 어머니로서, 통치자로서 충고하는 데 게을리하지 않았다. 그리고 마리아 테레지아는 대사, 궁정인물, 어의, 보모, 고해신부 등을 통해 자녀들에 관한 보고를 계속 받았고 때로는 특사를 파견해 필요한 지시를 내리기도 했다.[73]

---

72 1775년 7월 30일 딸에게 보낸 서신에서 마리아 테레지아는 "행복은 한순간에 바뀔 수도 있고 사소한 잘못으로 인해 커다란 불행에도 빠질 수 있다. 지금같이 쾌락만을 추구할 때 그 결과는 파멸이다. 그리고 네가 이러한 사실을 깨닫게 될 경우 그때는 너무 늦어 상황극복의 방법도 찾을 수 없을 것이다."라는 경고성 조언을 했다. F. Herre, *Maria Theresia*, pp.328~329; B. Stollberg-Rilinger, *Maria Theresia*, p 779.

73 마리아 테레지아와 그녀의 성장한 자녀들 간의 문제를 전담한 인물은 런던, 코펜하겐, 그리고 마드리드에서 오스트리아 외교관으로 활동한 오르시니-로젠베르크(Franz Xaver Orsini-Rosenberg) 백작이었다. 그는 마리아 테레지아와 자녀들 간의 충돌과 대립 등의 민감한 사안들을 해결했고 그것으로 인해 여왕

6. 마리아 테레지아의 장남 요제프

카를 6세의 갑작스러운 서거와 프리드리히 2세의 슐레지엔 침공 등으로 1740년과 1741년은 마리아 테레지아에게 매우 어려운 시기로 각인되었다. 그러나 그녀는 1741년 3월 13일 오전 2시 요제프를 출산하는 기쁨도 경험했다. 당시 오스트리아인들도 요제프의 탄생을 매우 기뻐했고 그들의 이러한 감정은 그들의 집 앞에 걸어놓은 표어에서도 확인되었다. 이 중에서 한 표어가 눈에 띈다. "이제 오스트리아는 치마 대신 바지를 입을 수 있기 때문에 앞으로는 프로이센도 물리칠 수 있다"는 것이다. 이는 당시 진행되던 오스트리아 왕위계승전쟁과 연계된 것이라 하겠다. 요제프는 태어난 지 한 달도 안 된 4월 4일 신민들에게 공개되었다. 이렇게 요제프가 태어남에 따라 오스트리아에서는 마리아 테레지아 및 그녀의 남편에 대한 호감도가 크게 증대되었다.[74]

가문의 후계자이자 왕위계승자인 까닭에 요제프는 태어난 직후부터 부모 및 국가로부터 과잉보호를 받으며 자랐는데 그 일례로 12세의 요제프가 32명의 궁전신하들을 거느린 것을 들 수 있을 것이다.

의 절대적 신임도 받게 되었다. E. Badinter, *Maria Theresia*, p.149.

[74] 당시 마리아 테레지아는 요제프 탄생에 앞서 이미 세 명의 딸, 즉 마리아 엘리자베트(Maria Elisabeth), 마리아 안나(Maria Anna), 그리고 마리아 카롤리나(Maria Carolina)를 출산했지만 이들 중에서 마리아 엘리자베트와 마리아 카롤리나는 태어난 지 얼마 안 되어 목숨을 잃었다. 그런데 마리아 엘리자베트와 마리아 카롤리나의 사망은 녹청중독(Grunspanvergiftung)에서 비롯되었는데 이것은 아마도 당시 황실에서 은잔을 깨끗이 씻지 않은 데서 비롯된 것 같다. E. Badinter, *Maria Theresia*, pp.98~99; B. Stollberg-Rillinger, *Maria Theresia*, p.485.

마리아 테레지아는 직접 아들의 교육방침을 세워 그것에 따라 요제프가 제왕교육을 받게끔 했다. 그녀는 왕위계승자가 될 요제프에게 합스부르크 가문의 역사를 상세히 가르쳤고, 기독교 수호자로서 합스부르크 가문의 위상 및 역할에 대해서도 강조했다. 재능이 뛰어났기 때문에 요제프는 이를 능히 학습했지만 그는 고집이 매우 센 탓에 주변 사람들에게 불친절하고 거만하기도 했다. 따라서 많은 인물들이 요제프의 스승이 되는 것을 꺼려했지만 크로아티아 출신의 바티야니(Karl Batthyány) 백작은 스승직(Ajos)을 기꺼이 받아들였다. 바티야니 백작은 에스파냐 왕위계승전쟁에 참여한 노련한 장군이었고, 오스트리아군뿐만 아니라 프로이센군에까지도 혹독하고 엄격한 규칙을 지향한 인물로 알려졌다. 모든 것을 관대하게 넘기며 과잉보호로 성장한 유약한 소년은 군대식 엄격한 훈련을 거치면서 더욱더 완고한 성격을 띠게 되었다. 이 시기 바티야니는 마리아 테레지아가 강하게 요구하던 회초리를 요제프에게 실제로 사용했다. 즉 그는 당근과 채찍(Zuckerbrot und Peitsche)의 방법으로 요제프를 교육했고 그것에 대해 요제프는 후에 부정적인 관점을 표출하기도 했다.[75]

요제프의 일반교육은 예수회 회원들이 전담했다. 뛰어난 기억력 덕분에 광범위한 교양수업을 무난히 소화했고, 특히 그는 체육과 음악 분야에 깊은 관심을 보였다. 이 시기 요제프는 라틴어, 프랑스어, 이탈리아어, 그리고 체코어를 배웠다. 그리고 사교생활에 필요한 피아노나 바이올린, 첼로를 비롯한 악기 연주, 무도 및 연극도 배웠다.

---

75 마리아 테레지아는 두 달마다 요제프가 치러야 하는 법학 및 역사시험에 직접 참여했고 거기서 시험 결과도 직접 확인하는 등의 열성을 보였다. E. Badinter, *Maria Theresia*, p.180; F. Herre, *Maria Theresia*, p.203.

어린 시절의 요제프

마리아 테레지아는 요제프가 자만심이 매우 강하고 주의력 역시 산만하다는 것을 인지했다. 따라서 그녀는 요제프가 가지고 있는 성격상의 문제점들을 고치기 위해 노력했지만 가시적인 성과를 거두지 못했다. 그러나 성년이 되면서 요제프의 성품은 점차 부드러워졌고, 절제하는 태도로 주위

사람들의 마음을 끄는 푸른 눈을 가진 청년으로 변해갔다. 요제프가 성장함에 따라 지리학, 역사, 수학, 수사학, 국가법, 교회법, 그리고 국제법도 교육과정에 추가로 포함되었다. 요제프의 성품 변화가 교육의 결과인지 내적 성장의 결과인지는 알 수 없으나 마음속에 은폐된 감정은 후에 자신의 두 번째 부인이나 어머니와의 관계에서 냉담 내지는 저항심의 형태로 표출되었다.[76]

합스부르크 가문의 후계자로서 장차 신성로마제국의 황제로 등극하게 될 요제프의 결혼은 국가의 중대 사안이었다. 실제로 결혼정책은 합스부르크 가문의 핵심 정책 중의 하나로 간주되었다. 이 가문은 수백 년 동안 결혼정책을 효율적으로 펼쳤고 거기서 적지 않은 성과도 거두었는데 이것은 "전쟁은 다른 국가들이 한다. 그리고 오스트리아는 결혼정책으로 그들의 목적을 달성한다(Bella gerannt alii, tu felix Austria nube)"라는 문장에서 확인할 수 있다. 합스부르크 가문은 일련의 원칙에 따라 결

76 E. Dillmann, *Maria Theresia*, p.107; F. Herre, *Maria Theresia*, p.203.

오스트리아 최초의 여왕 마리아 테레지아

혼정책을 펼쳤다. 그것은 결혼 상대자가 반드시 동일한 신분이어야 하며 독립적 왕조도 유지해야 한다는 것이다. 또한 이교도와의 결혼은 불허한다는 것도 결혼원칙에 포함되었다.[77] 마리아 테레지아 역시 이러한 가문의 결혼정책을 고수했기 때문에 요제프의 신부는 부르봉 가문 또는 이 가문의 방계인 모데나 대공국 출신이어야 한다는 생각을 가지고 있었다. 마리아 테레지아는 1759년 2월 프로이센과의 전쟁 중 루이 15세와 제2차 베르사유 비밀조약을 체결했다. 여기서 루이 15세는 마리아 테레지아에게 요제프의 신부로 에스파냐계 부르봉 가문의 파르마 대공국 통치자 필리프(Philipp)의 장녀인 이사벨라 폰 부르봉-파르마(Isabella v. Bourbon-Parma) 공녀를 추천했다. 이사벨라의 어머니 루이제 엘리자베스 폰 부르봉(Louise Elisabeth v. Bourbon)은 루이 15세가 매우 아끼던 딸이었다.[78]

마리아 테레지아 역시 루이 15세의 손녀를 며느리로 맞이할 경우 부르봉 가문과의 관계가 보다 긴밀해질 뿐만 아니라 이탈리아에서의 오스트리아 위상 역시 강화될 것이라는 확신을 가졌다. 그리고 그녀는 이러한 관계 구축이 프로이센과 영국과의 대립에서도 효율적으로 활용할 수 있다는 판단을 했다. 따라서 그녀는 루이 15세의 제안에 긍정적인 반응을 보였다.

당시 왕족이나 귀족들의 결혼은 거의 초상화를 통해 이뤄졌는데 이

77 B. Stollberg-Rillinger, *Maria Theresia*, p.485.

78 마리아 테레지아는 1752년부터, 즉 요제프가 12세가 된 이후부터 아들의 결혼에 대해 생각했다. E. Dillmann, *Maria Theresia*, p.107 ; L. Mikoletzky, *Kaiser Joseph II*(Göttingen-Zürich-Frankfurt, 1979), p.14 ; B. Stollberg-Rillinger, *Maria Thersia*, pp.486~487 ; F. Herre, *Maria Theresia*, p.207.

사벨라의 초상을 본 요제프는 즉시 그녀의 외모에 반해버렸다. 어떤 일에 열중할 경우 정신없이 그것에 매달렸던 요제프는 이사벨라와의 결혼에 집착하게 되었다. 마리아 테레지아 역시 이사벨라의 초상화를 보고 만족했다. 그녀는 이사벨라에 대해 "매우 애교 있는 성격을 가진 것 같고 외모 역시 호감적이고 겸손한 것 같다"라고 했다. 당시 그녀는 요제프가 좋은 성격을 가졌음에도 불구하고 소극적인 자세로 인해 향후 부부관계에서 문제점도 발생할 수 있다고 했는데 그러한 예측은 실제로 나타났다.[79]

이후 신부 구혼자로 임명된 리히텐슈타인(Wenzel Joseph Graf v. Lichtenstein) 백작이 화려하게 꾸민 6두마차 50대를 몰고 부르봉−파르마 대공국의 파르마(Parma)에 갔고 거기서 1760년 9월 7일 대리약혼(per procuratorem)도 이행했다. 같은 날 신부는 6두마차를 타고 빈으로 향했는데 당시 동원된 6두마차는 모두 64대나 되었다. 신성로마제국의 황제 프란츠 1세는 락센부르크(Laxenburg)성에 머물던 이사벨라를 맞이한 후 그녀를 신랑과 마리아 테레지아에게 인도했고, 같은 해 10월 6일 결혼식이 비탈리아노 보르메오(Vitaliano Borromeo) 추기경의 주도로 아우구스티너 교회에서 성대하게 진행되었다. 당시 프로이센과 전쟁 중이었기 때문에 국가재정은 매우 궁핍했다. 그럼에도 불구하고 마리아 테레지아는 300만 굴덴에 달하는 거액을 지출하여 결혼식을 화려하게 진행시켰는데 이것은 국가신용도 유지에 필요한 재정적 능력을 합스부르크 가문이 충분히 갖추었음을 대외적으로 부각시키려는 의도에서 비롯된 것 같다. 요제프의 결혼은 합스부르크−로트링엔 가문의 총수가 될 인물의 결혼식

79　E. Dillmann, *Maria Theresia*, p.108; F. Herre, *Maria Theresia*, p.274; L. Mikoletzky, Kaiser Joseph II, p.14; B. Stollberg− Rillinger, *Maria Theresia,* pp.487.

오스트리아 최초의 여왕 마리아 테레지아

이었기 때문에 온 나라는 축제 분위기에 휩싸였고 심지어 빈의 시민들은 프로이센과의 전투에서 오스트리아군이 대패했다는 소식에도 크게 개의치 않았다.[80]

170센티미터가 넘는 키에 수려한 용모를 갖춘 요제프 대공에게, 그림으로 본 20세 동갑내기 이사벨라는 키 170센티미터에 아름다운 검은 눈을 지닌 신부였다. 아울러 영리한 데다 교양도 충분히 갖췄다. 실제로 그녀는 당시 남자들이 원하는 모든 것을 갖추고 있었다. 크레모나(Cremona)에서 만든 명기 바이올린을 잘 켜듯이 계산도 잘 했고, 철학적 논리를 정확히 펼쳤고, 뛰어나게 그림도 잘 그렸으며, 군대에 대해 전문적인 지식도 가지고 있었다. 이사벨라는 결혼 후 남편 요제프와 더불어 황제 부부에게도 딸처럼 사랑을 받았다. 또한 빈 궁전의 모든 사람들도 그녀를 좋아했다. 요제프는 피아노를 치고, 이사벨라는 그것에 맞추어 바이올린을 연주하는 경우가 많았다.[81]

이사벨라는 결혼한 지 18개월 만에 예쁜 공주를 출산했고 이 아기는 할머니의 이름을 따라 '마리아 테레지아'로 영세받았다.[82] 이렇게 첫아

---

80 E. Dillmann, *Maria Theresia*, p.108; F. Herre, *Maria Theresia*, p.275; B. Stollberg-Rillinger, *Maria Theresia*, p.489; L. Mikoletzky, *Kaiser Joseph II*, p.15; F. Weissensteiner, *Die großen Herrscher des Hauses Habsburg*, p.275.

81 E. Dillmann, *Maria Theresia*, p.108; F. Herre, Maria Theresia, p.274; B. Stollberg-Rillinger, *Maria Theresia*, p.489; F. Weissensteiner, *Die großen Herrscher des Hauses Habsburg*, p.276.

82 요제프 2세는 첫 번째 부인이었던 이사벨라를 평생 잊지 못했다. 그는 이사벨라가 죽은 후 첫째 딸이자 유일한 혈육인 마리아 테레지아가 자신과 이사벨라를 이어주는 마지막 끈이라고 생각했기 때문에 딸에 대해 지극한 정성을 기울였다. 그러나 사랑하던 마리아 테레지아가 1770년 1월 늑막염(Rippenfellenentzündung)에 걸린 후 1주일 만에 사망함에 따라 그의 낙심은 매우 컸고 그

이로 딸이 태어났지만, 요제프는 부인을 사랑했기 때문에 개의치 않았다. 왜냐하면 젊고 건강하고 생활의 기쁨에 충만한 두 사람에게 아들을 얻을 수 있는 시간은 충분했기 때문이다.

그러나 이사벨라는 가족의 유전적 요인에서 비롯된 우울증의 심화, 즉 죽음에 대한 두려움과 동경으로 점차 황제 가족들을 낯설게 대했고, 요제프의 사랑마저 받아들이지 못했다.[83] 오히려 이사벨라는 요제프의 누이동생인 마리아 크리스티네에게 동성애적 애정을 품기도 했다.[84] 이러한 것은 이사벨라가 마리아 크리스티네에게 보낸 편지에서 확인할 수 있는데 거기서 이사벨라는 남편에 대한 자신의 무관심과 마리아 크리스티네에 대한 사랑을 언급했다.[85] 이 당시 이사벨라는 남성에 대한 소책자도 썼는데 거기서 그녀는 남성에게 신랄한 조롱을 가했다. 남성은 세상의 창조물 중에서 가장 무익한 존재인데 그것은 남성이 이기심만을 가졌고 동물들보다도 비이성적이기 때문이라는 것이다. 따라서 신은 남성보다 여성을 상위에 올려놓았는데 이것은 여성의 미덕을 통해 남성의 실수도 극복할 수 있다는 그녀의 판단에서 비롯된 것 같다.

출산 후에도 이사벨라는 심한 우울증에서 벗어나지 못했고 과도한

후유증에서 벗어나는 데도 상당한 시간이 필요했다. E. Badinter, *Maria Theresia*, p.240.

83 1759년 12월 이사벨라의 모친이 32세의 나이로 세상을 떠났는데 당시의 병명은 천연두였다. L. Mikoletzky, *Kaiser Joseph II*, p.15; B. Stollberg-Rillinger, *Maria Theresia*, p.497; F. Weissensteiner, *Die großen Herrscher des Hauses Habsburg*, p.277.

84 실제로 이사벨라는 여성동성연애자, 즉 레즈비언(Lesbierin)으로 간주되었다. F. Herre, *Maria Theresia*, p.289; B. Stollberg-Rillinger, *Maria Theresia*, p.490; F. Weissensteiner, *Die großen Herrscher des Hauses Habsburg*, p.276.

85 B. Stollberg-Rillinger, *Maria Theresia*, p.491.

사랑 표현을 담은 편지를 마리아 크리스티네에게 자주 보냈다. 이사벨라와 마리아 크리스티네는 매일 황궁에서 만났지만 이사벨라는 당시 영혼의 거울로 간주되던 편지를 자주 마리아 크리스티네에게 보냈다. 편지에서 이사벨라는 마리아 크리스티네를 '내가 숭배할 만한 자매(Meine anbetungswürdige Schwester)', '나의 신', '나

이사벨라

의 심장', '나의 천사', 그리고 '나의 여신'이라 표현했다. 그리고 이사벨라는 "나는 너에게 완전히 빠진 것 같다. 나는 너를 미친 듯이 사랑하고 있다. 나는 너를 신으로 받들 것이다"라는 동성애적인 내용도 언급했다. 이에 대해 마리아 크리스티네가 반응이 보이지 않을 때 이사벨라는 그녀가 '잔혹하고, 불성실하다는 것'을 주변 사람들에게 말하곤 했다. 그리고 난 후 그녀는 목욕을 하면서 울었고 마리아 크리스티네가 자신을 사랑하지 않는 것 같다는 푸념도 했다. 그러다가 그녀는 바로 자신의 편협적인 질투에 대해 후회하곤 했다. 마리아 크리스티네가 이사벨라의 이러한 동성애적 성향에 대해 어떤 반응을 보였는지는 확인할 수 없지만 당시 주변 사람들의 증언에 따를 경우 매우 신중한 자세로 대처했음을 알 수 있다.[86]

1763년 마리아 크리스티네에게 쓴 편지에서 이사벨라는 자신의 죽

86   B. Stollberg-Rillinger, *Maria Theresia*, p.491.

음을 예고하는 듯한 내용도 언급했다. 이후 이사벨라는 다시 임신했지만 1763년 11월 22일 난산으로 태어난 아기 마리아 크리스티네(Maria Christine)는 몇 분 후에 죽고 출산 직전에 걸린 천연두로 그녀 역시 5일 후에 사망하고 말았다. 요제프는 사랑하는 아내의 병상 곁에서 밤낮없이 간호했지만 이사벨라는 1763년 11월 27일에 생을 마감했다.[87]

사랑하는 아내를 잃은 요제프의 슬픔은 극도에 달했다. 요제프는 한 메모지에 "내가 방에 혼자 있을 때 나는 사랑하는 이사벨라의 초상화를 보면서 그녀가 나에게 쓴 서신들을 머리에 떠올리곤 한다. 그리고 어느 때는 그녀가 살아 있는 것처럼 나에게 말을 걸기도 한다"라고 했는데 이것은 이사벨라에 대한 그의 감정이 그대로 표출된 것 같다. 그리고 이러한 감정은 그가 동생 레오폴트(Leopold)에게 보낸 편지에서도 확인된다. 편지에서 그는 자신이 더 이상 아무 말도 할 수 없는데 그것은 갑자기 모든 것을 잃었기 때문이라는 것이다. 이어 그는 앞으로 동생이 결혼할 때 반드시 이사벨라와 같은 아름다운 여인을 만나기를 기대한다고 했다. 또한 그는 자신과 같이 사랑하는 여인을 일찍 잃어서는 안 된다는 부탁도 하나님께 드리겠다고 했다. 마리아 테레지아도 "어떻게 이러한 이별을 견뎌야 할지 모르겠다. 앞으로는 평생 불행할 것만 같다"라는 내용의 서신을 이사벨라 부친에게 보냈다. 또 다른 편지에서 그녀는 "사랑하는 며느리의 죽음에서 비롯된 상실감이 너무 커 가족들의 즐거움 모두는 사라졌다. 그녀를 보낸 것은 살을 에는 듯하며 나는 나의 모

87 E. Dillmann, *Maria Theresia*, p.108; F. Herre, *Maria Theresia*, p.275; L. Mikoletzky, *Kaiser Joseph II*, p.15; B. Stollberg-Rillinger, *Maria Theresia*, p.491; F. Weissensteiner, *Die großen Herrscher des Hauses Habsburg*, p.278.

든 것을 잃어버린 것 같다"라고 언급하기도 했다.[88]

　그러나 마리아 테레지아는 23세의 젊은 요제프가 오스트리아 왕국의 계승자임을 감안할 때 빠른 시일 안에 슬픔을 청산하고 나라를 위해 새로운 신부를 얻게 해야 한다는 생각도 했다.[89] 그런데 당시 요제프의 신부후보로 바이에른의 마리아 요제파Maria Josepha von Bayern), 작센의 쿠니쿤데(Kunikunde), 브라운슈바이크-볼펜뷔텔의 엘리자베스 크리스티네(Elisabeth Christine) 등이 거론되었다. 그런데 당시 요제프는 재혼 상대자로 이사벨라 동생인 루이제 폰 파르마(Lousie v. Parma)를 생각했다. 그러나 루이제는 당시 14세에 불과했고 그녀는 에스파냐 카를로스 3세(Carlos III : 1759 ~1788)의 아들과 결혼을 약속한 상태였다. 이러한 상황에서 마리아 테레지아는 아들의 희망을 실현시키기 위해 에스파냐 왕실과 결혼 문제를 논의했지만 에스파냐 왕실은 정중히 거절했다.[90] 이에 따라 요제프의 혼담은 더 이상 진행되지 않았는데 이것은 오히려 합스부르크 가문에 다행한 일이었다. 이사벨라의 동생은 언니와는 아주 달라 차후에 고삐 풀린 여왕으로 책임감 없이 정치에 개입하여 국가를 위태롭게 했기 때문이다. 천재 화가 프란시스코 고야(Francisco Goya)가 그

88　요제프의 궁내부 장관이었던 잘름(Anton Graf v. Salm) 백작은 이사벨라와 마지막 밤을 보내던 요제프를 다음과 같이 묘사했다. "요제프는 그녀가 무언인가 말하려는 것을 확인하려고 했다. 그리고 그녀가 의식을 가지고 있는지도 계속 살펴보면서 그녀가 숨을 거둘 때까지 곁을 지켰다." B. Stollberg-Rillinger, *Maria Theresia*, p.498.

89　요제프는 이사벨라가 죽은 지 4개월 후인 1764년 3월 27일 프랑크푸르트에서 로마 왕으로 선출되었고 다음 달 3일에 대관식도 거행되었다. F. Weissensteiner, *Die großen Herrscher des Hauses Habsburg*, p.279.

90　L. Mikoletzky. *Kaiser Joseph II*.p.16.

린 유명한 〈카를로스 4세(Carlos IV) 일가〉라는 그림에서 그녀는 품위라고는 전혀 찾아 볼 수 없는 한 여인으로 묘사되었다.[91]

이사벨라 동생과의 결혼이 무산된 후 마리아 테레지아는 가문을 위해 새로운 며느릿감을 찾으려 했고 거기서 오를레앙 대공 루이 필리프(Louis-Philippe)의 딸이 신부후보로 등장했다. 그녀는 젊고, 아름다웠으며, 루이 필리프는 딸의 결혼지참금으로 2천만 리브르를 내놓겠다고도 했다. 그러나 마리아 테레지아는 그동안 합스부르크 가문이 결혼정책에서 고수한 제 원칙, 동등한 가문과의 결혼, 이교도와의 결혼 불허에 따라 신교도의 딸과 결혼시킬 수 없다는 입장을 밝혔다.[92]

이후 거론된 여러 명의 신부후보 중에서 마리아 테레지아는 작센 공국의 쿠니쿤데 공녀를 선택했다. 당시 작센 공국의 대공부인은 마리아 테레지아의 가장 밀접한 친척이자 친구(plus proches parents et meilleurs amis)였고, 무엇보다 그녀는 7년전쟁 당시 작센 공국이 겪었던 곤경에 대해 적지 않은 부담도 가졌기 때문이다. 그녀는 자신이 작센 공국을 재건시키는 데 일조해야 한다고 생각했고, 아들 요제프가 그것을 보다 구체화시킬 수 있다고 믿었다. 작센 공국의 공녀는 유순하고 영리하고 친절했다. 그러나 요제프는 1764년 10월 테플리츠에서 쿠니쿤데를 만난 후 그녀가 자신의 신붓감이 아니라고 판단했다. 즉 그는 쿠니쿤데가 신부로서 필요한 제 덕목을 갖추었음에도 불구하고, 너무 비만하고 볼품없다고 보았던 것이다. 이러한 아들의 생각을 파악한 마리아 테레지아

---

91 고야는 카를로스 4세의 수석궁정화가였으며, 로코코 양식으로 왕실 및 귀족들의 화려한 초상화를 그렸다.

92 L. Mikoletzky, *Kaiser Joseph II*, p.17; B. Stollberg-Rillinger, *Maria Theresia*, p.499.

는 아들의 행복을 위해 쿠니쿤데와의 혼사를 중단하기로 결정했다.[93]

그러다가 카우니츠-리트베르크의 건의에 따라 카를 7세(Karl VII)의 장녀 마리아 요제파가 새로운 후보로 등장했다. 당시 마리아 테레지아는 요제프가 마리아 요제파와 결혼할 경우 바이에른의 영토 상당 부분이 오스트리아에 편입될 가능성을 예견했다. 즉 비텔스바흐 가문에서 남자 상속인이 단절될 경우 요제프가 이 가문이 다스리던 바이에른의 상당 지역을 차지할 수 있다는 판단을 했던 것이다. 요제프보다 2세 연상이었던 마리아 요제파는 젊은 시절 마리아 테레지아를 괴롭혔던 카를 알브레흐트, 즉 신성로마제국 황제 카를 7세의 딸로서 25세가 될 때까지 미혼이었다. 죽은 아내의 기억 속에서 살던 요제프는 이사벨라 부친에게, 즉 옛 장인에게 서신을 보냈고 거기서 그는 "키가 작고 뚱뚱하며 얼굴에는 붉은 점과 여드름이 있고 썩은 이빨에 처녀로서의 매력도 전혀 없는 마리아 요제파와 결혼해야 하는 저를 불쌍히 생각해주십시오"라고 했다.[94]

1765년 1월 23일 외양상 호화로운 결혼예식과 성대한 축하연이 쇤브룬궁에서 거행되었다.[95] 빈 왕궁에서 자신이 쓸데없는 존재라는 것을 파악한 마리아 요제파에게 결혼생활은 끊임없는 고통의 연속이었다. 타인에 대한 배려심이 깊은 마리아 테레지아는 마리아 요제파를 동정했지만 그녀를 식구로 포용하는 것에 대해서는 주저했다. 점차 그녀는 정략

93 L. Mikoletzky, *Kaiser Joseph II*, p.18; B. Stollberg-Rillinger, *Maria Theresia*, p.500.

94 F. Herre, *Maria Theresia*, pp.277~278; B. Stollberg-Rillinger, *Maria Theresia*, p.502

95 F. Herre, *Maria Theresia*, p.278; B. Stollberg-Rillinger, *Maria Theresia*, p.502

결혼을 한 아들에게 심한 죄책감도 가지게 되었다. 요제프는 정신적으로나 육체적으로 마음에 들지 않는 신부와 가까이하지 않았다. 따라서 마리아 요제파는 아이도 가지지 못했고 1765년 5월 25일 당시 유행한 천연두에 걸려 목숨을 잃었다.[96] 마리아 테레지아는 마리아 요제파를 돌보다가 천연두에 전염되었는데 이것은 그녀가 마리아 요제파를 안은 후 천연두의 초기 증세가 그녀의 얼굴 및 피부에 나타난 것에서 확인할 수 있다. 그리고 3일 후인 5월 26일 천연두 진단도 내려졌다. 이에 따라 주치의는 2회에 걸쳐 그녀에게서 피를 뽑았는데 이것은 당시 유럽 왕실에서 실시하던 대표적인 천연두 치료방법이었다. 6월 1일에는 종부성사(Sterbesakramente)를 할 정도로 마리아 테레지아의 건강은 악화되었다. 그러나 다음 날인 6월 2일부터 그녀의 건강은 회복되기 시작했고 이 소식을 접한 오스트리아인들은 교회로 달려가 신께 감사기도를 드리면서 기뻐했다.[97]

마리아 테레지아와는 달리 요제프는 마리아 요제파가 살아날 가능성이 없었음에도 불구하고 단 한 번도 그녀의 병상을 찾지 않았고, 5월 28일에 거행된 장례식에도 참석하지 않았다. 이렇게 천연두로 황실의 일원이 다시 사망함에 따라 마리아 테레지아는 당시 부각된 천연두 예방접종에 관심을 보였다. 그리고 황실이 모범을 보이기 위해 두 아들인 페르디난트와 막시밀리안, 요제프의 딸에게 예방접종을 하게 했다. 예방접종을 받은 아이들이 앓아눕지 않는 것을 보고 귀족들도 안심하고 그

---

96 마리아 요제파는 천연두에 걸린 지 1주일 만에 목숨을 잃었다. F. Herre, *Maria Theresia*, p.278; B. Stollberg-Rillinger, *Maria Theresia*, p.502; F. Weissensteiner, *Die großen Herrscher des Hauses Habsburg*, p.280.

97 F. Herre, *Maria Theresia*, p.279; B. Stollberg-Rillinger, *Maria Theresia*, p.503.

들의 자녀들에게 접종했다. 마리아 테레지아는 가난한 집안의 어린이들
도 예방접종을 받게끔 이들을 쇤브룬 궁전으로 불러들이기도 했다.

마리아 테레지아는 요제프가 다시 재혼하여 가문을 계승할 남자 상
속인을 얻기를 바랐지만 요제프는 더 이상 재혼하지 않겠다는 의사를
밝혔다.[98] 이에 따라 마리아 테레지아는 요제프의 동생인 레오폴트가
그의 후계자가 되리라고 판단하게 되었다. 실제로 1768년 12월 12일
레오폴트 부부로부터 아들이 태어났다는 소식을 접한 마리아 테레지아
는 이를 빈 전체에 빨리 알리려는 마음에서 외투만 걸친 채로 연극이 상
연되던 궁정극장으로 뛰어들어가 레오폴트가 아들을 얻은 날짜와 자신
의 결혼식 날짜가 일치한다고 외쳤다.

---

98 이때부터 여자에 대한 요제프의 반감을 확인할 수 있었고 시간이 지날수록 그
강도는 강화되었다. 점차적으로, 특히 신성로마제국의 황제로 등극한 이후부터
그는 여자들을 단순히 심심풀이의 도구로 간주했는데 이것은 그가 그는 종종
살롱에서 명문 귀족가문의 여인들과 교류를 하면서 이들을 자신의 성적 만족을
위한 도구로 생각한 데서 확인할 수 있다. E. Badinter, *Maria Theresia*, p.262;
F.Herre, *Maria Theresia*, p.290.

제3장

오스트리아 왕위계승전쟁

오스트리아 왕위계승전쟁

1. 마리아 테레지아의 왕위 계승과 각국의 대응

1740년 10월 13일 음습한 날씨에도 불구하고 카를 6세는 노이지드 러(Neusiedler) 호수가로 사냥을 나갔다. 그런데 카를 6세는 사냥 중 갑자기 위통을 호소했고 결국 빈으로 다시 돌아와야 할 정도로 격렬한 구토 및 위통에 시달렸다. 당황한 의사들은 점심식사로 먹은 버섯수프에 의한 식중독인지, 감기인지 진단을 제대로 내리지 못하고 허둥댔다. 이후 며칠 동안 통증에 시달리던 황제는 10월 20일 새벽 2시, 55세 생일을 며칠 앞두고 갑작스럽게 사망했다. 그런데 당시 밝혀진 병명은 버섯중 독이 아닌 급성간경화증(Fulminate liver cirrhosis)이었다.[1]

---

1   E. Badinter, *Maria Theresia*, p.66 ; E. Dillmann, *Maria Theresia*, p.28 ; D. Pieper, *Die Welt der Habsburger*, p.152 ; G. Schreiber, *Franz I. Stephan*, p.76 ; B. Stollberg-Rillinger, *Maria Theresia*, p.66 ; F. Weissensteiner, *Die großen Herrscher des Hauses Habsburg*, pp.218~219. 합스부르크 가문의 군주가 사망 징후를 보일 경우 황궁에는 황실 가족뿐만 아니라 고위 궁정관리들도 모인다. 이들은 황제의 임종 방에 모여 기도를 하는데 당시 방에서는 황궁 성직자가 로

같은 날 카를 6세의 장녀인 마리아 테레지아는 국사조칙에 따라 모두 73만 제곱킬로미터의 방대한 영토를 가진 오스트리아의 왕위를 계승했다.[2] 그리고 빈 정부는 10월 26일 마리아 테레지아가 다음해 1월 프레

마가톨릭 예식에 따라 종부성사도 진행한다. 그리고 오스트리아 전역의 성당 역시 참회기도를 위해 타종한다. 그리고 황제가 임종 직전 언급한 것들은 정확히 문서화되어 보관되는데 경우에 따라 내용의 일부가 변경되는 경우도 있다. 카를 6세 역시 이러한 절차에 따라 죽음을 맞이했다. 죽기 직전 자신의 병명을 정확히 파악하지 못하는 의사들에게 그는 "내가 죽거든 나의 시신을 해부하여 사인이 무엇인가를 확인해야 할 것이다. 그리고 나에게 사인을 알려주기 위해 여러분들 중에서 한 분이 가능한 한 빨리 나를 뒤따라와야 할 것이다(Wenn ich einmal tot bin, dann brecht's mich auf und dann werd's ja sehen, an was ich g'storben bin. Ich hoff', es kommt mir einer von euch schnell wie möglich bald nach, um es mir mitzuteilen)"라고 했는데 이것은 매우 무미건조한 유머라 하겠다. 그리고 카를 6세는 죽기 직전 한 유명한 일화(Anekdote)도 남겼는데 그것은 에스파냐 궁정예식에 따라 마지막 종부성사를 시행한 후 자신의 발밑에 두 개의 양초가 켜져 있는 것을 보고 "왜 양초를 두 개만 켰는가? 나같이 신성로마제국의 황제가 세상을 떠날 때는 두 개가 아닌 네 개의 양초를 반드시 켜야 한다"라고 했다. F. Weissensteiner, *Die großen Herrscher des Hauses Habsburg*, p.219.

2 당시 마리아 테레지아는 요제프를 임신한 지 3개월 정도 되었기 때문에 카를 6세는 그녀가 자신의 장례식에 참석하는 것을 불허했다. 그것은 카를 6세가 장례식 과정에서 받을 마리아 테레지아의 심적 충격과 거기서 야기될 수 있는 유산(Fehlgeburt)을 고려했기 때문이다. 따라서 마리아 테레지아는 부친의 시신분리예식과 10월 4일에 거행된 야간 장례식에 참여하지 않았다. 합스부르크 가문의 군주나 그의 가족들의 장례식은 저녁에 개최되었고 이러한 전통은 이 가문의 제국이 사라질 때까지 지속되었다. 카를 6세는 임종 직전까지 마리아 테레지아 부부가 아들을 출산하지 못한 것에 심한 우려를 표명했다. 그런데 빈의 신민들은 카를 6세의 사망 소식을 듣고 슬퍼하지도 않았고 이들 중의 일부는 박수를 치는 등의 무례한 행동도 했다. 이것은 아마도 카를 6세가 신민을 배려한 정책을 등한시한 데서 비롯된 것 같다. 실제로 카를 6세는 신민에 대한 배려 내지는 포용 정책을 거의 시행하지 않았다. 이에 따라 오스트리아인들의 뇌리에

오스트리아 최초의 여왕 마리아 테레지아

스부르크에서 헝가리 국왕으로 등극하고 3월에는 프라하에서 거행하는 보헤미아 국왕 대관식에도 참석한다는 것을 발표했다.³⁾ 그러나 바이에른의 선제후였던 카를 알브레흐트(Karl Albrecht)와 작센 선제후 프리드리히 아우구스트 2세(Friedrich August II)는 국사조칙의 적법성과 마리아 테레지아의 상속권에 대해 이의를 제기했고, 그들의 배우자들, 즉 요제프

서는 카를 6세가 빠르게 지워졌는데 이것은 당시 빈 주재 프로이센 외교관이었던 보르케(Kaspar v. Borcke)가 1740년 10월 26일 프리드리히 2세에게 보내는 서신에서도 언급되었다. E. Badinter, *Maria Theresia*, p.66; C. Clark, *Preußen, Aufstieg und Niedergang 1600~1947*(München, 2008), p.228; T. Chorherr, *Eine kurze Geschichte Österreichs*, p.96; S. Martus, *Aufklärung. Das Deutsche 18. Jahrhundert-Ein Epochenbild*(Reinbek bei Hamburg, 2018), pp.463~464; L. Mikoletzky, *Kaiser Joseph II*, p.8; B. Stollberg-Rillinger, *Maria Theresia*, p.67; M. Vogt, *Deutsche Geschichte*, p.260; F. Weissensteiner, *Die großen Herrscher des Hauses Habsburg*, p.227.

3 프레스부르크는 빈에서 약 60킬로미터 떨어진 도시로 1536년부터 1738년까지 헝가리 왕국의 수도였다. 그리고 브라티슬라바(Bratislava)로 명칭이 변경된 오늘날에는 슬로바키아(Slovakia) 공화국의 수도이다. 마리아 테레지아는 1740년 11월 21일 남편 프란츠 슈테판을 오스트리아 왕국의 공동통치자로 지명했다.

마리아 테레지아가 오스트리아 국왕으로 등극하기 이전 주로 영국과 러시아에서 여왕들이 등장하여 국가를 통치했다. 영국에서는 메리 튜더(Mary Tudor : 1553~1558), 엘리자베스 1세(Elizabeth I : 1558~1603), 메리 2세(Mary II : 1689~1694), 앤 2세(Anne II : 1702~1714)가 여왕으로 재위했고 러시아에서는 표트르 대제의 미망인 예카테리나 1세(Ekaterina I; 1725~1727), 안나 이바노브나(Anna Iwanowna : 1730~1740), 엘리자베트 페트로브나(Elisabeth Petrowna : 1741~1762), 예카테리나 2세(Ekaterina II : 1762~1796)가 국가 위정자로 등장했다. E. Badinter, *Maria Theresia*, p.66;T. Chorherr, *Eine kurze Geschichte Österreichs*, p.96; S. Martus, *Aufklärung*, p.464; L. Mikoletzky, *Kaiser Joseph II*, p.8; F. Weissensteiner, *Die großen Herrscher des Hauses Habsburg*, p.227.

1세의 두 딸 이름으로 오스트리아 왕국의 상속권을 강력히 주장했다.[4]
이러한 상황을 예견한 카를 6세는 요제프 1세의 두 딸이 시집갈 때, 즉
1719년과 1722년에 국사조칙을 충실히 준수하고 그들의 남편 역시 오
스트리아 왕위계승권에 관여하지 않겠다는 서약서를 받았지만 실제 상
황에서 이러한 문서는 아무런 효력도 발휘하지 못했다. 요제프 1세의
차녀인 마리아 아말리아와 결혼한 카를 알브레흐트는 보헤미아 왕국과
오버외스터라이히(Oberösterreich) 대공국을, 요제프 1세의 장녀인 마리아
요제파와 결혼한 작센의 프리드리히 아우구스트 2세는 모라비아와 니
더외스터라이히(Niederösterreich) 대공국을 각각 요구했다. 여기서 프리드
리히 아우구스트 2세는 비공식적 방법을 통해 마리아 테레지아에게 슐
레지엔, 작센, 그리고 폴란드 사이의 회랑교환(Korridor)을 제안했다. 그
리고 그는 만일 마리아 테레지아가 자신의 제안을 수용할 경우 국사조

4 카를 알브레흐트의 이러한 주장은 그가 파견한 조문사절단 대표인 페루자(Karl
   Felix v. Perusa) 백작에 의해 제기되었다. 그러나 빈은 이러한 주장에 큰 관심
   을 보이지 않았는데 그것은 당시 유럽 왕실에서 영토 요구권이나 상속권을 제
   기하는 것 등은 일반적 관례로 간주되었기 때문이다. 그런데 당시 오스트리아
   신민들은 마리아 테레지아보다 카를 알브레흐트가 오스트리아의 위정자로 등
   장하기를 기대했는데 이것은 마리아 테레지아의 남편 프란츠 슈테판이 오스트
   리아인이 아닌 프랑스인이라는 것과 그가 신성로마제국의 황제로 등극해서는
   안 된다는 관점에서 비롯된 것 같다. 그러나 마리아 테레지아와 그녀의 남편에
   대한 오스트리아인들의 부정적 시각은 오스트리아 왕위계승전쟁이 진행되면
   서 사라졌다. E. Badinter, *Maria Theresia*, p.83; R. Bauer, *Österreich*, p.204; E.
   Dillmann, *Maria Theresia*, p.28; M. Erbe, *Die Habsburger 1493~1918*, p.140;
   C.W. Ingrao, *The Habsburg Monarchy*, p.150; E.-B. Körber, *Die Zeit der
   Aufklärung. Eine Geschichte des 18.Jahrhunderts*(Stuttgart, 2006), p.48; S. Mar-
   tus, *Aufklärung*, p.464; K. Pfister, *Maria Theresia*, p.43; B. Stollberg-Rillinger,
   Maria Theresia, p.74; M. Vogt, *Deutsche Geschichte*, p.260.

칙도 인정하겠다는 입장을 밝혔다.[5]

이 당시 카를 알브레흐트는 합스부르크 가문에 대한 자신의 상속권이 1564년에 사망한 신성로마제국 황제 페르디난트 1세(Ferdinand I : 1556~1564)가 1543년과 1546년에 작성된 혼인장(Ehevertrag) 및 유언장(Testament)에도 명시되었다고 주장했다. 실제로 페르디난트 1세는 자신의 딸 안나(Anna)를 바이에른 선제후 알브레흐트 5세(Albrecht V)와 결혼시키면서 합스부르크 가문에서 남자 상속인이 완전히 단절될 경우 비텔스바흐 가문의 인물이 왕위를 계승할 수 있다는 것을 혼인장 및 유언장에서 언급했다. 아울러 카를 알브레흐트는 유언장에서 보헤미아, 오버외스터라이히, 티롤, 그리고 포르란테(Vorlande)가 자동적으로 비텔스바흐 가문으로 이양된다는 것도 거론되었음을 밝혔다. 이후 카를 알브레흐트는 특별사절단을 빈에 파견하여 페르디난트 1세의 유언장을 직접 제시했지만 마리아 테레지아는 그것을 인정하지 않았다. 그 과정에서 마리아 테레지아는 알브레흐트의 특별사절단에게 자신이 가지고 있던 유언장도 보였는데 거기서는 카를 알브레흐트가 가지고 있던 유언장과는 달리 합스부르크 가문의 적출 혈통이 단절(Erlöschen der ehelichen Habsburg-Sprosse)될 경우 상속권이 비텔스바흐 가문으로 넘어간다는 것

---

5   이러한 비밀 접촉 소식을 접한 프리드리히 2세는 회랑 교환이 실현될 경우 브란덴부르크의 동부 및 남부가 작센에 의해 통제받을 수 있다고 우려했고 가능한 한 빨리 슐레지엔 지방을 차지해야 한다는 결심도 했다. C. Clark, *Preußen*, p.231 ; H. Haselsteiner, "Cooperation and Confrontation between Rulers and the Noble Estates 1711~1790", P.F.Sugar & P. Hanák & T.Frank, ed., *A History of Hungary*(Bloomington-Indianapolis, 1994), p.146 ; B. Stollberg-Rillinger, *Maria Theresia*, p.68.

이 명시되었다.[6] 이렇게 카를 알브레흐트가 오스트리아 왕국에 대한 계승권을 강력히 제기한 이면에는 중세뿐만 아니라 근대 초기까지 널리 확산되었던 '남성이 육체적, 정신적으로 여성보다 훨씬 우월하다'라는 인식도 강하게 작용한 것 같다.[7]

카를 알브레흐트의 이러한 입장에 프랑스, 에스파냐, 스웨덴, 덴마크, 사르데냐-피에몬테, 쾰른 선제후국(Kurköln), 그리고 작센 역시 동의하는 자세를 보였다.[8] 바이에른의 오랜 동맹국이었던 프랑스의 루이 15세는 카를 6세가 서거한 직후 국사조칙을 인정하겠다는 입장을 밝혔지만 이러한 그의 관점은 곧 바뀌었는데 그것은 국사조칙을 인정하지 않으면 오스트리아령 네덜란드를 차지할 수 있다는 판단에서 비롯된 것 같다.[9] 프랑스의 태도 변화는 그들이 1735년 카를 6세에게 약속한 국사조칙에서 확인되는 예외규정에서 비롯되었다고 볼 수 있다. 실제로 프랑스는 제3자가 합스부르크 영토를 요구하는 것을 지지하지 않겠다는

---

6 비텔스바흐 가문은 14세기와 15세기에 두 명의 신성로마제국 황제, 즉 루트비히 4세(Ludwig IV : 1314~1347)와 루프레흐트(Ruprecht : 1400~1410)를 배출했다.

7 E. Badinter, *Maria Theresia*, p.83 ; R. Bauer, *Österreich*, p.209 ; C. Clark, *Preußen,* p.228 ; E. Dillmann, *Maria Theresia*, p.28 ; B. Stollberg-Rillinger, *Maria Theresia*, pp.74~75 ; M. Vogt, *Deutsche Geschichte*, p.260 ; F. Weissensteiner, *Die großen Herrscher des Hauses Habsburg*, p.228.

8 E. Badinter, *Maria Theresia*, p.83 ; R. Bauer, *Österreich*, p.209 ; E. Dillmann, *Maia Theresia*, p.29.

9 카를 6세가 서거한 직후 루이 15세는 마리아 테레지아에게 조문편지를 보내어 애도를 표방했을 뿐만 아니라 국사조칙을 준수하겠다는 입장도 밝혔다. E. Badinter, *Maria Theresia*, p.83 ; R. Bauer, *Österreich*, p.209 ; E. Dillmann, *Maria Theresia*, p.29.

약속을 하지 않았다.

당시 카를 알브레흐트는 프랑스의 지원을 받아 오스트리아 왕국의 일부 지역을 차지한 후 신성로마제국의 황제로 등극한다면 프랑스가 오스트리아령 네덜란드를 자국에 편입시키는 것에 반대하지 않겠다는 태도를 보였다. 이에 반해 영국과 네덜란드는 국사조칙에 따라 왕위를 계승한 마리아 테레지아의 정통성을 인정하려고 했다. 이러한 상황에서 마리아 테레지아는 남편 프란츠 슈테판을 오스트리아 공동통치자로 임명했다. 아울러 그녀는 남편에게 보헤미아 국왕이 가졌던 신성로마제국 황제 선출권도 넘겨주었는데 이것은 여성 통치자인 그녀가 신성로마제국 황제 선출에 참여할 수 없다는 현실적 판단에서 비롯된 것 같다.[10]

그런데 신성로마제국 황제선출 절차권을 가진 마인츠 대주교가 카를 6세가 사망하고 얼마 안 된 10월 23일 프란츠 슈테판에게 차기 황제 선출식에 참여할 것을 요청했다. 이러한 소식을 접한 카를 알브레흐트와 아우구스트 2세는 즉시 이의를 제기했다. 당시 폴란드 국왕직을 겸하고 있던 아우구스트 2세는 오스트리아 왕위 계승 문제에 개입하여 영토적 보상을 받거나 또는 자신이 신성로마제국의 황제로 등극해야 한다는 생각도 했는데 이것은 향후 카를 알브레흐트와 대립할 수도 있는 사안이었다. 그런데 당시 독일권에서는 한 여인이 선제후직위권을 행사할 수 있는지에 대해 강한 의구심이 제기되었다. 또한 마리아 테레지아가 자신의 남편에게 이양한 선제후직위권 역시 아무런 효력을 발휘할 수 없다는 관점이 부각되었다. 이렇게 독일권에서 부정적인 분위기가 조성되었음에도 불구하고 마리아 테레지아는 오스트리아 선거사절단을 프

---

10   실제로 보헤미아에서는 여성에게 신성로마제국 황제 선출권을 부여하는 것이 허용되지 않았다.

랑크푸르트로 파견하여 당시 다른 선제후들과 접촉을 모색하게 했다. 그러나 이들의 접촉 시도는 일체 거절되었고 그 과정에서 이들은 전례 없이 거칠게 다루어지는 수모도 당했다. 이에 따라 마리아 테레지아가 1740년 겨울을 보낸 후 결국 오스트리아 왕국의 위정자직에서 물러날 것이라는 예상이 강하게 제기되었다.[11]

2. 프리드리히 2세의 등극

마리아 테레지아보다 약간 빠른 1740년 5월 30일 프로이센에서도 위정자 교체가 있었다. 새로운 위정자로 등장한 프리드리히 2세(Friedrich II : 1740~1786)는 부친인 프리드리히 빌헬름 1세(Friedrich Wilhelm I : 1713~1740)와는 달리 프랑스 문학과 음악, 특히 플루트에 깊은 관심을 가지고 있었다.[12] 따라서 그는 부친이 선호하던 군사훈련, 사냥, 타박스

---

11 E. Badinter, *Maria Theresia*, p.83 ; D. Pieper, *Die Welt der Habsburger*, p.152 ; B. Stollberg-Rillinger, *Maria Theresia*, pp.75~76 ; F. Weissensteiner, *Die großen Herrscher des Hauses Habsburg*, p.228.

12 프리드리히 빌헬름 1세는 관료주의 체제를 보다 확고히 하려고 했다. 여기서 그는 시민계층을 대거 기용함으로써 시민왕이라는 명칭도 부여받았다. 1723년 그는 기존의 전쟁총국과 재정총국을 결합시켜 최고재정전쟁왕령지총국(Generalfinanz-Kriegs-und-Domänendirektorium), 약칭 전쟁재정총국(Generaldirektorium)을 출범시켰다. 아울러 그는 250만 명의 인구를 가진 프로이센에서 상비군 수를 4만 명에서 83,000명으로 크게 늘렸고 이것으로 인해 병사왕(Soldatenkönig)이라는 칭호도 받게 되었다. 프리드리히 빌헬름 1세는 신민들에게 자신들의 의무를 충실히 이행할 것을 요구했다. 1733년 프리드리히 빌헬름 1세는 생업에 종사하는 모든 주민(농민과 농노 포함)들에게 병역의 의무를 부가하는 칸톤(Kanton) 제도를 도입했다. 이 제도로 프로이센의 전 주민은

콜레기움(Tabakskollegium)에 대해 부정적인 시각을 가지게 되었고 그러한 것은 그와 부친 사이의 관계를 소원하게 하는 요인으로 작용했다. 타박스콜레기움은 일요일을 제외하고 거의 매일 개최되었다. 정부의 고위 관료들, 장관들, 그리고 외교 사절들이 참여한 이 집회에서는 왕의 신임을 받는 인사가 어떤 특정한 주제를 가지고 특강을 하고 경우에 따라 그것에 대한 보충 설명도 했다. 아울러 그는 베를린, 드레스덴, 라이프치히(Leipzig), 함부르크(Hamburg), 빈에서 간행되는 신문들과 프랑스와 네덜란드에서 보내진 신문들에서 확인되는 언론의 동향을 개괄적으로 보고하기도 했다. 자정까지 지속되는 타박스콜레기움에서 참석자들은 음식과 맥주를 제공받았고 도자기 담뱃대로 담배를 피워야만 했다. 이 당시 프리드리히 빌헬름 1세는 흡연이 집중력에 아주 큰 도움을 준다고 언급할 정도로 흡연에 대해 매우 긍정적인 자세를 보였다.

프리드리히 빌헬름 1세는 1730년 18세의 프리드리히를 영국 국왕 조지 2세(George II : 1727~1760)의 딸과 결혼시키려고 했으나 실패했다. 그리고 당시 프리드리히는 부친의 강압적인 통치체제, 특히 군사적 요

소속부대로부터 9~10개월간 휴가를 받아 생업에 종사했고 나머지 기간은 군복무를 수행했다. 이에 따라 귀족과 농민관계, 장교와 병사 관계를 핵으로 하는 전 사회의 군사화 체제가 구축되었다. 이러한 체제가 구축된 이후 반정부적 이었던 브란덴부르크(Brandenburg), 포메른(Pommern), 동프로이센의 토지귀족들은 점차적으로 국왕의 충실한 신하가 되었을 뿐만 아니라 국왕의 깃발 아래에서 의무를 수행하는 것 자체를 명예스럽게 여기기도 했다. 재위기간 중 그는 적극적인 외교정책을 펼치지 않았지만 즉위 초에 참여한 북방전쟁으로 슈테틴(Stettin)을 포함한 포르포메른(Vorpommern) 지방을 차지할 수 있었다. 프리드리히 빌헬름 1세는 경제적 활성화를 도모하기 위해 잘츠부르크(Salzburg)의 신교도들도 대거 받아들였다. F. Herre, *Maria Theresia*, p.53 ; M. Vogt, *Deutsche Geschichte*, pp.253~255.

소가 강하게 부각된 사회질서 체제에 동의하지 않았고 이것으로 인해 둘 사이의 관계는 원만하지 못했다. 이후 프리드리히는 부친과 만하임(Mannheim)으로 여행을 떠났는데 이때 그는 자신의 친구였던 카테(Hans Hermann.v. Katte) 소위와 더불어 프랑스를 거쳐 영국으로 도주하려는 계획을 세웠으나 그러한 계획은 사전에 누설되었다.[13] 이에 따라 이들은 곧 체포되어 쾨페니크(Köpenick)성의 전쟁재판소에서 재판을 받았다. 여기서 카테는 프리드리히의 탈출 계획을 알면서도 당국에 고발하지 않은 죄로 종신징역형을 선고받았고 프리드리히에 대한 판결은 일단 유보되었다. 이후 이들은 쾨페니크성의 감옥소에 투옥되었다. 그러나 당시 프리드리히 빌헬름 1세는 카테에 대한 선고가 적절하지 못하다고 생각했기 때문에 불에 뜨겁게 달군 집게로 팔다리를 뜯어낸 후 교수형에 처해야 한다는 것을 전쟁재판소에 제안했다.[14] 결국 프리드리히 빌헬름 1세

---

13 카테는 1704년 2월 28일 육군원수(Generalfeldmarschall) 한스 하인리히 폰 카테(Hans Heinrich v. Katte)의 아들로 태어났다. 이후 1717년부터 1721년까지 할레(Halle) 교육대학예과(Pädagogium)에서 공부하면서 몇 학기 동안 쾨니히스베르크와 위트레흐트 대학에서도 수학했다. 그는 1729년 수학 및 기술 강의에서 프리드리히를 처음 만났고 그 이후부터 양인은 자주 접촉할 정도로 긴밀해졌다. 당시 프리드리히는 카테의 처세술(Weltgewandtheit)에 깊은 감명을 받았다. 뿐만 아니라 이들은 취미도 비슷했는데 이것은 이들이 같이 플루트 연주를 하거나 문학에 대해 이야기를 나눈 것에서 확인할 수 있다.

14 프리드리히 빌헬름 1세는 반역이나 탈영의 경우 신분에 상관없이 동일한 처벌(fiat iustitia aut pereat mundus), 즉 사형선고를 받아야 한다는 관점을 가지고 있었다. 따라서 그는 카테의 행동이 탈영의 범주에 포함되기 때문에 처형되어야 한다는 입장을 밝혔던 것이다. 당시 프리드리히 빌헬름 1세는 카테가 자신의 아들을 부추겼다고 믿었지만 카테는 프리드리히에게 영국으로의 탈출 계획을 다시 한번 재고할 것을 요구했다. 그러나 프리드리히는 자신의 계획을 그대로 시행했다.

는 자비롭게 참수형으로 한 발 물러섰지만, 아들이 보는 앞에서 카테가 처형되어야 한다는 입장을 견지했다.[15]

1730년 11월 6일, 카테는 갇혀 있던 감옥의 독방에서 끌려나와 마당의 모래 더미 위에 올라섰다. 프리드리히는 두 교도관의 강요로 독방의 창살에 얼굴을 붙이고 마당을 내다봐야만 했다. 이때 주변을 둘러보던 카테는 창살에 얼굴을 붙인 프리드리히를 보고는 프랑스어로 정중하고 예의바르게 작별인사를 했다. 그리고 가발과 웃옷과 목도리를 벗고 모래 위에 무릎을 꿇고 앉았다. 그의 목은 단칼에 베였다. 프리드리히는 카테의 마지막 순간을 보지 못했는데 그것은 그가 혼절했기 때문이다. 이후 프리드리히는 죄수 신분으로 1731년부터 큐스트린(Küstrin)에 위치한 전쟁 및 국유지관리국(Kriegs-und Domänenkammer)에서 근무해야만 했다.[16] 프리드리히와 부친 사이의 불편한 관계는 1732년에 해소되었고 그에 따라 프리드리히는 같은 해 노이루핀(Neuruppin)에 신설된 연대(Regiment) 책임자로 임명되었다. 그리고 다음해인 1733년 6월 12일 프리드리히는 브라운슈바이크-베베른(Braunschweig-Bevern) 대공국의 엘리자베스-크리스티네(Elisabeth-Christine)와 정략결혼을 했다.[17]

국왕으로 등극한 직후부터 프리드리히 2세는 스스로를 국가의 제1공

---

15 이 과정에서 프리드리히 빌헬름 1세는 한스 하인리히 폰 카테 가문이 '국가를 위해 봉사한 것(in consideration seiner familie)'을 고려했다고 했다.

16 프리드리히의 누이 빌헬미네(Wilhelmine) 역시 동생의 탈옥계획을 사전에 인지한 인물로 간주되어 재판에 회부되었고 거기서 1년간 격리형을 선고받았다.

17 엘리자베스-크리스티네는 신성로마제국 황제 카를 6세의 조카딸이었다. 브라운슈바이크-볼펜뷔텔 가문이 1735년에 단절됨에 따라 이 가문의 통치지역은 브라운슈바이크-베베른 가문이 넘겨받았다.

복(premier serviteur de l'Etat= erster Diener des Staates)이라고 자칭했다.[18] 그리고 그는 법무대신 코체이(Samuel v. Cocceji)에게 사법제도의 개선을 명령했고 그 과정에서 국왕에 의한 즉흥적 판결배제와 3심제도의 도입도 구체화되었다. 아울러 죄인들에 대한 고문 역시 폐지되었다. 프리드리히 2세는 농민들의 부담도 크게 경감시켰는데 그러한 것은 지주 계층에 의해 자행되었던 농토 몰수 및 부역(Frondienst)을 대폭 완화시킨 것에서 확인할 수 있다. 아울러 농촌의 관개사업과 토지 개량사업 역시 적극적으로 추진되었다.

3. 프리드리히 2세의 선제공격

당시 독일권에서 오스트리아와 대립하던 프로이센의 프리드리히 2세 역시 마리아 테레지아의 왕위 계승을 인정하지 않았다. 그러나 선왕 프리드리히 빌헬름 1세는 1726년과 1728년에 체결된 부스터하우젠 비밀조약과 베를린 조약에서 국사조칙을 인정했다.[19] 이렇게 선왕이 두

---

18 점차 프리드리히 빌헬름 1세는 자신의 아들에게 신뢰를 가지게 되었고 임종 직전인 1740년 5월 31일 측근들에게 프리드리히가 자신이 넘겨줄 왕국을 잘 다스릴 것이라는 예견도 했다.

19 E. Badinter, *Maria Theresia*, p.84; C. Clark, *Preußen*, p.229; W. Neugebauer, *Die Geschichte Preußens. Von den Anfängen bis 1947*(München, 2009), p.54. 1688년 프리드리히 3세(Friedrich III)는 프로이센-브란덴부르크 선제후로 등극했다. 이 인물은 1700년 11월 16일 레오폴트 1세와 독대했고 거기서 그는 자신의 등극을 인정받는 대신 오스트리아 위정자의 요구를 수렴하겠다는 입장을 밝혔는데 그것은 향후 에스파냐 왕위계승전쟁이 발생할 경우 오스트리아의 동맹국으로 활동할 것이고 나아가 8천 명의 병력도 지원한다는 것이었다. 실제로

번이나 인정한 국사조칙을 무시한 프리드리히 2세는 오스트리아 왕위
계승분쟁을 활용하여 풍요로운 슐레지엔 지방을 차지하려고 했고 1740
년 11월 15일 오스트리아와 비밀협상을 통해 자신의 목적도 관철시키
려고 했다.[20] 당시 프리드리히 2세는 200년 전에 호엔촐레른 가문과 슐
레지엔 지방을 통치했던 피아스텐(Piasten) 대공 사이에 체결된 결혼조약
을 부각시키면서 슐레지엔 지방에 대한 프로이센의 권리를 주장했다.
그리고 1740년 11월 6일 프리드리히 2세는 카를 6세의 사망을 계기로
슐레지엔 지방을 차지하겠다는 입장을 밝히면서 자신의 행동이 매우 합
당(billig)하다는 입장도 밝혔다.

　　그런데 프리드리히 2세는 프로이센 국왕으로 등극한 이후부터 오스
트리아의 상황을 예의주시하고 있었다. 즉 그는 남자 후계자 없이 카를

프리드리히 3세는 에스파냐 왕위계승전쟁에 참여했고 거기서 레오폴트 1세를
적극적으로 지원했다. 1701년 1월 18일 프리드리히 3세는 프로이센-브란덴부
르크를 왕국으로 승격시켰고 자신을 프리드리히 1세(Friedrich I : 1688~1713)
라 칭했다. 그런데 프리드리히 1세는 신성로마제국의 영역이 아닌 프로이센의
쾨니히스베르크(Königsberg)에서 스스로 대관해야만 했다. 이것은 문자 그대로
성직자의 손을 거치지 않고 스스로 왕관을 머리에 썼다는 것을 의미한다. 그렇
다면 왜 프리드리히 1세는 스스로 대관했을까? 그것은 신성로마제국의 황제가
제국 영역이 아닌 지역에서 프리드리히의 대관을 허용했기 때문이다. 그리고
당시 제국 내 제후들은 국왕 칭호를 사용할 수 없었다. 화려한 대관식으로 인해
신생왕국의 신민들은 이전보다 훨씬 많은 세금을 내야만 했다.

20　프리드리히 2세는 등극한 이후부터 프로이센 왕국의 영역을 확대시켜야 한다
는 강박관념(obsession)을 가지고 있었다. E.J. Görlich, *Grundzüge der Geschichte
der Habsburger Monarchie und Österreichs*, p.144 ; F. Herre, *Maria Theresia*,
p.54 ; C.W. Ingrao, *The Habsburg Monarchy*, p.152 ; S. Martus, *Aufklärung*,
p.464 ; W. Neugebauer, *Die Geschichte Preußens*. p.71 ; D. Pieper, *Die Welt der
Habsburger*, p.152 ; B. Stollberg-Rillinger, *Maria Theresia*, p.76.

6세가 사망할 경우 오스트리아 왕위계승분쟁이 발생할 수 있다는 것을 예견했고 실제로 분쟁이 발생할 경우 오스트리아 왕국의 일부 지방을 프로이센에 편입시키겠다는 구체적인 구상도 했다.

당시 오스트리아 외교수장이었던 바르텐슈타인이 참여한 비밀협상에서 프리드리히 2세는 마리아 테레지아가 프로이센의 슐레지엔 지방 점유를 인정할 경우 자신은 윌리히-베르크(Jülich-Berg) 공국을 포기한다는 제안을 했다. 이어 프리드리히 2세는 마리아 테레지아의 남편 프란츠 슈테판이 신성로마제국의 황제로 선출되는 데 적극적인 지지도 아끼지 않겠다는 입장을 밝혔다. 또한 그는 오스트리아에 대한 외부적 위협이 있을 경우 그것을 격퇴시키는 데 적극적인 협력을 아끼지 않겠다고도 했다. 아울러 오스트리아에게 200만 굴덴의 차관을 저리로 제공하겠다는 입장도 밝혔다.[21] 그러나 마리아 테레지아는 바르텐슈타인의 조언에 따라 프리드리히 2세의 제안에 동의하지 않았고 이것은 프리드리히 2세로 하여금 군사적 방법을 통해 자신의 목적을 실천하게 하는 요인으로 작용했다.

당시 프로이센 영토는 오스트리아의 6분의 1인 12만 제곱킬로미터였고 인구 역시 3분의 1 정도에 불과했다. 따라서 프리드리히 2세는 즉위한 직후부터 오스트리아로부터 면적 4만 제곱킬로미터의 슐레지엔 지방을 빼앗아야만 독일권에서 프로이센의 위상을 키울 수 있다는 판단을 했던 것이다.

프로이센과의 비밀협상이 결렬된 이후 마리아 테레지아는 특별사절

21 E. Badinter, *Maria Theresia*, pp.85~86; R. Bauer, *Österreich*, p.209; F. Herre, *Maria Theresia*, pp.54~55: B. Stollberg-Rillinger, *Maria Theresia*, p.77; F. Weissensteiner, *Die großen Herrscher des Hauses Habsburg*, p.230.

프리드리히 2세

단을 베를린으로 파견하여 프로이센 위정자의 입장을 보다 정확히 파악하려고 했다. 베를린으로 가는 도중 특별사절단의 대표 보타-아도르노(Anton Otto de Botta-Adorno) 후작은 대규모 병력이 슐레지엔 방향으로 이동하는 것을 목격했다. 얼마 후 보타-아도르노는 베를린에서 프리드리히 2세를 알현했고 거기서 그는 프로이센 위정자의 의도도 정확히 파악할 수 있었다. 프리드리히 2세는 보타-아도르노에게 가까운 시일 내에 프로이센군이 슐레지엔 지방으로 진격할 예정이라는 것을 밝혔다. 여기서 그는 오스트리아 여왕을 주변의 적들로부터 보호하고 그녀의 남편을 신성로마제국의 황제로 등극시키는 것이 군사적 행동의 진정한 목표라고 언급했다. 그리고 프리드리히 2세는 가능한 한 빨리 빈으로 사절단을 파견하여 자신의 의도를 설명하겠다는 입장도 밝혔다. 이후 보타-아도르노는 프로이센 군주의 의도를 빈에 전달했고 거기서 조만간 프로이센이 오스트리아를 침공하리라는 우려도 표명했다.

그러나 당시 오스트리아는 오스만튀르크와의 전쟁이 끝난 지 얼마 안 되었기 때문에 프로이센과 전쟁을 할 상황도 아니었다. 즉 빈 정부는 전쟁 수행에 필요한 수백만 굴덴을 자체적으로 충당할 능력이 없었다. 실제로 당시 빈 정부의 부채는 1억 굴덴을 초과했지만 당시 빈 정부가 활용할 수 있는 재원은 수십만 굴덴에 불과했다. 이러한 위기 상황에서 탈피하기 위해 마리아 테레지아는 오스트리아의 고위성직자들과 명문 귀족가문의 인물들을 소환했고 거기서 그녀는 그들에게 자발적인 대여를 요청했다. 이렇게 하여 모인 금액은 320만 굴덴이었다.[22] 빈에서는 마리아 테레지아의 이러한 시도에 이의를 제기하는 목소리도 등장했다. 자발적인 대여에 앞서 왕실 재산을 매각하는 것이 우선 순위라는 것이었다.[23] 이렇게 재정적으로 어려운 상황에 놓여 있던 오스트리아와는 달리 프리드리히 2세는 부친이 넘겨준 800만 탈러 금화를 보유하고 있었다. 이것은 장기간 전쟁을 펼쳐도 프로이센 재정에 어려움을 가져다주지 않을 거액이었다.[24]

---

22 이 과정에서 스타르헴베르크(Gundacker Thomas v. Starhemberg), 리히텐슈타인(Johann Nepomuk Karl v. Lichtenstein), 킨스키(Philipp Joseph v. Kinsky), 에스테르하지(Nikolaus Joseph v. Esterházy) 등이 여왕을 만났고 거기서 이들은 각기 50만 굴덴의 지원을 약속했다. E. Badinter, *Maria Theresia*, p.94.

23 당시 빈 정부의 고위 관료들은 마리아 테레지아의 통치능력에 대해 회의적인 반응을 보였다. 그 일례로 마리아 테레지아가 국가현안을 논의하기 위해 개최한 비밀궁정회의에 참석한 궁내부장관이 여왕의 국정 파악 능력을 평가하기보다는 "비밀궁정회의에 참석한 우리 여왕은 정말로 아름답다"라고 표현한 것을 들 수 있다. E. Badinter, *Maria Theresia*, p.77.

24 C. Clark, *Preußen*, p.228; M. Erbe, *Die Habsburger 1493~1918*, p.140; C.W. Ingrao, *The Habsbug Monarchie*, p.150; B. Stollberg-Rillinger, *Maria Thersia*, p.77.

오스트리아 최초의 여왕 마리아 테레지아

프리드리히 2세는 1740년 12월 16일 오스트리아에 대해 선전포고도 없이 32,000명의 병력을 동원하여 슐레지엔 지방의 여러 지역, 즉 예게른도르프(Jägerndorf), 브리크(Brieg), 리그니츠(Liegnitz), 볼라우(Wohlau)를 선제공격했다. 이에 마리아 테레지아는 바르텐슈타인의 조언에 따라 육군중장(Feldmarschall-Leutnant)인 36세의 브로브네(Maximilian Ulysses v. Browne)에게 프로이센군을 슐레지엔 지방에서 격퇴할 것을 명령했다. 그러나 당시 브로브네가 이끈 오스트리아군은 6천 명에 불과했지만 프리드리히 2세의 군대는 이보다 다섯 배나 많은 32,000명이나 되었다.[25] 이러한 열세에서 브로브네가 할 수 있는 것은 프로이센군의 진격 속도를 다소나마 줄이는 것뿐이었다. 결국 프로이센군은 1741년 1월 말 슐레지엔 지방의 주도인 브레슬라우(Breslau)를 점령했다.[26]

이렇게 프리드리히 2세가 선제공격을 감행한 것은 마리아 테레지아의 왕위 계승에 적지 않은 국가들이 이의를 제기했고 그에 따라 오스트리아 왕국이 고립되리라는 것을 직시했기 때문이다. 특히 그는 러시아

---

25 당시 빈 정부는 슐레지엔 지방에 8천 명의 군대를 주둔시키고 있었다. 그런데 이는 프로이센의 브란덴부르크 지방과 접하고 있던 슐레지엔 지방을 방어하기에는 매우 불충분한 병력이었다. 그리고 프리드리히 2세가 슐레지엔 지방을 침공할 때의 병력은 이보다 2천 명이나 적었다. R. Bauer, *Österreich*, p.210; C. Clark, *Preußen*, p.228; B. Stollberg-Rillinger, *Maria Theresia*, p.77.

26 E. Badinter, *Maria Theresia*, p.95; T. Chorherr, *Eine kurze Geschichte Österreichs*, p.96; E. Dillmann, *Maria Theresia*, p.30; M. Erbe, *Die Habsburger 1493-1918*, p.140; F. Herre, *Maria Theresia*, p.56; K. Vocelka, *Österreichische Geschichte*, p.64; M. Vogt, *Deutsche Geschichte*, p.260; H. Weczerka, *Schlesien*(Stuttgart, 2003), p.69; F. Weissensteiner, *Die großen Herrscher des Hauses Habsburg*, p.230. 이 당시 오스트리아군의 상당수는 오스트리아령 네덜란드와 지벤뷔르겐에 주둔하고 있었다.

의 제위분쟁, 즉 마리아 테레지아보다 19일 늦은 1740년 11월 8일 러시아 황제로 등극한 안나 레오폴도브나(Anna Leopoldowna)가 표트르 대제의 딸 엘리자베트 페트로브나(Elisabeth Petrowna)가 주도한 모반으로 권좌에서 추방되었기 때문에 러시아는 향후 당분간 오스트리아 왕위 계승 문제에 개입할 수 없다고 확신했던 것이다. 메클렌부르크-슈베린(Mecklenburg-Schwerin) 대공국 카를 레오폴트(Karl Leopold) 대공의 딸인 안나 레오폴도브나는 1741년 12월 6일까지 러시아를 통치했다. 프리드리히 2세가 슐레지엔 지방을 공격했다는 소식을 접한 안나 레오폴도브나는 1740년 12월 16일 프리드리히 2세에게 직접 편지를 보내 국사조칙의 준수를 강력히 요구했다. 그 편지에서 그녀는 국사조칙 준수를 통해 오스트리아 왕국의 분열을 저지하고 필요하다면 3만 명으로 구성된 러시아 원정군도 파견하여 마리아 테레지아의 오스트리아를 지원하겠다는 의사를 밝혔는데 이것은 1726년 오스트리아와 체결한 동맹체제에서 비롯된 것 같다.[27)]

---

27 안나 레오폴도브나는 스웨덴의 지속적인 압박과 엘리자베트 페트로브나가 일으킨 모반 때문에 자신의 계획을 실천할 수 없었다. 32세의 엘리자베트 페트로브나는 1741년 12월 6일 안나 레오폴도브나를 권좌에서 몰아내려는 모반을 일으켰고 그것이 성공함에 따라 러시아 여제로 등극했다. 모반을 통해 권력을 장악한 엘리자베트 페트로브나는 지적이고, 총명하고, 신앙심이 깊었지만 향락적인 부분에도 큰 관심을 보였다. 그녀는 마리아 테레지아와 스웨덴의 왕세자비에 대해 매우 부정적이었는데 그것은 동성에 대한 그녀의 맹목적인 시기심에서 비롯된 것 같다. 당시 마리아 테레지아와 엘리자베트 페트로브나 사이의 동맹체제 구축을 두려워한 프리드리히 2세는 두 여인 사이의 시기 내지는 알력을 적극적으로 활용하려는 생각을 하고 있었다. 따라서 그는 엘리자베트 페트로브나에게 많은 선물을 보내고 훈장을 수여하는 등의 방법을 활용하여 그녀와의 관계를 보다 돈독히 하려고 했다. 그리고 이러한 과정에서 프리드리히 2세는 러

슐레지엔 지방을 너무도 쉽사리 프로이센에게 빼앗긴 마리아 테레지

시아 여제에게 마리아 테레지아가 이반 6세와 그의 어머니를 복권시키려는 구상도 하고 있음을 알려주었다. 이후 러시아 주재 오스트리아 대사인 보타-아도르노가 1743년에 발생한 엘리자베트 페트로브나에 대한 모반에 깊이 연루되었다는 의혹이 러시아 황실에서 제기되었다. 이러한 소식을 접한 마리아 테레지아는 크게 격노했고 그러한 모반에 자신의 신하가 관련되었다는 증거를 제출하라고 엘리자베트 페트로브나에게 강력히 요구했다. 이후 빈에서는 보타-아도르노의 모반 사안을 구체적으로 논의할 특별위원회가 구성되었다. 특별위원회는 활동을 개시한 지 얼마 안 되어 모반에 연루된 인물이 고문 과정에서 거짓 자백을 했다는 것도 밝혀냈다. 바로 마리아 테레지아는 엘리자베트 페트로브나에게 일종의 방어서신을 보냈고 거기서 그녀는 러시아 여제의 미숙함을 지적했을 뿐만 아니라 그것의 반성도 강력히 촉구했다. 마리아 테레지아로부터 반발성 서신을 받은 엘리자베트 페트로브나는 크게 분개했고, 마리아 테레지아가 1743년 10월 14일에 공포한 포고문을 암스테르담(Amsterdam)의 일간신문에 게재시킴에 따라 엘리자베트 페트로브나의 분노는 더욱 증폭되었다. 포고문에서 마리아 테레지아는 러시아의 여제가 부당한 사실을 진실인 것처럼 언급한 비이성적 태도를 지적하고 그러한 과정에서 안톤 오토 보타-아도르노가 희생양이 되었다는 것도 언급했다. 이렇게 러시아와 오스트리아 위정자 사이의 상호 비방이 심화되었지만 마리아 테레지아는 점차 러시아 여제와 화해를 해야 한다는 것과 그것을 통해 1746년에 종료될 러시아와의 동맹체제 기간을 연장해야 한다는 필요성도 느끼게 되었다. 실제로 당시 마리아 테레지아는 프로이센과 그의 동맹국들과의 전투에서 러시아의 군사적 지원이 절실히 필요했다. 이에 따라 마리아 테레지아는 1744년 8월 로젠베르크(Philipp Rosenberg) 백작을 특사 자격으로 러시아로 보냈다. 이후 로젠베르크는 엘리자베트 페트로브나와 수차례 독대하면서, 보타-아도르노 문제가 자신의 과오(mea cupla)에서 비롯되었다는 마리아 테레지아의 입장을 러시아 여제에게 전달했다. 마리아 테레지아의 입장변화에 대해 러시아 여제는 긍정적인 반응을 보였고 이것은 결국 러시아와 프로이센 간의 관계를 단절시키는 요인으로도 작용했다. 당시 엘리자베트 페트로브나는 프로이센의 영토 확장 정책에 우려를 표명했고 그것의 제재가 필요하다는 것도 인지했다. 이후 오스트리아와 러시아 사이의 관계는 안나 레오폴도브나 시기로 회귀했고 양국 사이의 동맹체제 역시 보다 확고해아의 오스트리아는 전쟁 수행에 필요한 국방비가 없었을 뿐만 아니라 제대로 훈련받은 군대 역시 보유하지 못한 상태였다. 당시 오스트리아는 문서상으로 123,000명의 병력을 보유했지만 실제로 가용할 수 있는 병력은 6만 명에 불과했다. 더구나 이 병력은 오스트리아령 네덜란드로부터 롬바르디아를 거쳐 지벤뷔르겐까지 분산된 상태였기 때문에 즉각적인 동원 역시 불가능했다.[28] 그리고 마리아 테레지아에게는 국가의 어려운 상황에 효율적으로 대응할 수 있는 내각도 없었다. 당시 빈 내각에 참여한 인물들의 평균 나이는 70대 중반이었고 이들은 국가 업무보다는 개인 업무를 우선시하는 등 비효율적인 자세를 보였다. 그리고 이들의 업무시간은 당시 프랑스 고위관료들의 절반도 안 되었다.[29]

슐레지엔 지방을 점령한 직후 프리드리히 2세는 고터(Gustav Adolf Gotter) 백작을 빈으로 파견하여 슐레지엔 지방 양도를 다시금 설득하려고 했다. 그러나 마리아 테레지아는 고터와의 독대를 거절했으므로 프란츠 슈테판이 그를 면담했다.[30] 면담 과정에서 고터는 국사조칙 승인과 프란츠 슈테판 대공의 차기 신성로마제국 황제 선출 건 이외에도, 슐레지엔 지방 양도에 대한 반대급부로 독일 제국 여러 곳에 산재한 오스

졌다. E. Badinter, *Maria Theresia*, p.102 u. pp.162~163 ; R. Bauer, *Österreich*, pp.209~210 ; C. *Clark, Preußen*, p.228.

28 G. Schreiber, Franz I. *Stephan*, p.114.

29 또한 이들은 여왕이 참석하는 궁정회의에서도 사담이나 농담을 하는 등 국정업무에 적극성을 보이지 않았다. 따라서 이들의 활동에서 효율성은 거의 배제된 상태였다. E. Badinter, *Maria Theresia*, pp.88~89.

30 당시 마리아 테레지아는 프리드리히 2세를 '믿음과 정의감이 없는 적(Feind ohne Glauben und Rechtsbewußtsein')이라 지칭했다. F. Herre, *Maria Theresia*, p.56 ; G. Schreiber, *Franz I. Stephan*, p.154.

트리아의 고립영토에 대한 영유권 보장 및 재정적 지원 약속 등의 '당근'도 동시에 제시했다. 아울러 고터는 프로이센이 오스트리아와 동맹체제도 구축할 수 있다고 했다. 그리고 이 동맹체제에 영국, 네덜란드, 그리고 러시아도 참여하리라는 것을 명시했다. 이에 프란츠 슈테판은 프리드리히 2세의 프로이센군이 슐레지엔 지방에 계속 주둔하는 한 오스트리아는 프로이센과 더불어 협상을 하느니 차라리 몰락의 길을 선택하겠다고 답변했다.

고터가 베를린으로 귀환했을 때 그는 마리아 테레지아의 친서를 가지고 있었는데 거기서 그녀는 "오스트리아는 왕국 영토의 극히 일부라도 포기하지 않을 것이고 자신에게 부여된 권리 및 명예를 지키기 위해 맨손으로도 대응할 것이다"라는 입장을 표명했다.[31] 마리아 테레지아의 이러한 태도는 그녀가 보헤미아 궁정사무국 대신(der böhmische Hofkanzler) 킨스키(Philipp Joseph Kinsky) 백작에게 보낸 서신에서도 확인되었다. 편지에서 마리아 테레지아는 "나는 어떠한 상황에서도 슐레지엔 지방 또는 그 지방의 일부를 포기하지 않을 것이다. 신은 본인이 그런 생각을 가질 경우 분명히 그것의 이행을 막을 것이다"라고 했다.[32] 마리아 테레

---

31 프란츠 슈테판이 프리드리히를 알게 된 것은 그가 베를린에서 거행된 프리드리히의 약혼식에 참석한 이후부터였다. 그리고 이후부터 양인은 매우 긴밀한 관계를 유지했다. 카를 6세의 서거 소식을 접한 후 프리드리히 2세는 프란츠 슈테판 대공과 그의 부인에게 심신한 유감을 표했을 뿐만 아니라 마리아 테레지아의 왕위 계승을 전적으로 지지하겠다는 입장도 밝혔다. 그러나 이러한 언급은 얼마 후 가식으로 밝혀졌다. G. Schreiber, *Franz I. Stephan*, p.154; F. Weissensteiner, *Die großen Herrscher des Hauses Habsburg*, pp.230.

32 당시 마리아 테레지아는 오스트리아가 슐레지엔 지방을 상실할 경우 프리드리히 2세는 보헤미아 지방도 자국에 편입시키려 한다는 것을 잘 알고 있었다. E. Badinter, *Maria Theresia*, p.96; F. Weissensteiner, *Die großen Herrscher des*

지아의 이러한 입장 표명에도 불구하고 프리드리히 2세는 은밀히 마리아 테레지아의 고위 측근들을 성향, 청렴도, 그리고 국가에 대한 충성심을 중심으로 평가했다. 여기서 그는 일부 인물들을 금전적으로 매수할 수 있다는 판단도 했다. 즉 그는 수석 궁내대신인 진첸도르프(Karl v. Sinzendorf) 백작에게 20만 굴덴, 로트링엔 대공에게 10만 굴덴을 줄 경우 이들은 기꺼이 그들의 관점을 포기하고 마리아 테레지아에게 슐레지엔 지방을 프리드리히 2세에게 넘겨줄 것을 강력히 촉구하리라는 예상도 했다.

그렇다면 프리드리히 2세는 마리아 테레지아의 강력한 반발에도 불구하고 슐레지엔 지방을 왜 차지하려고 했을까라는 질문이 제기된다. 슐레지엔 지방은 오데르(Oder)강 상류에 위치하며 인구는 100만 명이다. 섬유공업이 활성화되었을 뿐만 아니라 석탄, 철, 동, 그리고 아연도 많이 생산했다. 만일 오스트리아가 이 지방을 상실할 경우 독일권에서 빈 정부의 위상이 크게 실추될 뿐만 아니라 정부의 재정 수입이 급감하고 군사력 역시 크게 약화될 수밖에 없었다. 실제로 슐레지엔은 오스트리아 국고 수입의 약 4분의 1을 담당하고 있었다. 따라서 마리아 테레지아는 프리드리히 2세의 슐레지엔 지방을 양도 요구에 동의하지 않았던 것이다.[33]

Hauses Habsburg, pp.231.

33 일부 학자들은 프리드리히 2세가 개인적으로 남긴 자료에서 슐레지엔 침공 원인을 찾고자 했다. 여기서 이들은 프리드리히 2세가 그의 정책 및 행동이 언론에 게재되는 것을 매우 좋아했다는 것과 후세 사람들이 자신의 행위를 역사서에서 읽기를 원했다는 것을 확인했고 이것들 역시 슐레지엔 침공의 원인으로 작용했다고 주장했다. E. Badinter, *Maria Theresia*, p.96; E.J. Görlich, *Grundzüge der Geschichte der Habsburger Monarchie und Österreichs*, p.144; F. Weissen-

프로이센의 선제적 군사 행동에 고무받은 국가들 역시 오스트리아를 공격하는 데 주저하지 않았다. 바이에른은 오버외스터라이히, 작센은 보헤미아 지방, 에스파냐는 오스트리아가 이탈리아에서 장악하고 있던 지역, 그리고 프랑스는 라인강을 건너 오스트리아를 공략하기 시작했다. 그러나 당시 오스트리아는 이들 국가들과 전쟁을 하는 데 필요한 제반 준비마저 마무리하지 못한 상태였다. 그리고 프란츠 슈테판의 제안에 따라 오스트리아군 총사령관으로 임명된 나이페르크(Wilhelm Reinhardt v.Neipperg) 백작 역시 프로이센군과 대적하기에 필요한 역량을 충분히 갖추지 못했다. 당시 마리아 테레지아에게 군사적 안목이나 경험이 있었더라면 나이페르크 백작을 총사령관으로 임명하지 않았을 것이다. 그는 지난 오스만튀르크와의 전쟁에서 끊임없이 주저하고 전략적 실수를 저질러 오스트리아군을 위기에 놓이게 한 장본인이었기 때문이다. 그리하여 오스트리아인들로부터 신랄한 비난을 받았을 뿐만 아니라 무능한 장군으로도 평가된 상태였다. 당시 오스트리아에는 나이페르크 이외에도 발리스(Georg Olivier v. Wallis) 장군과 제켄도르프(Friedrich Heinrich v. Seckendorff) 장군이 있었는데 이들 역시 나이페르크와 마찬가지로 지휘관으로서 필요한 제 능력을 갖추지 못했을 뿐만 아니라 오스만튀르크와의 평화협상에서 자신들에게 부여된 업무도 제대로 수행하지 못했다. 따라서 이들은 카를 6세에 의해 보직이 해임된 후 구치소에 구금되는 형도 받았다. 그러다가 이들 장군들은 1740년 11월 6일 마리아 테레지아에 의해 복권되었다.[34] 이렇게 나이페르크 백작에 대한 부정적 평가가 강하게 부각되었음에도 불구하고 마리아 테레지아는 일말의 희망

---

steiner, *Die großen Herrscher des Hauses Habsburg, p.231.*

34 E. Badinter, *Maria Theresia*, pp.94~97.

을 가졌는데 그것은 70세의 총사령관이 전투경험이 거의 없는 29세의 프리드리히 2세보다 실전에서 우위를 차지할 것이라는 믿음에서 비롯되었다.[35]

4. 제1차 오스트리아 왕위계승전쟁

1741년 4월 10일 브레슬라우 남동쪽에 위치한 몰비츠(Mollwitz) 전투에서 슈베린(Kurt Cristoph v. Schwerin) 장군이 이끄는 프로이센군이 나이페르크 백작의 오스트리아군을 격파했다. 그런데 실전경험이 없던 프리드리히 2세는 몰비츠 전투에서 프로이센군이 승리할 것이라는 확신을 가지지 못했다. 따라서 그는 전투 중 측근들, 특히 슈베린 장군의 조언에 따라 일시적으로 전투 장소에서 벗어나는 등의 돌발적인 행동을 하기도 했다.[36] 몰비츠 전투에서 승리한 직후 개최된 승전예배에서 프리드리히 2세는 「디모데전서」 2장 11절과 12절에 있는 바울 서신(Paulbrief)의 구절인 "여자는 혼자서 겸손해지는 것을 배워야 한다. 따라서 여자가 남자를 가르치거나 남자에게 권위를 행사하려는 것은 내가 허락하지

---

35 프리드리히 2세의 선제공격 후 마리아 테레지아는 영국 및 러시아와 협상을 벌였고 거기서 그들의 지지도 확보했다. 이에 대응하여 프리드리히 2세는 프랑스, 에스파냐, 그리고 바이에른을 프로이센의 동맹국으로 삼았다. E. Badinter, *Maria Theresia*, p.97.

36 당시 전투에 참여했던 오스트리아 장교는 거푸집으로 줄을 맞춘 듯 일직선을 이루어 전진해오는 프로이센군의 모습을 보고 "내 평생 그러한 장면은 처음 보는 것 같다"라고 했다. C. Clark, *Preußen*, p.232; E. Dillmann, *Maria Theresia*, p.32; C.W. Ingrao, *The Habsburg Monarchy*, p.152; W. Neugebauer, *Die Geschichte Preußens*. p.71; B. Stollberg-Rillinger, *Maria Theresia*, p.78.

오스트리아 최초의 여왕 마리아 테레지아

아니할 것이므로 여자는 단지 조용해야 할 것이다(Eine Weib lerne in der Stille mit aller Besceidenheit. Einem Weibe aber gestatte ich nicht, daß sie lehre, auch nicht, daß sie des Mannes Herr sei, sondern ich will, daß sie stille sei)"를 인용하면서 마리아 테레지아를 조롱했다.[37]

몰비츠 승전 이후 동맹 파트너로서의 가치가 급격히 상승된 프로이센은 뮌헨 근처의 님펜부르크(Nymphenburg)성에서 당시 프랑스 외교정책을 이끌던 88세의 플뢰리(Andre-Hercule de Fleury) 추기경 주도로 결성된 반합스부르크 동맹체제에 참여했다.[38] 부르봉 공작에 이어 1726년부

---

[37] 전투가 끝난 직후 오스트리아에서는 프리드리히 2세가 자신의 목숨을 보존하기 위해 오스트리아군보다 수적으로 우세한 프로이센군을 버리고 몰비츠에서 말을 타고 도망갔다는 조롱적 언사가 널리 회자되었지만 프리드리히 2세는 그것에 대해 어떠한 반론도 제기하지 않았다. C. Clark, *Preußen*, p.232; E. Dillmann, *Maria Theresia*, p.32; C.W. Ingrao, *The Habsburg Monarchy*, p.152; W. Neugebauer, *Die Geschichte Preußens*. p.71; B. Stollberg-Rillinger, *Maria Theresia*, p.78; H. Weczerka, *Schlesien*, p.69; M. Vogt, *Deutsche Geschichte*, p.260; F. Weissensteiner, *Die großen Herrscher des Hauses Habsburg*, p.230.

[38] 프리드리히 2세가 슐레지엔 지방을 공격한 직후인 1740년 12월 29일 마리아 테레지아는 루이 15세에게 서신을 보내 군사적 지원을 요청했지만 회답은 도착하지 않았다. 다음해 2월 10일 마리아 테레지아는 빈 주재 프랑스 외교관과의 대화에서 루이 15세로부터 회신이 오지 않는 것을 우려하면서 프랑스 지원이 절실히 필요하다는 것을 재차 역설했다. 마침내 루이 15세의 대답이 담긴 서신이 1741년 2월 26일 빈에 도착했다. 여기서 루이 15세는 프리드리히 2세의 슐레지엔 지방 침공에 대해 마리아 테레지아의 즉각적이고 적절한 대응이 없었기 때문에 자신은 오스트리아의 지배자가 그러한 침공을 전혀 우려하지 않은 것으로 생각했다는 일종의 궤변을 늘어놓으면서 프리드리히 2세의 슐레지엔 지방 공격이 정당하다는 옹호성 입장을 밝혔다. 같은 날 마리아 테레지아는 플뢰리에게 서신을 보냈는데 거기서 그녀는 프랑스에 대한 자신의 믿음이 전혀 약화되지 않았다고 말하고, 자신의 남편이 신성로마제국의 황제로 선

터 파리 정부의 실세로 등장한 플뢰리는 프레쥐스(Fréjus) 주교로 활동하다가 루이 15세에 의해 발탁되었다. 그는 에스파냐 왕위계승전쟁 기간 중 자신의 교구가 전쟁터가 되어 큰 피해를 당하는 것을 직접 목격했다. 이에 따라 그는 자신이 향후 프랑스 외교정책에 영향을 줄 수 있는 위치에 오른다면 가능한 한 전쟁보다는 외교적인 협상과 타협을 통해 프랑스의 국익을 추구하겠다는 의사를 밝히기도 했다. 플뢰리는 수석대신으로 활동하다가 추기경으로 임명된 이후부터 이 칭호를 계속 사용했다. 출신이 미천하고 취향이 단순한 플뢰리는 외유내강형의 인물로서 신중한 정책을 지향했고 여기서 그는 영국과의 동맹을 프랑스 대외정책의 근간으로 삼은 전임자의 정책도 그대로 유지하려고 했다.

출될 수 있도록 협조해달라고 요청했다. 4월 2일 플뢰리는 마리아 테레지아에게 답장을 보냈는데 거기서 그는 프랑스가 국사조칙을 준수하고 프란츠 슈테판이 신성로마제국 황제로 등극할 수 있게끔 적극적인 지원도 아끼지 않겠다고 했다. 그러나 5월 28일 님펜부르크에서 개최된 회의에서 프랑스는 오스트리아 왕국의 해체와 카를 알브레흐트가 신성로마제국의 황제로 선출되는 것을 지지한다는 공식적 입장을 밝혔다. 이로써 루이 15세는 당시 프랑스가 지향한 목표, 즉 오스트리아 세력을 약화시켜 더 이상 프랑스의 경쟁자가 되지 못하게 한다는 의도를 적나라하게 표출했다. 이러한 소식을 접한 마리아 테레지아는 커다란 충격을 받았고, 외부 접촉을 피하고 하루 종일 울었다고 한다. E. Badinter, *Maria Theresia*, pp.104~105; R. Bauer, *Östereich*, p.210; C. Clark, *Preußen*, p.232; E. Dillmann, *Maria Theresia*, p.32; M. Erbe, *Die Habsburger 1493-1918*, pp.140~141; H. Haselsteiner, "Cooperation and Confrontation between Rulers and the Noble Estates 1711~1790", p.146; F. Herre, *Maria Theesia*, p.59; E.-B. Körber, *Die Zeit der Aufklärung*. pp.48~49; C.W. Ingrao, *The Habsburg Monarchy*, p.153; R. Lodge, *Studies in Eighteenth-Century Diplomacy 1740-1748*(Westport, 1970), p.81; B. Stollberg-Rilinger, *Maria Theresia*, pp.78~79.

플뢰리는 카를 6세가 서거한 직후 그의 딸인 마리아 테레지아에게 동정을 표했을 뿐만 아니라 프랑스는 향후 계속하여 오스트리아와 긴밀한 유대관계를 지속하겠다는 입장도 밝혔다. 그러나 점차 그는 향후 발생할 수 있는 왕위계승전쟁을 효율적으로 활용한다면 유럽 대륙에서 프랑스의 위상을 크게 증대시킬 수 있다는 확신도 가지게 되었는데 그 이면에는 파리 정부 내에서 벨-릴 후작(Charles Louis Auguste Fouquet, marquis duc Belle-Isle)이 주도하던 전쟁파가 득세했기 때문이다. 당시 벨-릴 후작은 35,000명의 병력을 독일에 파견하여 프로이센 및 바이에른과 협력해야 한다고 했다. 그리고 그는 에스파냐, 사르데냐 그리고 오스만튀르크에 사절단을 파견하여 이탈리아와 발칸 반도에서 오스트리아를 공격하게 해야 한다는 입장도 밝혔다.[39] 아울러 그는 러시아가 오스트리아를 지원하지 못하게끔 스웨덴과 러시아 사이의 전쟁을 유발시켜야 한다고도 주장했다.

1741년 5월 28일에 결성된 반합스부르크 동맹체제에는 프로이센, 프랑스, 바이에른, 작센, 그리고 에스파냐가 참여했고 합스부르크 가문이 300년 이상 차지해온 신성로마제국의 황제승계권을 박탈하고 새로운 황제로 바이에른의 선제후인 카를 알브레흐트를 지명한다는 것을 동맹의 목적으로 제시했다. 그런데 님펜부르크 동맹체제는 바이에른 선제후 카를 알브레흐트와 프랑스 국왕 루이 15세 사이에 체결된 양국동맹체제에서 출범했다. 동맹조약에서 프랑스는 카를 알브레흐트의 신성로마제국 황제 승계를 지지하고 26,000명의 병력을 바이에른에 지원함과 동시에 그것에 수반되는 비용 및 군수품 조달 일체를 책임지며, 유사시

---

39 이 당시 오스만튀르크는 헝가리를 차지하는 것에 대해 관심을 표명했다.

병력을 6만 명까지 증강시키기로 약속했다. 그 대가로 카를 알브레흐트는 오스트리아령 네덜란드를 비롯한 일련의 지방들을 프랑스의 점령지역으로 승인했다. 그리고 그가 상속권을 주장한 합스부르크 가문의 보헤미아, 오버외스터라이히, 티롤, 브라이스가우에 대한 소유권을 프랑스로부터 보장받았다.

이 당시 프랑스가 카를 알브레흐트를 적극적으로 지지한 것은 가문세력이 거의 없는 그가 신성로마제국의 황제로 등극할 경우 프랑스가 향후 이 제국 및 독일권에 자유롭게 개입하고, 제어할 수 있다는 확신을 가졌기 때문이다. 그러나 카를 알브레흐트는 중세 말기 비텔스바흐 가문에서 이미 두 명의 황제가 배출되었기 때문에 현재 상황에서 자신만이 신성로마제국의 황제가 될 자격이 있다고 판단했다.[40] 그리고 에스파냐는 동맹 참여 대가로 토스카나, 파르마, 롬바르디아 지방 할애를 약속받았다.[41] 작센의 프리드리히 아우구스트 2세는 신성로마제국의 황제직을 포기하는 대신 오버슐레지엔 지방과 모라비아 지방을 넘겨받기로 했다. 또한 동맹체제에 가입한 국가들은 마리아 테레지아를 오스트리아 왕국의 일부 및 헝가리 왕국의 지배자로 인정하고 에스파냐는 카를 알브레흐트가 신성로마제국의 황제로 등극하는 데 필요한 재정적 지원도

---

40 R. Bauer, *Österreich*, p.210; M. Erbe, *Die Habsburger 1493~1918*, p.142; F. Herre, *Maria Theresia*, pp.60~61; E.-B. *Körber, Die Zeit der Aufklärung*. p.49; K. Pfister, *Maria Theresia*, p.53; D. Pieper, *Die Welt der Habsburger*, p.153; B. Stollberg-Rillinger, *Maria Theresia*, p.78; M. Vogt, *Deutsche Geschichte*, p.260; F. Weissensteiner, *Die großen Herrscher des Hauses Habsburg*, p.231.

41 당시 에스파냐는 와병 중인 펠리페 5세를 대신하여 그의 두 번째 부인인 이사벨 디 파르네시오(Isabel de Farnesio)에 의해 통치되고 있었다. B. Stollberg-Rillinger, *Maria Theresia*, p.78.

오스트리아 최초의 여왕 마리아 테레지아

약속했다.[42]

　이렇게 오스트리아의 영토 분배가 논의되는 동안에도 마리아 테레지아는 프랑스로부터의 지원을 기대했는데 그러한 것은 그녀가 플뢰리 추기경에게 보낸 서신들에서 확인할 수 있다. 프랑스의 최종적 입장은 8월 말 플뢰리 추기경의 서신에서 확인되었는데 거기서 그는 향후 바이에른의 정책을 적극적으로 지지하겠다는 입장을 밝혔다. 또한 그는 합스부르크 가문이 통치하는 오스트리아는 더 이상 존재하지 않을 것이라는 언급도 했는데 이것은 오스트리아 왕위계승전쟁을 통해 프랑스의 경쟁국가인 오스트리아를 제거하겠다는 구상에서 비롯된 것으로 볼 수 있다.[43]

　이후 빈에서는 슐레지엔 지방의 일부 또는 다른 지방의 일부를 할애하여 프로이센 및 그의 동맹국들과의 전쟁을 종식시켜야 한다는 주장이 제기되었고 이에 대해 당시 프란츠 슈테판 역시 동의하는 자세를 보였다. 그러나 마리아 테레지아는 왕국의 어떠한 영토도 포기하지 않겠다는 입장을 밝혔는데 그것은 그녀와 보헤미아 궁정사무국장 킨스키 백작와의 대화에서 다시금 거론되었다. 킨스키와의 대화에서 마리아 테레지

42　E. Dillmann, *Maria Theresia*, p.33 ; C.W. Ingrao, *The Habsburg Monarchy*, p.153 ; B. Simms, *Kampf um Vorherrschaft*, p.152 ; B. Stollberg-Rillinger, *Maria Theresia*, p.78.

43　R. Bauer, *Österreich*, p.210 ; M. Erbe, *Die Habsburger 1493-1918*, p.142 ; E.J. Görlich, *Grundzüge der Geschichte der Habsburger Monarchie und Österreichs*, p.145 ; F. Herre, *Maria Theresia*, p.61 ; K. Pfister, *Maria Theresia*, p.53 ; D. Pieper, *Die Welt der Habsburger*, p.154 ; B. Simms, *Kampf um Vorherrschaft*, p.152 ; B. Stollberg-Rilinger, *Maria Theresia*, pp.78~79 ; F. Weissensteiner, *Die großen Herrscher des Hauses Habsburg*, p.231.

아는 프로이센을 비롯한 적대국들이 오스트리아 및 헝가리군을 완전히 섬멸시켜야만 그들의 의도를 실현할 수 있을 것이라고 했다.[44]

이러한 위기적 상황에서 마리아 테레지아는 1741년 6월 25일 헝가리 국왕(Rex Hungarie)으로 등극했다. 이는 그녀가 선왕 카를 6세에 이어 헝가리 위정자가 되었음에도 불구하고 대관식을 치르지 않으면 실제 여왕으로서의 역할을 수행할 수 없었기 때문이다.[45] 프레스부르크의 성 마르틴스 교회(Martinskirche)에서 열린 대관식에서 그란(Gran) 대주교 에스테르하지(Imre Esterhazy) 앞에서 무릎을 꿇고 즉위선서를 하는 마리아 테레지아의 모습은 주변 사람들에게 커다란 감동을 주었다. 과거부터 오스트리아의 국왕들이 착용한 슈테판 성인의 외투를 걸친 채 칼을 차고 무거운 왕관을 머리에 쓴 젊은 여왕은 언덕 위 성당 앞 광장에서 고대 풍습을 따라 칼을 높이 빼들고 헝가리를 공격해오는 모든 적들을 격퇴한다는 의미에서 네 군대 방향을 향해 칼을 휘둘렀다. 대관식을 마친 여왕은 헝가리 의회에서 유창한 라틴어로 "나는 군주가 아닌 어머니가 되겠노라" 언급했고 이것은 헝가리인들의 권리 및 자유를 지키겠다는 약속이었다.[46]

---

44 B. Stollberg-Rilinger, *Maria Theresia*, p.79. 빈 주재 영국 외교관이었던 로빈슨 (Robinson)은 마리아 테레지아와 그녀의 측근 사이의 대화 장면을 자세히 언급했다. 창백한 얼굴의 여왕이 의자에 앉아 대신들과 밀도 있는 대화를 나누었음에도 불구하고 거기서 뚜렷한 해결책이 제시되지 못했다는 것이다. K. Pfister, *Maria Theresia*, pp.54~55; B. Stollberg-Rilinger, *Maria Theresia*, p.79.

45 이에 앞서 마리아 테레지아는 6월 20일 프레스부르크에 도착했고 6월 23일에 헝가리 지방의회에서 연설도 했다. E. Badinter, *Maria Theresia*, p.146.

46 마리아 테레지아의 헝가리 국왕 즉위식은 볼테르(Voltaire, 본명은 프랑수아-마리 아루에(Francois-Marie Arouet))에 의해 다음과 같이 묘사되었다. "오스트리아 왕국이 어려움에 처할수록 마리아 테레지아의 용기는 더욱 배가되는 것

그러나 마리아 테레지아는 9월 7일부터 헝가리를 대표하는 귀족들과 끈질긴 협상을 전개해야만 했는데 그것은 이러한 협상이 5개월 이상 진행된 것과 그 기간 중에 90회 이상이나 회의가 개최된 것에서 확인할 수 있다.[47] 당시 귀족들은 곤경에 빠진 여왕을 이용하여 더 많은 권리와 특

같다. 그녀는 오스트리아를 떠나 그녀의 선조들이 불평등 대우를 하던 헝가리에 머물렀고 여기서 그녀는 젖먹이에 불과한 아들을 팔에 안고 라틴어로 연설을 했다. 연설에서 그녀는 친구들로부터 떠나야 하는 자신을 적들이 계속 추격하고 있을 뿐만 아니라 우리 영토의 곳곳까지 침투하려고 한다고도 했다. 그리고 그녀는 이러한 위기적 상황에서 도피처를 찾지 못하고 있지만 헝가리 귀족들의 신의, 용기, 그리고 확고함을 그녀 및 오스트리아 왕국의 최후 보루로 간주한다고 했다. 즉 그녀는 자신 및 자녀들의 운명은 헝가리 귀족들의 선택에 달려 있다고 했다." 이에 헝가리 귀족들은 열광적인 반응을 보였고 그 과정에서 이들은 그들의 검을 꺼내 충성 의지를 표명했다. 아울러 이들은 눈물을 흘리면서 마리아 테레지아와 오스트리아를 위해 최선을 노력을 기울이겠다고 했다. 당시 마리아 테레지아는 다시 임신한 상태였고 대관식 이전에 자신의 시어머니에게 서신을 보내 태어날 아기하고 지낼 수 있는 도시가 남아 있을지 걱정된다고 했다. H. Haselsteiner, "Cooperation and Confrontation between Rulers and the Noble Estates 1711~1790", p.146; F. Herre, *Maria Theresia*, p.63; E.-B. Körber, *Die Zeit der Aufklärung*, p,49; W. Koschatzky, *Maria Theresia und ihre Zeit. Eine Darstellung der Epoche von 1740-1780 aus Anlaß des 200. Wiederkehr des Todestages der Kaiserin*(Salzburg-Wien, 1979), pp.463~464; K. Pfister, *Maria Theresia*, p.57; B. Stollberg-Rilinger, *Maria Theresia*, pp.91~92; F. Weissensteiner, *Die großen Herrscher des Hauses Habsburg*, p.232.

47 물론 마리아 테레지아가 프레스부르크로 오기 이전부터 빈 정부와 헝가리 귀족간의 물밑 협상이 진행됐다. E. Dillmann, *Maria Theresia*, p.33; H. Haselsteiner, "Cooperation and Confrontation between Rulers and the Noble Estates 1711~1790", p.147; W. Koschatzky, *Maria Theresia und ihre Zeit*, p.464; D. Pieper, *Die Welt der Habsburger*, p.153; B. Stollberg-Rilinger, *Maria Theresia*, pp.94; F. Weissensteiner, *Die großen Herrscher des Hauses Habsburg*, p.232.

오스트리아 왕위계승전쟁

권(Prärogative)을 부여받고자 했다. 비록 이들은 대관식에서 "우리의 여왕 마리아 테레지아를 위해 우리는 죽을 수 있다(Moriamur pro rege nostro Maria Theresia)"고 외쳤지만 그들의 이해와 연계된 안건들에 대해서는 양보하지 않았다. 귀족들과의 협상이 이렇게 난항을 겪게 됨에 따라 마리아 테레지아는 카를 6세의 서거를 애도하는 검은 상복을 입고 6개월 된 어린 요제프를 안은 채 눈물로 호소했고 이에 귀족들 역시 그들의 입장을 철회한 후 "우리의 목숨과 피를 여왕에게 바치겠다(Vitam et sanquinem pro rege nostro)"라는 충성서약을 했다.[48] 마침내 10월 29일 헝가리 귀족들은 마리아 테레지아를 위해 10만 명의 병력을 동원하겠다는 약속을 했고 마리아 테레지아 역시 헝가리 귀족들의 제 특권을 인정하겠다는 입장을 밝혔다.[49]

프로이센이 몰비츠 전투에서 승리함에 따라 작센 역시 오스트리아 측과의 대화를 중단했다. 마리아 테레지아의 왕위 계승에 이의를 제기했던 바이에른의 카를 알브레흐트도 1741년 8월부터 오스트리아 공격

48 마리아 테레지아는 10월까지 프레스부르크에 머물렀다. E.J. Görlich, *Grundzüge der Geschichte der Habsburger Monarchie und Österreichs*, p.145; H. Haselsteiner, "Cooperation and Confrontation between Rulers and the Noble Estates 1711~1790", p.147; F. Herre, *Maria Theresia*, p.63; D. Pieper, *Die Welt der Habsburger*, p.153; B. Stollberg-Rilinger, *Maria Theresia*, p.94.

49 헝가리 귀족들은 1742년 가을 마리아 테레지아와 오스트리아 방어를 위해 3만 명의 병력을 준비하고 여왕의 명령을 기다렸다. 이에 감명을 받은 마리아 테레지아는 헝가리 귀족들이 소유한 토지들에 대해 세금을 부과하지 않겠다고 약속했고 그것을 법적으로 문서화하는 성의도 보였다. R. Bauer, *Österreich*, p.210; F. Herre, *Maria Theresia*, p.63; C.W. Ingrao, *The Habsburg Monarchy*, p.155; E.-B. Körber, *Die Zeit der Aufklärung*, p.49; Stollberg-Rilinger, *Maria Theresia*, p.94.

에 본격적으로 참여하기 시작했다. 그는 프랑스군과 연합하여 빈으로 진격했고,[50] 같은 해 9월 15일 오버외스터라이히의 수도 린츠(Linz)를 점령한 후 10월 2일 이 지방의 제후들로부터 새로운 지배자로 인정받았을 뿐만 아니라 그들로부터 충성서약도 받아냈다. 이후 그는 프랑스의 요구로 보헤미아 지방으로 진격했다. 11월 25일 저녁 프라하(Praha)는 바이에른에

카를 7세(카를 알브레흐트)

의해 점령되었고 12월 19일 보헤미아의 귀족들은 카를 알브레흐트를 보헤미아 국왕으로 인정했다.[51]

이 당시 카를 알브레흐트는 보헤미아 국왕 지위를 확보하는 것이 신성로마제국 황제 즉위를 위한 지름길이라는 것을 잘 알고 있었다. 그것은 보헤미아 국왕이 신성로마제국 황제선출권을 가지고 있었기 때문이다. 거의 같은 시기, 즉 1741년 10월 9일 마리아 테레지아와 프리드리히 2세 사이에 비밀협약이 클라인슈넬렌도르프(Kleinschnellendorf)에서 체결되었다. 거기서는 프로이센의 오스트리아 공격 중단과 오버슐레지

---

50 프랑스군은 1741년 8월 15일 라인강을 건너 카를 알브레흐트의 바이에른군과 합류하려고 했다. B. Stollberg-Rilinger, *Maria Theresia*, p.80.

51 E. Dillmann, *Maria Theresia*, p.37; M. Erbe, *Die Habsburger 1493~1918*, p.141; D. Pieper, *Die Welt der Habsburger*, p.153; F. Weissensteiner, *Die großen Herrscher des Hauses Habsburg*, p.233.

오스트리아 왕위계승전쟁

엔보다 두 배나 넓은 니더슐레지엔(Niederschlesien)에 대한 점유 포기가 합의되었다.

그러나 프리드리히 2세는 이 비밀협약을 준수하지 않았다. 그 이유는 프로이센의 동맹국이었던 프랑스-바이에른-작센군이 프라하를 점령한 후 얼마 안 되어 보헤미아 지방의 거의 대다수를 장악했기 때문이다.[52] 비밀협약의 이행을 포기한 프리드리히 2세는 모라비아 지방으로 진격하여 1741년 11월 22일 올뮈츠(Olmütz)를 점령했다. 이러한 위기 상황에서 마리아 테레지아는 자신의 보석 치장품들과 왕실에서 사용하던 은쟁반들을 팔아 전쟁비용의 일부를 충당하려고 했다. 거의 같은 시기 프란츠 슈테판은 마리아 테레지아의 암묵적 동의하에 프휘트쉬너(Karl Pfytschner)를 올뮈츠에 머무르고 있던 프리드리히 2세에게 보내 오스트리아와 프로이센 사이의 평화조약 체결과 양국 사이의 군사동맹체제 결성을 제안했다. 이러한 제안에 대해 프리드리히 2세는 현재 잘 작동되고 있는 프로이센-프랑스-작센-바이에른 동맹체제를 와해시킬 의사가 전혀 없음을 밝혔다. 여기서 그는 프란츠 슈테판 제안 대신 마리아 테레지아가 프로이센으로부터 군사요새도시인 글라츠(Glatz)를 요구하지 말고 바이에른에게는 보헤미아 지방을, 작센에게는 모라비아 지방과 오버슐레지엔 지방을 넘겨주는 약속을 먼저 해야 한다고 했다.

---

52 카를 알브레흐트는 12월 7일 보헤미아 국왕으로 등극했다. 이후 그는 마리아 테레지아와 프리드리히 2세 사이의 비밀협상에 동의하지 않았을 뿐만 아니라 거기서 결정된 사안들에 대한 파기도 요구했다. 이에 따라 프리드리히 2세는 빈이 비밀협약의 내용을 공개할 가능성이 있다는 핑계로 비밀협상에서 타결된 사안들을 일방적으로 파기하는 비도덕적인 행동도 했다. F. Herre, *Maria Theresia*, p.63; K. Pfister, *Maria Theresia*, pp.60~61; B. Stollberg-Rilinger, *Maria Theresia*, p.94; H. Weczerka, *Schlesien*, p.69.

이후 오스트리아에 대한 대외적인 압박은 보다 강화되었다. 그리고 이 시점에 마리아 테레지아를 조롱하는 그림이나 전단들이 다양한 형태로 제작·유포되었다. 그 일례로 아우크스부르크(Augsburg)에서 주조되어 유포된 메달에는 프로이센 국왕과 작센 선제후가 마리아 테레지아 곁에서 그녀의 연회복 일부를 가위로 잘라내고 그녀의 뒤에 있던 카를 알브레흐트는 그녀의 긴 옷자락을 분리시키는 조각이 새겨졌다. 이후 가슴, 다리, 그리고 허벅지가 노출된 '벌거벗은 여왕(Entblößte Königin)'의 그림이 전 유럽에 확산되기 시작했다. 이러한 그림을 접한 마리아 테레지아는 크게 분노했지만 당시 그녀에게는 효율적인 대응 방법이 없었다.

마리아 테레지아의 이러한 처지를 당시 유럽 귀족사회의 여인들은 동정했고 이들은 자발적으로 마리아 테레지아를 지원하려고도 했다. 특히 영국에서는 1,500명에 달하는 귀부인들이 각기 30기니(Guinee, 영국 금화)씩 각출하여 45,000기니를 마리아 테레지아에게 전달하는 성의를 보였다. 이후에도 영국에서는 마리아 테레지아를 지원하려는 움직임이 지속되었고 그 과정에서 80세의 말버러(Marlborough) 공작 부인은 4만 파운드의 거액을 지원금으로 내놓았다.[53]

1742년 1월 초부터 케벤휠러(Ludwig Andreas Graf v. Khevenhüller) 백작의 오스트리아군은 엔스강 주변에 주둔하던 프랑스군을 습격했고 거기서 이들을 패퇴시켰다.[54] 이어서 1742년 1월 23일과 1월 24일 바이에른

---

53 E. Badinter, *Maria Theresia*, pp.107~116; V.L. Tapié, *Maria Theresia, Die Kaiserin und ihr Reich*(Graz–Wien–Köln, 1980), p.81.

54 그는 1741년 1월 초 마리아 테레지아로부터 프랑스와 바이에른에 대한 반격 준비를 명령받았다. 같은 해 1월 21일 출정을 앞둔 케벤휠러는 마리아 테레지아

오스트리아 왕위계승전쟁

군을 격파하여 린츠와 파사우를 되찾았는데 이것은 카를 알브레흐트의 핵심 전역을 차지하겠다는 계획에서 비롯되었다.[55]

카를 알브레흐트는 1월 24일 프랑크푸르트에서 개최된 선제후회의에서 독일인이 아닌, 프랑스 로트링겐 출신의 프란츠 슈테판에게 강한 거부감을 가졌던 선제후들의 주도로 신성로마제국의 황제로 선출되었다. 카를 6세가 1740년 10월 사망한 후 약 1년 6개월의 공위기를 뒤로 하고 실시된 선거는 1438년 이후 합스부르크 가문 출신이 황제로 선출되지 않은 유일한 선거였다. 카를 알브레흐트는 1742년 2월 12일 프랑크푸르트 대성당에서 신성로마제국의 황제,즉 카를 7세(Karl VII : 1742~1745)로 등극했다.[56] 그러나 마리아 테레지아는 카를 알브레흐트가 신성로마제국의 황제로 선출되는 과정에서 절차상의 문제점, 즉 보헤미아 국왕에게 부여된 황제선출권 행사가 방해된 것을 제시하면서 선출 자체가 무효라는 입장을 표방했다. 그러나 그녀의 이러한 반론에 관

로부터 향후 전투에서 승리를 기원한다는 편지와 그녀 및 어린 요제프의 초상화도 받았는데 이것은 그에 대한 마리아 테레지아의 기대가 매우 컸다는 것을 의미한다. 실제로 케벤휠러는 용맹하고 용의주도한 통솔자였기 때문에 마리아 테레지아가 부여한 과제를 충분히 이행할 능력을 갖추고 있었다. E. Badinter, *Maria Theresia*, p.112 ; B. Stollberg-Rilinger, *Maria Theresia*, pp.94~95.

55 1741년 7월 31일 바이에른군이 점령한 파사우는 빈으로 가는 지름길이었다. 오스트리아가 린츠와 파사우를 회복하는 과정에서 헝가리군은 매우 큰 역할을 담당했다. T. Chorherr, *Eine kurze Geschichte Österreichs*, p.96 ; E.J. Görlich, *Grundzüge der Geschichte der Habsburger Monarchie und Österreichs*, p.145 ; F. Herre, *Maria Theresia*, p.68.

56 이 과정에서 프랑스는 막대한 자금을 써가면서 선제후들을 상대로 카를 알브레흐트가 신성로마제국 황제로 선출될 수 있게끔 로비하기도 했다. B. Stollberg-Rilinger, *Maria Theresia*, p.95.

심을 보인 국가들은 거의 없었다.[57]

카를 7세로 등극한 카를 알브레흐트는 등극 이틀 후인 2월 14일 뮌헨을 비롯한 바이에른의 대다수 지역을 오스트리아군에게 점령당했기 때문에 영토가 없는 황제로 전락하게 되었다. 이에 따라 그는 뮌헨으로 돌아가지 못하고 제국직속도시인 프랑크푸르트에서 망명 생활을 해야만 했다. 당시 카를 7세는 바이에른을 방어해야 할 군대를 대관식 행사에 동원했기 때문에 오스트리아의 공격을 막아내지 못했다. 이에 프리드리히 2세는 카를 7세가 어려운 상황에서 벗어나 실효성을 갖춘 권력 구도를 가지게끔 해야 한다는 생각을 했고 그것에 따라 그는 프라하에서 빈에 대한 공략을 구상했고 바로 실행에 옮겼다. 그러나 그는 당시 66세의 오스트리아 육군중장 아벤스페르크 운트 트라운(Otto Ferdinand v. Abensperg und Traun)의 효율적인 대응으로 어려움에 직면하게 되었다. 당시 아벤스페르크 운트 트라운은 프리드리히 2세군과의 결정적 전투를 회피하고 프로이센의 보급망을 차단하는 등의 방법을 통해 프리드리히 2세에게 결정적 타격을 입혔고 이것은 결국 프리드리히 2세의 프로이센군을 보헤미아 지방에서 철수하게 하는 결정적 요인으로 작용했다. 후에 프리드리히 2세는 아벤스페르크 운트 트라운의 전략을 높이 평가했을 뿐만 아니라 그것을 전투예술(Kriegskunst)이라고도 했다.[58]

비텔스바흐 가문의 카를 7세가 신성로마제국의 황제로 즉위함에 따

57 B. Stollberg-Rilinger, *Maria Theresia*, p.95.

58 E. Dillmann, *Maria Theresia*, pp.38~41 ; E.J. Görlich, *Grundzüge der Geschichte der Habsburger Monarchie und Österreichs*, p.146 ; F. Herre, *Maria Theresia*, p.74 ; S. Martus, *Aufklärung*, p.482 ; B. Stollberg-Rilinger, *Maria Theresia*, pp.96~97 ; M. Vogt, *Deutsche Geschichte*, p.260 ; F. Weissensteiner, *Die großen Herrscher des Hauses Habsburg*, p.234.

라 남편 프란츠 슈테판이 신성로마제국의 황제로 선출되기를 원했던 마리아 테레지아는 크게 상심했다. 이후 프로이센과 오스트리아는 영국의 중재로 1742년 6월 11일 브레슬라우에서 평화회담을 시작했고 같은 해 7월 28일 베를린에서 평화협정도 체결했다. 평화협정에서 오스트리아는 니더 및 오버슐레지엔을 포기해야만 했다. 아울러 오스트리아는 글라츠 백작령(Grafschaft Glatz)을 프로이센에게 이양했다. 이에 반해 오스트리아는 테셴(Teschen) 대공국, 트로파우(Troppau) 대공국, 그리고 헨너스도르프(Hennersdorf)에 대한 통치권을 인정받는 것으로 만족해야만 했다.[59]

베를린 평화조약은 프로이센과 연합한 바이에른, 프랑스, 그리고 작센에게 적지 않은 타격을 주었다. 그것은 마리아 테레지아의 오스트리아 주력군이 바이에른과 프랑스에 대항할 수 있게 되었고 바이에른군과 프랑스군은 프로이센군의 측면 지원 없이 보헤미아 지방에서 오스트리아군과 맞서야 하는 상황에 직면했기 때문이다. 이후 마리아 테레지아는 전세를 역전시키기 위해 영국에게 군사적 지원을 요청했다. 당시 영국은 프랑스와 에스파냐 세력이 유럽에서 과도하게 확산되는 것을 막아야 한다는 관점을 가졌기 때문에 오스트리아의 요청을 수용했다. 영국은 1742년 5월 13일부터 오스트리아 왕위계승전쟁에 본격적으로 개입하기 시작했다.[60] 오스트리아 왕위계승전쟁이 시작되기 전인 1739년 10

---

59 평화협상 과정에서 오스트리아는 슐레지엔을 포기하는 대신 바이에른을 보상받으려 했다. 또한 당시 오스트리아가 슐레지엔을 담보로 영국과 네덜란드에서 빌린 170만 탈러(Taler)는 프로이센이 넘겨받기로 했다. F. Herre, *Maria Theresia*, p.72; B. Stollberg-Rilinger, *Maria Theresia*, p.96; H. Weczerka, *Schlesien*, p.70; F. Weissensteiner, *Die großen Herrscher des Hauses Habsburg*, p.234.

60 1731년 영국은 네덜란드와 더불어 오스트리아와 군사방어동맹체제를 결성했

월 영국 국왕이며 하노버 공국의 선제후인 조지 2세는 에스파냐에 대해 전쟁을 선포했다.

이 선전포고는 1738년 3월 영국 상선 선장인 젠킨스(Robert Jenkins)가 에스파냐 해안경비대 군인에게 잘린 자신의 귀를 가지고 영국 하원의 한 분과위원회에 출두하여 에스파냐 해군의 만행을 자세히 보고한 데서 비롯되었다. 젠킨스가 귀가 잘린 건 서인도제도의 한 섬에서 영국으로 귀환하던 1731년 4월 9일의 일이었다. 그는 같은 해 6월 11일 조지 2세 에게 상황을 보고했지만 이것에 대한 후속조치는 없었다. 그리하여 몇 년이 지난 1738년 3월, 알코올에 담긴 잘린 귀를 가지고 하원에 출두하 여 에스파냐 해안경비대의 만행을 보다 자세히 보고했고 이것은 영국 내에서 반에스파냐 성향을 크게 확산시키는 계기가 되었다.

영국이 유럽 대륙에서 발생한 오스트리아 왕위계승전쟁에 개입함으 로써 영국과 에스파냐 간의 기존 전쟁은 자연히 오스트리아 왕위계승전 쟁의 일부가 되었다. 왜냐하면 영국은 오스트리아의 동맹국이었고, 에

는데 거기서는 제3국이 동맹체제에 가입한 국가를 공격할 경우 나머지 국가들 은 즉각적으로 군사적 개입을 한다는 것이 명시되었다. 그런데 당시 조지 2세 는 프로이센과 국경을 접하고 있던 하노버 공국의 위정자였기 때문에 프로이 센에 대한 적대적 행위를 가능한 한 회피하려고 했다. 그러나 영국은 프로이센 위정자의 주도로 오스트리아 해체가 가시화됨에 따라 그들이 그동안 지향했던 '유럽에서 열강 간의 균형 유지'정책이 위협을 받게 된다는 사실을 인지했고 그 것에 따라 네덜란드, 헤센, 그리고 하노버와 더불어 오스트리아에 대한 군사적 지원을 시작했다. 이에 앞서 오스트리아는 전쟁이 발생한 직후 프로이센의 오 랜 동맹국이었던 영국에게 중립을 요청했고 그것에 대한 반대급부로 30만 파 운드의 보조금도 지불하겠다는 제의를 했다. 이러한 제의에 대해 영국 정부는 수용하겠다는 입장을 밝혔다. R. Bauer, *Österreich*, p.211; E. Badinter, *Maria Theresia*, p.99; C. W. Ingrao, *The Habsburg Monarchy*, p.153.

스파냐는 프랑스-바이에른 동맹국이었기 때문이다.

마리아 테레지아가 집권하기 전부터 영국은 그녀가 카를 6세의 후계자로 등극하면 프랑스의 세력이 크게 확산되리라고 우려하고 있었다. 조지 2세는 원래 계획보다 훨씬 많은 병력을 전선에 투입했다. 조지 2세가 영국군을 라인강 유역으로 파견하면서 대외적으로 제시한 명분은 카를 6세가 선포한 국사조칙을 지지하고, 마리아 테레지아를 지원한다는 것이었지만, 더 큰 이유는 군합국인 하노버 공국이 프랑스와 바이에른 동맹군에 의해 점령될 가능성을 사전에 차단하는 데 있었다.[61] 영국 국왕 겸 하노버 공국의 선제후인 조지 2세는 니더라인에서 편성된 자국 군대에 '국사조칙군'이라는 별명을 부여했다. 이것은 카를 6세가 제정한 국사조칙을 전면에 내세워 대륙전쟁에 참전하는 영국 원정군에게 대외적 명분을 부여하기 위해서였다. 하노버 공국에 대한 우선 보호 조치를 취한 후, 영국군은 프랑스군을 공격하기 위해 남부 독일로 진군했다.

이렇게 영국의 군사 지원이 본격화됨에 따라 오스트리아군은 1742년 12월 29일 프라하를 탈환할 수 있었다. 당시 마리아 테레지아는 프란츠 슈테판을 비롯한 빈 정부 고위관료들의 계속된 충고에도 불구하고 보헤미아 지방에서 프랑스와 바이에른에 협력한 인물들에 대한 처벌 강도를 완화하려 하지 않았다. 그녀는 수백 년 동안 합스부르크 가문과 연계된 프라하의 고위관리들이 그렇게 쉽게 카를 알브레흐트에게 충성맹

---

61 이에 앞서 런던 정부는 프리드리히 2세와 마리아 테레지아 사이의 타협을 유도했다. 이 과정에서 프리드리히 2세는 니더슐레지엔 지방차지로 만족을 표시했지만 마리아 테레지아는 그러한 양보에 대해 부정적인 자세를 보였다. 여기서 프리드리히 2세의 양보는 분명히 오스트리아 왕국의 안위를 보장할 수 있지만 오스트리아의 위정자는 그러한 것을 무시하고 있다는 것을 런던 정부는 지적했다. E. Badinter, *Maria Theresia*, p.99; R. Bauer, *Österreich*, p.211.

세를 한 것에 대해 분노했고 자신의 보헤미아 국왕 대관식에 앞서 협력자들의 처벌 문제를 해결하려고 했다. 따라서 그녀는 왕위 계승에 앞서 조사위원회를 구성하여 카를 알브레흐트에게 협력한 관리들의 색출을 본격화했을 뿐만 아니라 프라하 대주교 및 프라하의 고위관리들에 대한 밀고도 접수하게 했다. 이후 마리아 테레지아는 밀고에서 거론된 인물들에게 은밀히 죄의 경감을 제안했는데 그 전제조건은 이들이 카를 알브레흐트에게 충성하고 그를 지원한 인물들을 가능한 한 많이 언급해야 한다는 것이었다. 이러한 과정에서 체포된 귀족들을 상대로 조사위원회는 강도 높은 심문을 진행했고 거기서 합스부르크 가문의 명예를 크게 실추시킨 귀족들을 선별했다. 이렇게 선별된 귀족들은 그들의 광대한 영지를 포기해야 했고 그것의 반대급부로 보헤미아 지방 체류 허가가 내려졌다. 그리고 오스트리아에 대해 반역행위를 한 여섯 명에게 사형선고가 내려졌지만 그 사형은 집행되지 않았다. 당시 반역행위를 한 인물들이 의외로 많았음에도 불구하고 이들 중에서 극히 일부에게만 죄를 물은 것은 마리아 테레지아의 판단에서 비롯된 것 같다. 당시 그녀는 다시 오스트리아의 품안으로 돌아온 체코 민족에게 민족적 원한을 유발시키는 과도한 정책을 실시할 경우 예상하지 못한 부작용도 초래될 수 있다는 우려를 했다. 따라서 그녀는 대량처형(Massenexekutionen)과 같은 극단적 방법을 사용하지 않았다.[62]

1743년 4월 25일 마리아 테레지아는 보헤미아 국왕 대관식을 치르기 위해 빈을 떠나 프라하로 향했지만 체코인들에 대한 그녀의 적개심은 그대로 유지된 상태였다. 이것은 공식석상에서 그녀가 체코인들에

62 E. Badinter, *Maria Theresia*, pp.119~120; V.L. Tapié, *Maria Theresia, Die Kaiserin und ihr Reich*, pp.73~74.

게 불쾌한 감정을 표출하지 않았음에도 불구하고 개인적으로는 자신의 언짢음을 여과 없이 드러낸 것에서 확인할 수 있었다. 5월 12일, 마리아 테레지아는 프라하의 바이츠돔(Veitsdom)의 대관식에서 쓸 보헤미아의 벤젤(Wenzel) 왕관을 보고 보헤미아 재상이었던 킨스키에게 "이곳의 왕관은 프레스부르크 슈테판 왕관보다 무겁고 광대모자 같다(Der Kron ist hier, habe selbe aufgehabt, ist schwer als die von Preßburg, sieht einem Narren-häubel gleich)"라고 했는데 이것은 보헤미아 왕국에 대한 자신의 불편한 심정을 우회적으로 토로한 것 같다.

그런데 같은 날 마리아 테레지아는 카를 알렉산더 대공이 짐바흐(Simbach)에서 바이에른군을 격파했다는 전승 소식을 들었고 이것은 보헤미아 왕국 및 체코인에 대한 그녀의 불편한 심기가 크게 완화되는 요인으로 작용했다. 전승 소식을 접한 프라하 시민들은 그녀가 머물고 있던 궁으로 몰려가 그녀의 손에 키스하려고 했다. 그리고 마리아 테레지아를 위한 대규모 환호 집회도 개최되었는데 이 장면을 직접 목격한 마리아 테레지아의 눈에서는 감격의 눈물이 고이기 시작했다. 이후 마리아 테레지아는 대관식을 서너 시간 연기시켰는데 그것은 대관식 과정에서 생략된 감사예배인 테데움을 프라하 대성당에서 전격적으로 진행시킨 데서 비롯되었다. 몇 시간 후에 시작된 대관식은 이전과는 달리 비교적 화기애애한 분위기에서 진행되었고 이어진 만찬 및 무도회에서 마리아 테레지아는 환한 얼굴로 참석자들을 대했다. 마리아 테레지아는 예상보다 긴 6주 동안 프라하에 머물렀는데 이것은 보헤미아 신민에 대한 그녀의 달라진 인식에서 비롯된 것 같다.[63]

---

[63] 이렇게 체코인들에 대한 인식이 우호적으로 바뀌었음에도 불구하고 마리아 테레지아는 평생 동안 체코인들보다 헝가리인들을 우선시했다. E. Folkmann,

그럼에도 불구하고 마리아 테레지아는 1744년 프라하에 거주하던 2만 명의 유대인을 강제로 추방했다. 이는 그들이 카를 알브레흐트에게 적지 않은 자금을 지원했기 때문이다. 강제추방과 더불어 이들에게 부과된 30만 굴덴은 체코 귀족들의 강한 요구로 철회되었지만 유대인에 대한 그녀의 반감은 그녀가 죽을 때까지 지속되었다.[64]

Die gefürstete Linie des uralten und edlen Geschlechtes Kinsky. Ein geschichtlicher Versuch(Prag, 1861), p.63; F. Herre, *Maria Theresia*, p.74; K. Pfister, *Maria Theresia*, p.74; D. Pieper, *Die Welt der Habsburger*, p.153; B. Stollberg-Rilinger, *Maria Theresia*, p.103.

64 당시 마리아 테레지아는 유대인들이 예수 그리스도를 구세주로 인정하지 않고 십자가에 못 박혀 죽게 했다는 확신을 가지고 있었다. 그녀에 따르면 유대인들은 배반자 또는 사기꾼에 불과한데 이는 선왕들의 관점을 그대로 수용한 것으로 볼 수 있을 것이다. 당시 고위관리들은 마리아 테레지아의 반유대정책이 경제적으로 국가에 도움이 되지 않고 시대에도 부합하지 않는다는 입장이었지만 그녀는 그것에 대해 동의하지 않았다. 레오폴트 1세는 1670년 부인이 유산한 직후 그 책임을 유대인들에게 전가시켰는데 이것은 빈 상인들의 일방적인 주장에서 비롯되었다. 따라서 빈에 거주하던 유대인들은 이 도시에서 강제로 추방되었다. 국왕으로 등극한 직후 마리아 테레지아는 부친 카를 6세가 유대인 가족 구성원 수를 정한 1726년의 엄격한 가족정책을 그대로 시행했다. 1726년 법에 따르면 보헤미아 지방에서 유대인들의 수는 8,541명을 초과해서는 안 된다. 그리고 모라비아 지방과 슐레지엔 지방에서도 각기 5,106명과 119명을 넘겨서는 안 된다. 그리고 1726년 법에는 유대인 각 가정에서 장남만 결혼할 수 있다는 것이 명시되었는데 이것은 종교적 관용을 베풀었던 프리드리히 2세의 대유대인 정책에서도 확인되었다. 프리드리히 2세 역시 프로이센에서 유대인들의 수가 급속히 증가하는 것을 원하지 않은 것 같다. 그러나 1726년 법은 국가에 많은 세금을 납부하는 부유한 유대인들에게는 예외규정을 둔다는 것을 명시했다. 1738년 카를 6세의 대유대인 정책은 보다 강화되었다. 그것은 슐레지엔과 보헤미아 지방에서 특권을 소유하지 않은 모든 유대인들을 추방한다는 것이었는데 이에 대해 각 지방의 귀족들은 반대의사를 명백히 밝혔다. 이에 따라 카를

1743년 6월 26일 오스트리아, 네덜란드, 영국, 그리고 독일 용병으로 구성된 연합군은 아사펜부르크(Aschaffenburg) 근처의 데팅엔(Dettingen)에서 프랑스군을 격파했다.[65] 오스트리아 왕위계승전쟁에서 데팅엔 전투가 유독 유명세를 탄 이유는 군사적 측면보다 영국 역사상 국왕이 직접 참전한 마지막 전투였기 때문이다. 1712년 이후부터 런던에서 활약하던 헨델(George Friedrich Händel)이 작곡한 〈테팅거 테데움(Dettinger Te Deum)〉은 데팅엔 전투의 승리에서 동기를 취한 시편 형식의 찬미곡

6세의 강화된 유대인 추방정책은 제대로 진행되지 않았다.

마리아 테레지아는 즉위 즉시 부친의 유대인 추방정책을 강력히 추진했고 브레슬라우 한 도시에서만 9천 명의 유대인이 강제로 추방되기도 했다. 그러나 1745년 보헤미아와 모라비아 지방에서 진행된 강제추방정책은 이전보다 강도가 크게 완화되었는데 이것은 그녀의 정책에 대한 반발의 강도가 의외로 심했기 때문이다. 이에 따라 마리아 테레지아는 강제추방정책 대신 유대인들에게 고율의 관용세금(Toleranzgeld)을 부과하는 정책적 변화를 시도했는데 이것은 왕위계승전쟁에서 비롯된 재정적 어려움으로부터 벗어나기 위해서였다. 그러나 그녀의 반유대인 감정은 변하지 않았는데 그것은 왕국 내 유대인 수 증가를 막기 위해 발표한 1764년의 칙령에서 확인할 수 있다. 그것에 따르면 유대인들은 3개월마다 해당 경찰서에 반드시 등록해야 하고 이것을 어겼을 경우 즉시 해당 도시에서 강제로 추방된다는 것이다. 마리아 테레지아의 반유대인 감정은 그녀가 죽을 때까지 그대로 유지되었는데 이것은 "모든 방법을 동원하여 왕국 내에서 유대인들의 수를 증가시켜서는 안 될 것이다"라는 그녀의 발언에서 확인할 수 있다. E. Brugger, *Geschichte der Juden in Österreich*(Wien, 2006), pp.101~102 ; H. Bruger, *Heimatrecht und Staatsbürgerschaft österreichischer Juden: Vom Ende des 18.Jahrhundert bis in die Gegenwart*(Wien−Köln−Graz, 2014), pp.376~378 ; B. Stollberg-Rilinger, *Maria Theresia*, pp.643~644.

65 마리아 테레지아는 프라하를 떠나기 전에 테팅엔에서의 승전 소식을 전해 들었다. E. Folkmann, *Die gefürstete Linie des uralten und edlen Geschlechtes Kinsky. Ein geschichtlicher Versuch*, p.63 ; F. Herre, *Maria Theresia*, p.76 ; K. Pfister, *Maria Theresia*, p.75 ; B. Stollberg-Rilinger, *Maria Theresia*, pp.106~107.

이었다. 그리고 이 작품은 1743년 11월 27일 조지 2세를 비롯한 궁정의 인물들이 대거 참석한 가운데 런던에서 초연되었다.[66]

이후 프랑스군이 라인 지방에서 철수함에 따라 마리아 테레지아는 프랑스 국경을 넘어 엘자스(Elsaß) 지방의 슈트라스부르크(Strassburg)까지 진격하겠다는 생각을 가지게 되었다. 뿐만 아니라 그녀는 남편의 모국인 로트링엔 대공국을 회복할 수 있다는 희망도 가졌다.

5. 제2차 오스트리아 왕위계승전쟁

1744년 6월 5일 프리드리히 2세와 프랑스 사이에 동맹체제가 재결성되었는데 이것을 지칭하여 프랑크푸르트 동맹(Frankfurter Union)이라 한다. 오스트리아군이 라인 지방을 거쳐 프랑스로 진격함에 따라 프리드리히 2세는 같은 해 7월 29일 6만 명의 병력으로 작센을 공격했다.[67]

---

66 테데움은 '하느님 저희는 당신을 찬양하나이다'라는 라틴어 'Te Deum lauda-mus'에서 비롯되었다. 성무일과에서 주일이나 축일의 조과 후반부에 불러지거나 또는 열성식이나 전승 등 공적인 감사의 노래로도 사용되었다. 그리고 테데움의 가사는 주로 시편에서 인용되는 경우가 많은데 헨델의 테데움 역시 이러한 범주에서 벗어나지 않았다. 그리고 테데움은 '지성하신 삼위일체의 찬가'라 지칭되었다. 일반적으로 테데움은 중단되지 않고 계속 이어지는데 가사의 단락에 따라 다섯 개의 섹션(section), 즉 첫째, Te Deum laudamus(하느님, 저희는 당신을 찬양하나이다), 둘째, Te ergo quaesumus(저희는 당신께 갈구하나이다), 셋째, Aeterna fac cum sanctis(저희도 성인들과 함께), 넷째, Salvum dac populum(당신의 백성을 구원하소서), 다섯째, Inte, Domine, speravi(하느님, 당신께 바라오니)로 구성되는 경우가 많다. F. Herre, *Maria Theresia*, p.76; E.-B. Körber, *Die Zeit der Aufklärung*, p.51.

67 프로이센의 프리드리히 2세는 1744년 5월 초 다시금 오스트리아와 전쟁을 시

이어 그는 보헤미아 지방을 공격했고 9월 19일 프라하도 재점령했다. 그러나 초기의 승리에도 프리드리히 2세는 막대한 피해를 보게 되었고 그로 인해 보헤미아 지방으로부터 철수할 수밖에 없었다. 그리고 카를 알브레흐트도 일시적으로 바이에른을 회복했고 그에 따라 그는 10월 23일 뮌헨으로 돌아갔다. 그러나 마리아 테레지아는 1745년 1월 러시아, 작센-폴란드, 영국, 그리고 네덜란드와 동맹체제를 결성한 이후 바이에른 지방에 대한 공격을 강화했다.[68]

카를 알브레흐트는 1745년 1월 20일 뮌헨에서 48세의 나이로 생을 마감했다. 그의 아들인 18세의 막시밀리안 3세(Maximilian III)는 신성로마제국의 황제직을 승계하는 것보다 오스트리아와 평화조약을 체결하는 것이 국익에 도움이 된다는 사실을 잘 알고 있었다. 이에 따라 막시밀리안 3세는 국사조칙을 인정한다는 입장을 밝혔을 뿐만 아니라 향후 바이에른은 오스트리아에 대한 어떠한 상속권도 주장하지 않겠다는 언급도 했다. 같은 해 4월 22일 퓌센(Füssen)에서 막시밀리안 3세는 마리아 테레지아와 평화협상을 체결했는데 거기서는 마리아 테레지아의 남편 프란츠 슈테판이 신성로마제국의 황제로 선출될 수 있게끔 바이에른이 협조하고, 마리아 테레지아가 슐레지엔 대신 보상받기로 한 바이에른을 포기하기로 했다.[69]

작했는데 이번의 경우 제1차 오스트리아 왕위계승전쟁과는 달리 오스트리아에 대해 공식적으로 전쟁을 선포했다. E. Badinter, *Maria Theresia*, p.135.

68 E. Badinter, *Maria Theresia*, pp.136~137 ; B. Stollberg-Rilinger, *Maria Theresia*, p.108

69 R. Bauer, *Österreich*, p.211 ; E. Dillmann, *Maria Theresia*, p.42 ; M. Erbe, *Die Habsburger 1493-1918*, p.141 ; F. Herre, *Maria Theresia*, p.82 ; E.-B. Körber, *Die Zeit der Aufklärung*, p.51 ; S. Martus, *Aufklärung*, p.482 ; D. Pieper, *Die*

거의 같은 시기에 프리드리히 2세도 마리아 테레지아에게 평화협상을 제안했다. 그러나 마리아 테레지아는 그러한 협상 제의에 동의하지 않았는데 그것은 그녀가 슐레지엔 지방을 되찾을 수 있다는 가능성에 집착했기 때문이다. 그러나 1745년 6월 4일 카를 알렉산더 대공이 지휘하는 오스트리아군은 슐레지엔의 호엔프리드베르크(Hohenfriedberg)에서 프로이센에게 대패했다. 그리고 같은 해 9월 30일 프리드리히 2세는 보헤미아 북동쪽에 위치한 조르(Soor)에서의 대접전에서 카를 알렉산더 대공의 오스트리아군을 다시 격파했다.[70] 이에 앞서 1745년 5월 11일 오스트리아, 영국, 네덜란드, 그리고 하노버 연합군은 오스트리아령 네덜란드에 위치한 퐁트누아(Fontenoy)에서 프랑스군에게 대패했다. 이 전투는 오스트리아 왕위계승전쟁을 통틀어 가장 많은 병력이 참여하고 가장 많은 사상자를 낳은 전투였다. 퐁트누아 전투에서의 승리로 오스트리아령 네덜란드의 여러 도시 및 요새들이 차례로 프랑스군의 관할하에 놓이게 되었다. 또한 이탈리아에서의 패전 소식이 빈에 도착했는데 그러한 패배로 오스트리아는 파르마와 밀라노를 잃게 되었다. 거의 같은 시점 오스트리아군은 알바너베르겐(Albanerbergen)에서 벌어진 전투에서도 나폴리에게 일격을 당했다.[71]

Welt der Habsburger, p.154; B. Stollberg-Rilinger, *Maria Theresia*, p.108; F. Weissensteiner, *Die großen Herrscher des Hauses Habsburg*, p.235.

70 프리드리히 2세가 두 번의 전투의 승자로서 베를린으로 회귀할 때 프로이센의 신민들은 그를 향해 '대제(der Grosse)'라 외쳤다. 이후부터 프리드리히 2세는 대제라는 명칭을 사용하는 데 주저하지 않았다. M. Erbe, *Die Habsburger 1493~1918*, p.141.

71 M. Erbe, *Die Habsburger 1493~1918*, p.141; F. Herre, *Maria Theresia*, p.79; D. Pieper, *Die Welt der Habsburger*, p.154; B. Stollberg-Rilinger, *Maria There-*

이러한 위기 상황에서 오스트리아를 지원하던 조지 2세의 영국군마
저 국내에서 발생한 사건으로 영국으로 철수했다. 그것은 1745년 8월
스코틀랜드에서 가톨릭 왕위계승자로 자처하던 스튜어트(Edward Charles
Stuart)가 일으킨 반정을 진압하기 위해서였다. 스튜어트의 반정은 프랑
스의 지원이 있었기 때문에 가능했다. 프랑스는 영국이 유럽 대륙 문제
보다 내정에 관심을 가져야만 오스트리아 왕위계승전쟁에서 자국의 이
익을 실현시킬 수 있다고 판단한 것이다.[72]

이후부터 영국은 마리아 테레지아에게 프리드리히 2세와 평화협상
체결을 촉구했는데 그것은 프리드리히 2세가 어느 정도의 양보를 제시
한 데서 비롯된 것 같다.[73] 실제로 프리드리히 2세는 오스트리아가 슐레
지엔 지방을 포기할 경우 프란츠 슈테판이 신성로마제국의 황제로 등극
하는 것에 전혀 이의를 제기하지 않겠다는 입장을 밝혔다. 이후부터 오
스트리아와 프로이센 사이에 평화협상이 시작되었다. 그리고 거의 같은
시점에 신성로마제국 황제선출이 거론되었고 그것의 준비 및 실행을 위
해 마인츠 대주교 오스타인(Friedrich Karl v. Ostein)이 황제선출권을 가진
선제후들을 프랑크푸르트로 초청했다. 오스타인은 합스부르크 가문과
긴밀한 관계를 유지하던 인물이었다.

1745년 9월 13일 프랑크푸르트에서 실시된 신성로마제국 황제선거
에서 마리아 테레지아의 남편 프란츠 슈테판은 아홉 명의 선제후 중에

---

   sia, p.108; F. Weissensteiner, *Die großen Herrscher des Hauses Habsburg*, p.235.

72   B. Stollberg-Rilinger, *Maria Theresia*, p.109; F. Weissensteiner, *Die großen
   Herscher des Hauses Habsburg*, p.235.

73   아울러 영국은 슐레지엔을 차지한 프로이센이 유럽 대륙에서 힘의 균형을 유지
   하는 데 기여할 수 있다는 판단도 했다. S. Martus, *Aufklärung*, p.483.

서 선거에 참석한 일곱 명의 선제후, 즉 마인츠 대주교, 쾰른 대주교, 트리어 대주교, 보헤미아 국왕, 작센 선제후, 바이에른 선제후, 하노버 공작의 지지를 받아 합스부르크-로트링엔 가문의 첫 황제로 등장했다. 그런데 팔츠 선제후와 브란덴부르크 선제후, 즉 프로이센은 프란츠 슈테판이 신성로마제국의 황제로 선출되는 것에 동의하지 않았다. 따라서 이들 국가의 대표들은 선거가 실시되기 전에 프랑크푸르트를 떠났는데 이것은 당시 운용된 과반수 이상의 지지로 황제를 선출한다는 것에 동의할 수 없다는 반발에서 나온 것 같다. 그리고 당시 프랑스는 토스카나 대공국의 위정자인 프란츠 슈테판이 외국인이기 때문에 신성로마제국 황제가 될 자격이 없다고 주장하면서 작센 선제후를 프란츠 슈테판의 반대후보로 제시했다. 또한 프랑스는 프란츠 슈테판이 선출될 경우 향후 합스부르크-로트링엔 가문의 여자들도 황제직을 승계받을 것이라고도 주장했다. 그러나 대다수의 선제후들은 프랑스의 입장과 반대후보에 관심을 보이지 않았다. 이러한 무관심한 태도는 프란츠 슈테판을 대체할 적합한 인물이 없다는 것과 비텔스바흐 가문의 인물이 황제가 된 후 전개된 혼란한 상황을 직시한 데서 비롯된 것 같다. 이제 이들은 신성로마제국 황제를 배출하는 가문의 위상 및 능력도 반드시 고려해야 한다는 것도 알게 되었다.[74]

　1745년은 순혈 합스부르크 가문의 마지막 황제 카를 6세가 사망한

74　프로이센의 프리드리히 2세는 드레스덴 조약에서 프란츠 슈테판을 신성로마제국의 황제로 인정했다. E. Dillmann, *Maria Theresia*, p.43; F. Herre, *Maria Theresia*, p.83; E.-B. Körber, *Die Zeit der Aufklärung*, p.51; S. Martus, *Aufklärung*, p.483; K. Pfister, *Maria Theresia*, p.89; B. Stollberg-Rilinger, *Maria Theresia*, p.109; F. Weissensteiner, *Die großen Herrscher des Hauses Habsburg*, p.235.

후, 거의 5년의 공백기를 거친 끝에, 로트링엔 가문과 결합한 합스부르크 가문이 다시 신성로마제국의 정상 위치를 회복한 해였다. 이제 프란츠 슈테판은 신성로마제국의 프란츠 1세(Franz I : 1745~1765)로 선출되었고 남편을 황제로 등극시키겠다는 마리아 테레지아의 꿈도 실현되었다. 1745년 10월 4일 프랑크푸르트 성 바르톨로메우스(St. Bartholomäus) 교회에서 거행되는 프란츠 슈테판의 황제 대관식에 참석하기 위해 오스트리아 국경을 넘는 마리아 테레지아의 장거리 여행은 개선 행렬과 같았다. 그녀는 전쟁을 수행하느라 비롯된 심각한 국가재정의 어려움에도 불구하고 440명의 수행원을 위해 막대한 비용을 기꺼이 지불했고 바로크풍의 호화로움으로 합스부르크 가문의 위상까지 대외적으로 과시하려고 했다. 파사우, 레겐스부르크(Regensburg), 뉘른베르크(Nürnberg), 뷔르츠부르크(Würzburg), 그리고 아사펜부르크를 거쳐 프랑크푸르트에 도착한 마리아 테레지아는 여덟 명의 자녀들과 같이 약 3주 동안 이 도시에 머물렀다.[75]

---

75 마리아 테레지아는 여행을 별로 선호하지 않았다. 그리고 그녀는 자신의 여행 경비가 너무 많이 든다는 것도 잘 알고 있었다. 실제로 그녀는 신분을 감추고 (inkognito) 역마차를 이용할 수 없었기 때문에 궁신들, 관리들, 그리고 호위병들이 포함된 일종의 호송선단을 이끌고 여행을 가야만 했다. 남편 프란츠 슈테판이 신성로마제국의 황제로 등극하는 것을 보기 위해 마리아 테레지아는 204,258굴덴을 사용했다. 여기서 그녀는 440명의 수행원 식비로만 59,390 굴덴을 지불했다. 여행을 별로 좋아하지 않았음에도 불구하고 마리아 테레지아는 프랑크푸르트 여행 외에도 몇 차례 여행을 더 했다. 즉 그녀는 1741년에는 프레스부르크로, 1743년에는 프라하로 여행을 갔다. 그리고 그녀는 1751년과 1764년에는 헝가리 제국의회에 참석하기 위해 프레스부르크 여행을 갔고 1754년에는 군대 사열을 위해 프라하로 떠났다. 그리고 1765년 레오폴트의 결혼식에 참석하기 위해 인스부르크로 간 것이 그녀의 마지막 여행이었다. F. Herre, *Maria*

이 시기 독일권의 많은 정치가들은 그녀가 신성로마제국의 실제 황제라는 것을 파악했다. 이러한 인식이 프랑크푸르트에서 크게 확산되었음에도 불구하고 당시 대관식을 주관하던 의전장관은 황제 대관식에 이어 펼쳐진 황제 즉위 축연에 참석하려던 마리아 테레지아를 관례에 따라 저지했다. 이에 따라 그녀는 관람자 자격으로 남편의 축연을 지켜봐야 하는 불편한 상황도 감내해야만 했다.[76]

영국의 주선으로 1745년 12월 25일에 체결된 드레스덴(Dresden) 조약을 통해 마리아 테레지아는 자신의 남편이 신성로마제국 황제로 선출된 것에 대한 추인을 프리드리히 2세로부터 받아냈을 뿐만 아니라 향후 신성로마제국의 황제 선출 시 오스트리아의 위정자가 보헤미아 왕국의 투표권을 행사하는 것도 인정받았다. 또한 조약에서는 프로이센의 슐레지엔 점유를 오스트리아가 인정한다는 것도 명시되었다.[77]

1746년 2월 초부터 모리츠(Moritz v. Sachsen)의 작센군은 오스트리아령 네덜란드의 수도인 브뤼셀을 3주에 걸쳐 포위했고 그 과정에서 모리츠는 오스트리아령 네덜란드를 프랑스에게 양도할 것도 강력히 요구했다. 그런데 마리아 테레지아는 이러한 상황에 효율적으로 대응하지 못

Theresia, p.191; B. Stollberg-Rilinger, *Maria Theresia*, p.110.

76 마리아 테레지아 역시 자신이 신성로마제국의 여제라 지칭되는 것에 대해 이의를 제기하지 않았다. 또한 마리아 테레지아는 남편이 신성로마제국 황제로 등극하면서 남편의 간섭 없이 합스부르크 가문의 상속 지역을 통치할 수 있게 되었다. 이에 반해 프란츠 슈테판은 환상의 제국과 이탈리아의 한 지방을 다스리는 것으로 만족해야만 했다. E. Badinter, *Maria Theresia*, p.137; E. Dillmann, *Maria Theresia*, p.42; B. Stollberg-Rilinger, *Maria Theresia*, p.110.

77 R. Bauer, *Österreich*, p.212; E. Dillmann, *Maria Theresia*, p.42; F. Herre, *Maria Theresia*, p.80; B. Simms, *Kampf um Vorherrschaft*, p.155; B. Stollberg-Rilinger, *Maria Theresia*, p.110.

오스트리아 왕위계승전쟁

했다. 여덟 번째 출산을 앞두었기 때문이다.

1748년 4월 30일 프로이센과 오스트리아 사이에 아헨(Aachen) 임시 평화조약이 체결되었다. 모두 22개 항목으로 구성된 아헨 평화조약에서는 ① 오스트리아는 프랑스가 점령한 오스트리아령 네덜란드를 회복한다.[78] 그러나 에스파냐 계통의 부르봉 왕조에게 파르마 대공국, 피아첸차(Piacenza) 대공국, 그리고 구아스탈라(Guastalla) 대공국을 이양한다. 아울러 밀라노 공국의 일부를 사르데냐 왕국에게 이양한다. ② 드레스덴 조약에서 언급한 프로이센의 슐레지엔 점유를 재확인한다 ③ 프로이센은 국사조칙을 인정한다 등이 언급되었다. 이러한 내용을 담은 임시평화조약은 같은 해 10월 18일 빈에서 개최된 평화회담에서 최종적으로 수용되었다.[79]

이 전쟁의 결과 독일 내부는 물론 중부 유럽에도 큰 변화가 있게 되었다. 그동안 유럽의 중부에서 주도적인 역할을 담당했던 오스트리아와 더불어 프로테스탄트에 기반을 둔 프로이센이 등장하게 되었던 것이다. 이후부터 독일의 신교 지역은 강력한 프로테스탄트 국가를 가졌기 때문

---

78 조약에서 명시된 이 항목, 즉 프랑스군이 거의 점령한 오스트리아령 네덜란드를 오스트리아에게 반환한 것은 전적으로 평화회담에 참여한 프랑스 외교관들의 무능과 실수에서 비롯되었다는 평가가 프랑스에서 지속적으로 제기되었다. F. Herre, *Maria Theresia*. p.216; B. Simms, *Kampf um Vorherrschaft*, p.160; B. Stollberg-Rilinger, *Maria Theresia*, p.110.

79 오스트리아와 프로이센 양국이 국가부도(Staatsbankrotte)를 맞을 정도로 경제적 상황이 급격히 나빠진 것 역시 평화협상 체결의 요인으로 작용했다. R. Bauer, *Österreich*, p.212; C. Clark, *Preußen*, p.228; E. Dillmann, *Maria Theresia*, pp.43~44; E.J. Görlich, *Grundzüge der Geschichte der Habsburger Monarchie und Österreichs*, p.147; F. Herre, *Maria Theresia*, p.91; E.-B. Körber, *Die Zeit der Aufklärung*, p.52; H. Weczerka, *Schlesien*, p.70.

에 30년 종교전쟁과는 달리 자체적인 문제 해결도 가능하게 되었다.

6. 제3차 오스트리아 왕위계승전쟁

아헨 평화회담에서 오스트리아의 수석대표로 활동한 카우니츠-리트베르크(Wenzel Anton v. Kaunitz-Rietberg)는 제2차 오스트리아 왕위계승전쟁이 끝난 직후부터 프랑스와의 관계 개선을 적극적으로 거론했다. 그리고 이러한 관점을 1749년 3월 24일 마리아 테레지아가 참석한 궁정회의에서 구체적으로 밝혔다. 이것은 이전의 궁정회의에서 마리아 테레지아가 회의 참석자들에게 향후 오스트리아의 올바른 외교정책에 대해 나름대로의 관점을 요약한 후 문서로 제출할 것을 요구했기 때문인 것 같다.[80] 마리아 테레지아는 카우니츠-리트베르크의 제안에 긍정적인 반응을 보였고 그것에 따라 카우니츠-리트베르크는 프랑스와의 동맹체제 구축에 적극적으로 나서게 되었다.[81] 이후 카우니츠-리트베르크는 프랑스의 내부적 상황을 면밀하게 살펴보았고 거기서 그는 퐁파두르 부인(Madame de Pompadour)을 효율적으로 활용하기로 했다.

당시 루이 15세(Louis XV : 1715~1774)는 애첩인 퐁파두르 부인에 의

---

80 E. Dillmann, *Maria Theresia*, p.80 ; M. Erbe, *Die Habsburger 1493~1918*, p.142 ; E.J. Görlich, *Grundzüge der Geschichte der Habsburger Monarchie und Österreichs*, p.147 ; B. Stollberg-Rilinger, *Maria Theresia*, p.405.

81 R. Bauer, *Österreich*, p.213 ; E. Dillmann, *Maria Theresia*, p.82 ; E. Badinter, *Maria Theresia*, p.188 ; E.J. Görlich, *Grundzüge der Geschichte der Habsburger Monarchie und Österreichs*, p.148 ; F. Herre, *Maria Theresia*, p.224 ; B. Simms, *Kampf um Vorherrschaft*, p.168 ; B. Stollberg-Rilinger, *Maria Theresia*, p.408.

해 좌우되고 있었다. 실제로 퐁파두르 부인은 루이 15세의 애첩 가운데 가장 유명하고, 또 가장 영예로운 여인이었다. 잔-앙투아네트 푸아송(Jeanne Antoinette Poisson), 즉 미래의 퐁파두르 부인은 1721년 12월 28일 유복한 파리 금융가의 딸로 태어났다. 동시대인들은 꽃잎처럼 작은 입술과 발랄한 생기로 가득 찬 달걀형의 갸름한 얼굴의 그녀를 절세미인이라 칭송했다. 그녀는 19세 때 스승의 조카였던 데티올(Charles Guillaume Le Normant d'Étiolles)이란 청년과 결혼한 이후부터 파리 상류 사교계에 출입하기 시작했다.

루이 15세가 그녀를 처음 만난 것은 왕세자의 결혼을 축하하는 왕실의 화려한 가면무도회에서였다. 군계일학처럼 단아한 용모의 그녀를 주목한 국왕은, 그녀를 베르사유(Versailles)궁에 머무르게끔 했다. 루이 15세는 1745년 9월 14일 그녀에게 후작부인(Marquise)이란 칭호를 내렸고 또 그녀의 남편과도 법적으로 별거시켰다. 아름답고 지적이며 교양과 품위가 넘쳐흐르고, 또 국왕에게는 진실한 애정을 바쳤던 완벽한 그녀였지만, 대중들의 눈에 비친 그녀는 치명적인 결함을 가지고 있었다. 그것은 그녀가 귀족 출신이 아닌 평민 출신이었다는 것이다. 아울러 대중들은 평민 출신의 여성이 정치에 관여하는 자체도 인정하지 않으려고 했다. 실제로 맹트농 부인(Françoise d'Aubigne de Maintenon)을 제외한 루이 15세의 정부들 모두는 상류귀족 출신들이었으며, 정부에 영향력을 끼친 적도 거의 없었다. 곧 대중들은 밉살스런 퐁파두르 후작부인에게 '생선 스튜(poissonades)'라는 고약한 별명을 붙여주었다. 이것은 퐁파두르 후작부인의 가문 이름이 공교롭게도 프랑스어로 '생선'을 뜻하는 푸아송(poisson)이었기 때문이다. 극도의 거만으로 베르사유궁에서 잘난 척하며, 한 치의 겁이나 두려움도 없이, 민중들의 생활고나 국왕의 수치는 전혀 안중에도 없는 거머리의 딸, 아니 거머리 그 자체인 푸아송이라고 그녀를 비방했다. 그러나 이러한 혹평에도 불구하고 그녀는 루이 15세 시기 예술을 활성화시키는 데 크게 기여했을 뿐만 아니라 계몽주의 사상을 확산시키는 데에도 적지 않은 역할을 담당했다.

프리드리히 2세 역시 파리 사회에서 떠돌던 퐁파두르 부인의 비하적인 별명을 들었고 자신 역시 이를 사용했다. 즉 그는 명칭이란 뜻이 내포된 '마담 푸아송'이란 명칭과 '형편없는 여자가 왕의 침실을 출입한다'라는 모욕적 언사를 통해 그녀를 자극한 것이다. 그리하여 퐁파두르 부인은 프리드리히 2세에게 강한 적대감을 가지게 되었다.

이러한 사실을 파악한 카우니츠-리트베르크는 퐁파두르 부인에게 접근하여 루이 15세의 마음을 움직이려고 했다. 실제로 퐁파두르 부인은 프로이센을 비호하던 대신들을 축출하는 데에 결정적인 역할을 담당했다.

1755년 9월부터 카우니츠-리트베르크는 프랑스와 더불어 동맹체제 구축을 위한 비밀회담을 개시했다. 비밀회담은 파리에서 개최되었고 여기에 오스트리아 대표로 참석한 슈타르헴베르크(Guido Starhemberg) 공작은 오스트리아가 프랑스와의 동맹체제 구축을 위해 그동안 견지된 영국과의 동맹체제도 파기할 수 있다고 했다. 비밀협상이 종결된 이후 1756년 5월 1일 오스트리아와 프랑스는 군사방어동맹을 체결했다. 여기서는 프로이센을 공동의 적으로 규정하고 프로이센의 팽창도 공동으로 저지한다는 것이 거론되었다. 또한 양국은 향후 동맹에 참여한 국가 중의 한 국가가 외부로부터 공격을 받을 경우 다른 한 국가는 자동적으로 24,000명의 병력을 동원하여 그러한 공격에 적극적으로 대응한다는 것도 명시되었다. 이렇게 프랑스와 방어동맹체제를 구축했음에도 불구하고 오스트리아는 영국과의 동맹체제를 와해시키지 않으려고 했는데 그것은 카우니츠-리트베르크가 영국을 1746년 러시아와 체결한 동맹체제에 가입시키려는 의도에서 비롯되었다.[82] 이 협정에서는 프로이센이 폴란드, 작센, 그리고 오스트리아 중 어느 한 국가를 침입할 경우 오스트리아는 슐레지엔 지방을 점령하고 그 과정에서 러시아가 군사적 지원을 한다는 것이 명시되었다. 그러나 당시 영국 국왕 조지 2세는 오스트리아의 그러한 시도에 대해 부정적 시각을 가지고 있었다. 실제로 영국은 하노버 공국을 보호하기 위해 오스트리아 왕위계승전쟁에 참여했지만 오스트리아의 국익 증대를 위해 러시아가 관여한 동맹체제의 일원으로 참석할 생각은 전혀 없었다.

1757년 5월 1일 오스트리아는 프랑스와 군사공격동맹도 체결했다. 여기서는 오스트리아의 슐레지엔 지방 회복이 거론되었을 뿐만 아니라 오스트리아령 네덜란드를 프랑스에 할애한다는 것도 언급되었다. 군사공격동맹의 내용을 좀 더 구체적으로 언급한다면 프랑스는 오스트리아가 슐레지엔 지방을 완전히 되찾을 때까지 129,000명의 병력을 지원하고 매년 1,200만 리브르에 달하는 재정적 지원도 한다는 것이다. 그리고 오스트리아는 그것의 반대급부로 슐레지엔 지방을 회복한 뒤 바로 오스트리아령 네덜란드를 프랑스에게 넘겨준다는 것이었다.[83] 이어 마

---

82 그러나 이 당시 카우니츠-리트베르크는 영국을 '불성실한 영국(perfidious Albion)'으로 간주했다. C.W. Ingrao, *The Habsburg Monarchy*, p.172.

83 프랑스는 1756년부터 1763년까지 지속된 전쟁에서 매년 평균적으로 2억 리브르를 전비로 지출해야만 했다. 이렇게 전쟁비용이 이전 전쟁, 즉 제1차 오스트리아 왕위계승전쟁과 제2차 오스트리아 왕위계승전쟁의 그것과 너무 큰 차이가 발생함에 따라 파리 정부는 크게 당황했다. 그럼에도 불구하고 파리 정부는 추가로 발생하는 비용을 세금을 인상하거나 신설함으로써 충당하지 않겠다는 전쟁 초반에 내린 결정을 포기하지는 않았다. 그 대신 파리 정부는 돈을 빌리거나 관직 매매, 국채 발행 등의 수단을 동원하여 추가 비용을 마련하고자 했다. 당시 루이 15세는 세금을 인상하거나 신설할 경우 야기될 정치적 반발을 몹시

리아 테레지아는 합스부르크 가문과 부르봉 가문과의 인연을 한층 강화하기 위해 1755년에 태어나 아직 두 살도 되지 않은 딸 마리아 안토니아(Maria Antonia, 마리 앙투아네트)와 루이 15세의 손자인 왕세자 루이(Louis, 루이 16세)와의 약혼도 결정했다.

1757년 러시아도 오스트리아와 프랑스 사이에 체결된 공격동맹에 가입했다. 이제 러시아는 유사시 최소병력 8만 명, 15척 내지 20척의 전함 및 40척의 갤리선을 동원해야 했고 그 대가로 오스트리아는 러시아에게 100만 루블을 지불하기로 했다. 프랑스와 오스트리아는 폴란드령 젬갈렌(Semgallen; Zemgale)과 쿠를란트(Kurland; Kurzeme)를 러시아 관할로 인정하고, 그 대신 프로이센이 패전할 경우 동프로이센을 폴란드 영토에 편입시키기로 합의했다. 작센과 스웨덴도 오스트리아-프랑스 공격동맹체제에 가입했고, 신성로마제국도 동맹체제의 회원국이 되었다. 공격동맹체제의 내규에서 한 가지 대외적으로 언급되지 않은 것이 있었는데 그것은 향후 전쟁에서 승리할 경우 프로이센의 영토를 남김없이 분할한다는 것이었다.[84] 영국은 1754년부터 오스트리아에게 네덜란드의

부담스러워했다. 전쟁을 전후한 시기에 종교 문제에서 비롯된 루이 15세와 파리 고등법원 사이의 갈등이 국왕 권위에 대한 정면도전으로 이어지는 일이 발생했고, 이러한 상황에서 정부는 섣불리 세금 부담을 가중시키기가 어려웠다. C. Clark, *Preußen*, p.239; E. Dillmann, *Maria Theresia*, p.83; E. Badinter, *Maria Theresia*, p.188; E.J. Görlich, *Grundzüge der Geschichte der Habsburger Monarchie und Österreichs*, p.148; F. Herre, *Maria Theresia*, p.229; C.W. Ingrao, *The Habsburg Monachy*, p.174; E.-B. Körber, *Die Zeit der Aufklärung*, p,53.

84 프로이센의 영토를 분할하려는 러시아의 의도에 대해 마리아 테레지아는 매우 긍정적인 반응을 보였다. 그리고 뒤늦게 공격동맹에 참여한 스웨덴은 2만 명의 병력을 제공하겠다는 약속을 했다. 그리고 그 대가로 스웨덴은 포메른 지방의 할애 및 프랑스의 지원도 기대했다. C. Clark, *Preußen*, p.239; E. Dillmann,

보호를 요청했지만 빈 정부는 이에 관심을 보이지 않았는데 그것은 위에서 언급한 카우니츠-리트베르크 친프랑스 정책과 연계된다 하겠다.

프리드리히 2세는 오스트리아의 대프랑스 접근이 프로이센의 고립화를 목적으로 한다는 것을 감지했기 때문에 영국과의 동맹체제를 구축하려고 했다.[85] 이에 따라 양국 정부는 그들의 이해관계를 논의하게 되

Maria Theresia, p.83; E. Badinter, *Maria Theresia*, p.188; E.J. Görlich, *Grundzüge der Geschichte der Habsburger Monarchie und Österreichs*, p.148; F. Herre, *Maria Theresia*, p.229; C.W. Ingrao, *The Habsburg Monarchy*, p.174; E.-B. Körber, *Die Zeit der Aufklärung*, p.53.

85 프리드리히 2세는 1752년에 작성한 정치 유언장(Politisches Testament)에서 프로이센이 슐레지엔 지방을 차지했음에도 불구하고 아직까지 강대국 반열에 오르지 못했음을 지적했다. 따라서 그는 지속적인 영토 확장이 필요하다고 했다. 여기서 그는 확장할 영토로 폴란드의 일부, 스웨덴이 차지하고 있는 포메른(Pommern), 그리고 작센 지방을 제시했다. 또한 그는 오스트리아가 계속하여 슐레지엔 지방 회복을 모색하고 있다는 것을 언급하면서 그러한 것이 실현되지 않게끔 노력하는 것이 프로이센의 향후 과제라 했다. 이어 그는 러시아가 프로이센의 진정한 적대국이 아니지만 이 국가가 오스트리아와 동맹체제를 구축할 경우 상황은 더욱 심각해질 것이라고도 했다. 그리고 그는 오스트리아, 러시아, 그리고 프랑스가 동맹체제를 구축할 경우 이 체제는 프로이센을 포위하고 위협할 수 있을 것이라는 분석도 했다. 즉 그는 3국동맹의 결성으로 슐레지엔 지방이 다시 오스트리아로, 포메른은 스웨덴으로, 그리고 동프로이센은 폴란드가 러시아에게 강제로 빼앗긴 동쪽 지방에 대한 보상지역으로 폴란드 또는 러시아로 넘어갈 것이라는 판단을 했던 것이다. 1756년 3월부터 프리드리히 2세는 유럽의 여러 국가에 파견한 첩자들을 통해 프랑스와 오스트리아 사이의 동맹체제 구축이 구체화되고 있음을 전달받았고 그것에 대한 대응 조치를 본격적으로 강구하기 시작했다. 여기서 그는 오스만튀르크의 지원을 받으려 했을 뿐만 아니라 오스트리아 왕국 내 신교도들에게 팸플릿을 살포하여 그들의 지지도 얻어내고자 했다. 그러나 프로이센 위정자의 이러한 시도들은 아무런 성과도 거두지 못했다. R. Bauer, *Österreich*, p.214; F. Herre, *Maria Theresia*, p.225; B.

었고 거기서 다음의 결론에 도달하게 되었다. ① 프리드리히 2세는 하노버 공국을 보호한다. ② 영국 정부는 독일의 현 국경선을 인정한다.③ 영국 정부는 1756년 1월 16일에 체결된 웨스트민스터(Westminster) 협약에 따라 외부 세력이 독일 문제에 개입할 경우 프로이센 정부와 공동으로 대처한다.[86]

이렇게 영국이 프로이센의 접근에 긍정적 반응을 보인 것은 그들 왕실의 고향인 하노버를 보호해줄 세력이 필요하다는 현실적 판단에서 비롯된 것 같다. 아울러 영국은 프로이센이 유럽에서 러시아의 세력 확대를 저지시킬 수 있다는 확신도 가지고 있었다. 프로이센 역시 영국과 동맹을 체결할 경우 오스트리아가 프로이센을 상대로 전쟁을 일으키지 못할 것이라고 예견했다. 조약이 체결된 이후 영국은 프리드리히 2세에게 164,000파운드에 달하는 원조를 했고 1758년부터 4년 동안 매년 67만 파운드, 즉 335만 탈러를 지원했는데 이 금액은 당시 프로이센 정부가 지출해야 하는 전쟁경비의 25%나 되는 거액이었다.

마리아 테레지아는 1756년 5월 13일 이러한 조약에 대해 다음과 같이 언급했다. "나는 유럽의 낡은 외교관계를 도외시한 적이 없다. 그러나 영국은 오스트리아와의 전통적 관계를 저버리고 프로이센과 조약을 체결했다. 이러한 정보를 처음 접했을 때 나는 기절할 뻔했다. 그러나 나와 프로이센의 위정자는 서로 맞지 않는다. 이 세상의 어떠한 것도 나

Simms, *Kampf um Vorherrschaft*, p.168; B. Stollberg-Rilinger, *Maria Theresia*, p.413.

86 이렇게 프로이센과 오스트리아가 그들의 동맹국을 바꾼 것을 지칭하여 '동맹체제의 반전(renversement des alliances)'이라고 한다. E. Badinter, *Maria Theresia*, p.189; C. Clark, *Preußen*, p.237; E. Dillmann, *Maria Theresia*, p.83; B. Simms, *Kampf um Vorherrschaft*, p.168.

와 그를 한 팀으로 만들 수 없을 것이다. 영국이 프로이센과 맺은 예를 따라 오스트리아가 프랑스와 조약을 체결한다 해도 전혀 놀랄 일이 아닐 것이다."

이제 유럽에는 두 개의 군사동맹체제가 구축되었는데 그것은 프랑스, 오스트리아, 러시아, 스웨덴, 그리고 작센이 주축이 된 동맹체제와 영국과 프로이센이 결성한 동맹체제를 지칭한다. 이렇게 결성된 동맹체제는 각기 막강한 병력을 소유하게 되었다. 우선 오스트리아가 주도하는 동맹체제는 모두 382,000명의 병력을 동원할 능력을 갖추었는데 이를 국가별로 언급한다면 우선 오스트리아군이 177,000명, 프랑스군이 105,000명, 러시아군이 8만 명, 그리고 스웨덴군이 2만 명이었다. 이에 반해 프리드리히 2세의 프로이센군과 프로이센의 동맹국의 병력은 181,000명에 불과했다.[87]

1756년 8월 29일 프리드리히 2세는 66,000명의 병력을 3개 군단으로 편성한 후 선전포고도 없이 오스트리아의 동맹국이었던 작센 선제후국을 공격했고 이로부터 한 달도 안 된 9월 9일 선제후국의 수도인 드레스덴을 점령했다. 이어 그는 10월 16일 피르나(Pirna) 근처에서 작센 선제후군의 항복도 받아냈다. 그런데 프리드리히 2세는 오스트리아와 전쟁을 시작하기 직전인 7월과 8월 초 사이 세 차례에 걸쳐 빈 주재 프로이센 대사 크링그래프(Joachim Wilhelm v. Klinggräff)를 마리아 테레지아에게 보내 그녀의 향후 의도를 정확히 파악하게 했고 거기서 자신의 평화

---

87 3년 후인 1760년 오스트리아는 25만 명의 병력을 소유하는 군사대국으로 등장했다. F. Herre, *Maria Theresia*, p.231; C.W. Ingrao, *The Habsburg Monarchy*, p.174; W.Neugebauer, *Die Geschichte Preußens*, p.73; B. Stollberg-Rilinger, *Maria Theresia*, p.414.

의지도 전달하게 했다. 그런데 마리아 테레지아는 이에 대해 정확한 답변을 하지 않았다. 베를린에 보내는 비밀서신에서 크링그라프는 오스트리아 군부가 전쟁 준비에 박차를 가하고 있다는 것을 보고했다. 그러자 프리드리히 2세는 오스트리아와의 전쟁을 피할 수 없는 사안으로 간주했다.[88] 작센 선제후국을 점령한 이후 프리드리히 2세는 이 국가의 재정적, 군사적 자원을 프로이센의 향후 전쟁경비로 사용하려고 했다. 이에 따라 그는 체포한 작센 선제후군을 프로이센군에 편입시킨 후 오스트리아군과 전투를 벌이게 했지만 성과는 예상보다 훨씬 미미했다. 작센 선제후군이 전투보다 탈영을 선택했기 때문이다.

작센 선제후국을 프로이센이 점령함에 따라 신성로마제국의 황제 프란츠 1세는 프리드리히 2세에게 서신을 보내어 작센 선제후국을 전쟁 이전의 상태로 복원시킬 것을 요구했지만 프로이센의 위정자는 그것을 수용하지 않았다.[89] 이후 프랑스, 러시아, 스웨덴, 그리고 신성로마제국의 대다수 국가들은 오스트리아를 지지한다고 선언했고 프랑스는 군대 및 재정 지원도 약속했다. 이에 반해 하노버, 헤센-카셀(Hessen-Kassel), 브라운슈바이크, 그리고 작센-고타(Sachsen-Gotha)만이 프로이센을 지지한다는 입장을 밝혔다.

---

88 프리드리히 2세는 당시 측근에게 "마리아 테레지아가 임신 상태에서 전쟁을 한다면 가능한 한 빨리 그녀에게 조산원의 서비스를 제공할 것이다."라고 했는데 이것은 자신의 선제공격을 우회적으로 암시한 것이라 하겠다. C.W. Ingrao, *The Habsburg Monarchy*, p.174.

89 T. Chorherr, *Eine kurze Geschichte Österreichs*, pp.97~98; E. Dillmann, *Maria Theresia*, p.86; E.J. Görlich, *Grundzüge der Geschichte der Habsburger Monarchie und Österreichs*, p.148; F. Herre, *Maria Theresia*, p.234; E.-B.Körber, *Die Zeit der Aufklärung*, p.55; B. Stollberg-Rilinger, *Maria Theresia*, p.414.

오스트리아 왕위계승전쟁

프로이센군은 1757년 4월 보헤미아 지방으로 진격하여 이 지방을 다시 점령한 후 오스트리아에 대해 공식적으로 전쟁을 선포했다. 5월 6일 프리드리히 2세는 프라하를 점령한 후 이 도시에 주둔하던 오스트리아군의 무장해제도 지시했다. 이에 마리아 테레지아는 프라하로 다운(Leopold Joseph Graf. v. Daun) 원수가 지휘하던 구원군을 급파하여 전세를 역전시키려고 했다. 그런데 프리드리히 2세는 이들 지원군 역시 격파할 수 있다는 생각을 했다. 그러나 다운 원수의 오스트리아 구원군은 프리드리히 2세의 주력부대를 6월 18일 엘베 강변의 콜린(Kolin)에서 섬멸했고 거기서 14,000명에 달하는 프로이센군이 전사했다.[90] 이에 따라 프로이센군은 보헤미아 지방에서 철수한 후 작센 지방으로 후퇴했다. 후퇴하는 과정에서 프리드리히 2세의 동생 아우구스트 빌헬름(August Wilhelm)이 이끌던 군대가 오스트리아군의 기습공격을 받아 큰 손실을 당했다. 이 소식을 접한 프리드리히 2세는 크게 격노했는데 이것은 아우구스트 빌헬름에게 보낸 서신에서 확인할 수 있다. 서신에서 프리드리히 2세는 자신의 동생에게 "너는 항상 따뜻한 마음을 가진 장군이기 때문에 앞으로는 전투병력보다는 규방(Harem) 부인들을 지휘하는 것이 옳은 것 같다"라고 했다. 그리고 이러한 비난은 콜린 전투 이후 대두된 프로이센의 생존 문제를 프리드리히 2세가 심각하게 받아들인 데서 비롯된 것 같다. 이에 반해 마리아 테레지아는 콜린 전투를 기념하기 위해

90　만약 콜린 전투에서 오스트리아가 아닌 프로이센이 승리했을 경우 전쟁은 프로이센의 승리로 조기에 종결될 수도 있었다. 그러나 오스트리아가 대승함에 따라 전쟁은 장기전으로 접어들게 되었다. 따라서 프리드리히 2세에게 콜린은 1914년 빌헬름 2세(Wilhelm II : 1888~1918)의 마른(Marne), 1941년 히틀러(A. Hitler)의 모스크바와 같았다. T. Blaning, *Frederick the Great: King of Prussia*(New York, 2016), p.233.

'마리아 테레지아 무공훈장(Maria Theresien Orden)' 제도를 도입했으며, 그 첫 수훈자는 콜린 전투의 영웅 다운 원수였다.[91]

대패를 당했음에도 불구하고 프리드리히 2세의 프로이센군은 같은 해 11월 5일 나움베르크(Naumberg)와 메르제부르크(Merseburg) 사이에 위치한 로스바흐(Rossbach)에서 오스트리아–프랑스 연합군을 격파했다. 22,000명의 프로이센군은 불과 548명의 사상자를 낸 반면, 프랑스군 24,000명을 포함하여 모두 41,000명으로 구성된 오스트리아–프랑스 연합군은 1만 명의 인명 손실을 기록했는데, 그중 3천여 명은 전사했고 나머지 7천 명은 포로로 잡혔다. 당시 오스트리아군을 지휘했던 작센–힐드부르크하우젠(Joseph Friedrich v. Sachsen-Hildburghausen) 대공은 마리아 테레지아와의 독대에서 패배에 대해 변명하려고 했다.[92] 그러나 마

---

91 T. Chorherr, *Eine kurze Geschichte Österreichs*, p.98; E. Dillmann, *Maria There-sia*, p.86; E.J. *Görlich, Grundzüge der Geschichte der Habsburger Monarchie und Österreichs*, p.148; F. Herre, *Maria Theresia*, p.234; E.-B.Körber, *Die Zeit der Aufklärung*, p.56. 이 당시 프랑스는 오스트리아가 슐레지엔 지방을 회복할 때까지 지원하겠다는 약속을 했다. B. Simms, *Kampf um Vorherrschaft*, p.170.

92 로스바흐 전투에서 오스트리아–프랑스연합군이 패배함에 따라 파리 정부는 오스트리아와의 약속을 깨고 오스트리아–프랑스 연합체제에서 이탈하려고 했다. 당시 프랑스 외무장관이었던 베르니스(Francçis-Joachim de Pierre de Ber-nis, comte de Lyonnais) 백작이 이러한 의향을 카우니츠–리트베르크에게 직접 전달했다. 그러나 루이 15세는 파리 정부의 의향을 무시하고 오스트리아와의 동맹체제를 견지하겠다는 입장을 밝혔다. 베르니스에 이어 프랑스 외무장관으로 기용된 슈아죌(Étienne Francçis, duc de Choiseul) 공작은 1759년 3월 오스트리아와 제3차 베르사유 조약을 체결했다. 여기서는 이전의 조약에서 약속한 오스트리아에 대한 지원을 대폭 축소한다는 것이 명시되었다. 오스트리아 역시 오스트리아령 네덜란드를 프랑스와 루이 15세의 사위에게 양도하겠다는 약속을 철회했다. 당시 프랑스는 오스트리아의 슐레지엔 지방 회복이 거의 불가

리아 테레지아는 대공이 전투에서 승리하는 것보다 축제를 주도하는 능력이 더 탁월하다는 것을 알고 있었기 때문에 더 이상 책임을 추궁하지 않았다.

로스바흐 전투에서 대승한 프리드리히 2세는 점령한 슐레지엔을 수복하기 위해 프로이센의 주력군을 작센에서 슐레지엔으로 이동시켰다. 같은 해 12월 5일 프리드리히 2세가 이끌던 35,000명의 프로이센군이 브레슬라우 북동쪽에 위치한 로이텐(Leuthen) 전투에서 카를 알렉산더 대공이 이끌던 7만 명의 오스트리아군을 격파했다. 당시 프리드리히 2세는 새로운 전술로 간주되는 사선형 전투대열 덕분으로 수적인 열세에도 불구하고 오스트리아군을 제압하는 데 불과 서너 시간밖에 걸리지 않았다. 이 전투에서 오스트리아군의 인명 손실은 무려 22,000명에 달했다. 이 패전으로 슐레지엔 지방의 거의 대다수는 다시 프로이센 측으로 넘어가게 되었을 뿐만 아니라 전세의 우위권 역시 프리드리히 2세가 장악하게 되었다.[93] 이에 반해 마리아 테레지아는 카를 알렉산더 대공

능하다는 판단을 하고 있었고 이러한 관점은 오스트리아 왕위계승전쟁이 종료된 시점까지 지속되었다. E.J. Görlich, *Grundzüge der Geschichte der Habsburger Monarchie und Österreichs*, p.149; F. Herre, *Maria Theresia*, p.234; E.-B.Körber, *Die Zeit der Aufklärung*, p.57.

93 프리드리히 2세가 1758년 4월 슈바이드니츠(Schweidnitz)를 점령함으로써 슐레지엔 전역은 프로이센의 수중으로 넘어가게 되었다. 이후 프리드리히 2세는 모라비아 지방으로의 공격을 개시했고 6월 10일에는 올뮈츠(Olmütz)를 포위했는데 그것은 이 도시를 그가 장악할 경우 빈으로의 진격 역시 용이하다는 판단에서 비롯되었다. 프로이센군이 곧 쇤브룬으로 진격한다는 소식이 도착했을 때 마리아 테레지아는 락센부르크로 여름휴가를 떠나려고 했다. 이에 그녀는 궁녀들에게 생활에 필요한 것들을 더 많이 챙기라고 명령했는데 그것은 상황에 따라 더 멀리 가야 한다는 생각을 했기 때문이다. 그런데 마리아 테레지아

의 패전 소식에 충격을 받은 후 며칠 동안 기도실에서 나오지 않았다.[94]

이후 프리드리히 2세의 프로이센군은 보헤미아 지방을 다시 위협하기 시작했다. 이에 마리아 테레지아는 카우니츠-리트베르크에게 "우리가 프로이센군을 격파하든가 아니면 빈으로 후퇴해야 할 것이다. 그리고 우리는 왕국의 많은 지역도 평화협정 체결을 위해 포기해야 할 것이다"라고 했다. 더욱이 당시 영국은 반오스트리아적 입장을 다시금 표방했는데 이것은 당시 신대륙에서 전개되던 식민지 전쟁에서 우위를 확보하겠다는 의도에서 비롯된 것 같다. 즉 영국은 프랑스 및 오스트리아가 계속하여 유럽 문제에 신경을 쓸 경우 아메리카 대륙에서 그들의 우위적 입지를 보다 확고히 할 수 있다는 판단을 했던 것이다. 이후 영국은 체벤(Zeven) 수도원 협상에서 영국군과 하노버군을 주축으로 편성한 혼합군으로 북독일에서 프랑스군의 위협을 저지하겠다는 입장을 밝혔고 이것 역시 마리아 테레지아에게 적지 않은 압박 요인으로 작용했다.[95]

는 매년 5월 또는 6월에 몇 주간의 휴가를 보다 편안히 보내기 위해 쇤브룬에서 락센부르크로 떠났는데 7년전쟁 기간 중에도 이러한 휴가는 그대로 진행되었다. R. Bauer, *Österreich*, p.215; C. Clark, *Preußen*, p.242; E. Dillmann, *Maria Theresia*, p.99; F. Herre, *Maria Theresia*, pp.237~238; E.-B.Körber, *Die Zeit der Aufklärung*, p.58; Stollberg-Rilinger, *Maria Theresia*, p.420.

94 로이텐 전투의 패전은 지휘관으로서의 자질을 충분히 갖추지 못한 카를 알렉산더 대공에서 비롯되었다. 이에 따라 마리아 테레지아는 제부이자 시동생인 대공에게 지휘관 자리에서 물러날 것을 요구했고 그 자리를 다운 원수에게 넘겨주었다. E. Dillmann, *Maria Theresia*, p.87; F. Herre, *Maria Theresia*, p.237; B. Stollberg-Rilinger, *Maria Theresia*, p.421.

95 실제로 브라운슈바이크(Ferdinand v. Braunschweig) 대공이 이끄는 영국군과 하노버군의 혼성군은 프랑스군을 대파했다. B. Simms, *Kampf um Vorherrschaft*, p.171.

오스트리아 왕위계승전쟁

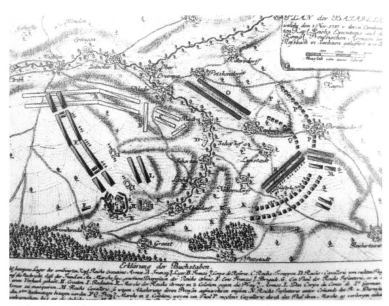

쿠너스도르프 전투

    그러나 라우돈(Gideon Ernst v. Laudon) 남작의 오스트리아군은 1759년 8월 12일 오데르 강변의 프랑크푸르트에서 동쪽으로 5킬로미터 정도 떨어진 쿠너스도르프(Kunersdorf)에서 프로이센의 주력군을 패배시켰는데 오스트리아는 이 전투에서의 승리로 전세를 역전시킬 수 있었다. 또한 이 전투에는 솔티코프(Pjotr Semjonowitsch Saltykow)가 지휘하는 55,000명의 러시아군도 오스트리아의 동맹군으로 참여했다. 쿠너스도르프 전투에서 프리드리히 2세는 19,100명의 병력을 잃었을 뿐만 아니라 스스로 말을 탈 수 없을 정도로 부상도 당했다.[96] 따라서 그는 자신의 동생

---

96 이 전투에서 프리드리히 2세는 전투 경험이 풍부한 530명의 장교를 잃었다. 또한 그는 오스트리아군에게 178문의 화포와 자신의 기를 포함하여 모두 28개의 기를 빼앗기는 수모도 당해야 했다. 이에 반해 마리아 테레지아는 승전 소식을 쇤브룬 궁전의 발코니에서 들은 후 매우 기뻐했고 바로 라우돈 남작에게 승

하인리히 공작(Prinz v. Preußen Heinrich)에게 최고지휘권(Oberbefehl)을 일시적으로 이양했다. 아울러 그는 당시 국무장관이었던 핀켄슈타인(Ernst Friedrich Graf Finck v. Finckenstein)에게 보내는 서신에서 '내 자신이 살아 있는 자체가 불운이다(Mein Unglück ist, dass ich noch am Leben bin)'라고 언급했는데 이것은 당시 프로이센의 절망적 상황을 우회적으로 표현한 것 같다.[97] 설상가상으로 1759년 11월 20일 다운의 오스트리아군은 드레스덴 서부 지역인 막센(Maxen)에서 프로이센군을 다시금 격파했고 여기서 15,000명에 달하는 프로이센군도 체포했다. 이 과정에서 오스트리아군은 프로이센군의 지휘부와 무기일체를 압수하는 성과도 거두었다. 이러한 대패는 프리드리히 2세에게 극단적인 선택을 강요하게 했다. 실제로 프리드리히 2세는 스스로 자결하여 당시의 수모로부터 벗어나려고 했다.[98]

이후 프로이센의 재정 상황은 급격히 악화되었고 그것은 행정관료들에 대한 월급 지불이 중단된 것에서 확인할 수 있다. 아울러 프로이센의 수도인 베를린 함락은 가시화되었고 설상가상으로 영국의 경제적 지원마저 중단되었다.

리를 축하하는 서신도 보냈다. R. Bauer, *Österreich*, p.215 ; E. Dillmann, *Maria Theresia*, p.88 ; F. Herre, *Maria Theresia*, p.240 ; E.-B. Körber, *Die Zeit der Aufklärung*, p.58 ; B. Stollberg-Rilinger, *Maria Theresia*, p.433.

97   T. Chorherr, *Eine kurze Geschichte Österreichs*, p.96 ; M. Erbe, *Die Habsburger 1493-1918*, p.144 ; F. Herre, *Maria Theresia*, p.240 ; E.-B.Körber, *Die Zeit der Aufklärung*, p.58.

98   1760년 10월 오스트리아군은 베를린을 일시적으로 점령했다. F. Herre, *Maria Theresia*, p.240 ; B. Simms, *Kampf um Vorherrschaft*, p.174 ; B. Stollberg-Rilinger, *Maria Theresia*, p.434.

오스트리아 왕위계승전쟁

그런데 영국의 재정적 지원은 1758년 4월 11일에 체결된 조약에 따라 이행되었는데 거기서는 런던 정부가 매년 거액의 지원금을 베를린 정부에게 지급한다라는 것이 명시되었다. 이렇게 프로이센에게 재정적 지원을 하던 영국 내에서 커다란 변화가 있었는데 그것은 1760년 10월 25일 영국 국왕 조지 2세가 사망하고 그로부터 얼마 후 프로이센에 우호적인 피트(William Pitt) 내각마저 붕괴된 데서 비롯되었다. 1761년부터 런던 정부는 프리드리히 2세에게 더 이상 재정적 지원을 하지 않았고 프랑스와 더불어 전쟁 종료를 위한 협상도 시작했다. 같은 해 10월 5일 영국은 프로이센과의 동맹체제에서 이탈한다는 입장도 밝혔다.[99]

쿠너스도르프 전투 이후 표출된 다운과 러시아 군부 사이의 전술적 의견 대립으로 러시아군은 일방적으로 폴란드로부터 철수했다. 이러한 양군 사이의 의견적 대립은 프로이센으로 하여금 위기적 상황에서 벗어나게 했을 뿐만 아니라 슐레지엔 지방에 대한 점유도 견지하게 했다.[100]

1762년 1월 5일 러시아에서 황제 교체, 즉 백혈병으로 목숨을 잃은 엘리자베타 페트로브나에 이어 그녀의 조카 표트르 3세(Poetr III : 1762~1762)가 황제로 즉위했는데 그것은 프로이센에게 커다란 도움이 되었다. 베를린에서는 이것을 지칭하여 '브란덴부르크의 기적(Mirakel von Brandenburg;miracle de la maison de Brandenbourg)'이라고 했다.[101] 프리

99 R. Bauer, *Österreich*, p.215 ; M. Erbe, *Die Habsburger 1493-1918*, p.144 ; B. Simms, *Kampf um Vorherrschaft*, p.174 ; B. Stollberg-Rilinger, *Maria Theresia*, p.437.

100 E. Badinter, *Maria Theresia,* p.189 ; B. Stollberg-Rilinger, *Maria Theresia*, p.434.

101 E. Badinter, *Maria Theresia*, p.189 ; R. Bauer, Österreich, p.215 ; C. Clark, *Preußen*, p.246 ; E. Dillmann, *Maria Theresia*, p.43 ; B. Stollberg-Rilinger, *Ma-*

드리히 2세에 대해 우호적이었던 표트르 3세는 프로이센에 대한 적대
행위를 더 이상 펼치지 않으려고 했다. 나아가 그는 1762년 5월 5일 프
로이센과 평화협상도 체결했다. 여기서는 전쟁 이전 상태로 회귀한다는
원칙(Status quo ante bellum)이 강조되면서 러시아는 전쟁 과정에서 획득
한 영토를 포기했다. 그러나 양국 사이의 이러한 우호관계는 표트르 3
세가 7월 17일에 암살됨에 따라 끝나게 되었다.

　같은 해 9월 12일 모스크바에서 러시아의 위정자로 등극한 예카테
리나 2세(Ekaterina II : 1762~1796)는 표트르 3세가 약속한 군사적 지원
을 이행하지 않았다.[102] 당시 제3차 오스트리아 왕위계승전쟁에 참여한
국가들, 특히 러시아, 영국, 그리고 프랑스는 자국의 이익을 위해 신경
을 썼다. 우선 러시아는 유럽에서 그들이 추진한 서진정책을 보다 가시
화시키기 위해 폴란드에서 프로이센을, 발칸 반도에서 오스트리아의 세
력을 약화시키려 했고 그 과정에서 이들 국가들이 향후 가정적 파트너
로서의 역할을 할 수 있게끔 배려도 했다. 영국은 하노버 공국의 보호를
위해, 프랑스는 동쪽 국경의 안전을 지키기 위해 노력했다. 여기서 이들
국가들은 프로이센과 오스트리아를 그들의 확실한 동맹국가 또는 유럽
의 세력 균형을 위한 보장국가로 간주하지 않았다.

　거의 같은 시기 프리드리히 2세는 오스트리아의 재정적 상황을 악화

---

　　ria Theresia, p.434.

102　F. Herre, *Maria Theresia*, p.244. 프리드리히 2세의 주선으로 1745년 8월 21
　　일 소피 폰 안할트-체르브스트(Sophie v. Anhalt-Zerbst)는 표트르와 결혼한
　　후 예카테리나로 개명했다. 예카테리나 2세는 프로이센과의 동맹체제를 파기
　　했지만 당시 오스트리아가 주도한 동맹체제에 다시 참여하지도 않았다. C.W.
　　Ingrao, *The Habsburg Monarchy*, p.176; B. Stollberg-Rilinger, *Maria Theresia*,
　　p.437.

시켜 전쟁을 종식시키려 했다. 이는 치텐(Hans Joachim v. Zieten) 장군의 조언에서 비롯되었다. 우선 프리드리히 2세는 오스트리아 동전의 품질 저하(Münzver schlechterung)를 시도했다. 그리고 품질이 저하된 오스트리아 동전들을 유대인 상인들을 통해 폴란드와 헝가리에 집중적으로 확산시켰는데 이것은 오늘날의 화폐 발행고를 확대시키는 것과 같은 효과를 발휘했다. 이렇게 유대인들이 다시금 친프로이센 입장을 취함에 따라 마리아 테레지아는 크게 격노했고 이들에 대한 차별정책을 보다 체계적으로 시행해야 한다고 판단했다. 이후 빈 정부는 인플레이션에 시달리게 되었고 그것은 빈 정부로 하여금 전쟁 중단의 필요성을 인식하게 하는 요인이 되기도 했다.[103]

1762년 7월 21일에 펼쳐진 부르커스도르프(Burkersdorf) 전투에서 프리드리히 2세는 오스트리아의 주력부대를 섬멸했고 그것은 오스트리아로 하여금 슐레지엔으로부터 철수하게 하는 결정적인 요인이 되었다.

7. 후베르투스부르크 평화조약

7년전쟁을 종식시킨 평화조약은 1763년 2월 15일 북작센의 베름스도르프(Wermsdorf)에 위치한 작센 공국의 최대 성 후베르투스부르크(Hubertusburg)에서 프로이센, 오스트리아 및 작센 공국 간에 체결되었다. 오스트리아는 1762년 후반기에 이르러 국가재정 및 군사력이 한계에 도달했고, 러시아, 스웨덴, 그리고 프랑스가 오스트리아와 체결한 동맹에서 이탈했기 때문에 프로이센의 평화협상 제의를 수용할 수밖에 없

103 B. Stollberg-Rilinger, *Maria Theresia*, p.438.

었다.[104] 프로이센 역시 전쟁을 지속할 상황이 아니었다. 우선 재정적인 어려움으로 인해 전쟁을 계속 수행할 수 없었고 프로이센 지방에서 더 이상 징모할 신병도 없었다. 따라서 프리드리히 2세는 프로이센이 점령하고 있던 지방들에서 강제로 신병을 징집했고 그 과정에서 14세 미만의 남아마저 소집하는 무리수를 두기도 했다. 러시아는 1762년 5월 5일 상트페테르부르크 평화조약을 체결한 후 오스트리아와의 동맹을 파기했다. 그리고 스웨덴은 러시아와 프로이센 사이의 평화조약에 자극을 받아 프로이센과 1762년 5월 22일 함부르크 평화조약을 체결함으로써 오스트리아와의 동맹에서 이탈했다. 프랑스는 1759년부터 제3차 오스트리아 왕위계승전쟁에 참여하는 것보다 북아메리카 식민지지역에 대한 그들의 관심을 증대시켰지만 퀘벡(Quebec) 지방을 상실하는 불운도 겪게 되었다. 이후 프랑스는 오스트리아와의 사전협의 없이 1763년 2월 10일 파리에서 영국과 평화조약을 체결했고 그것에 따라 오스트리아-프랑스 동맹체제는 자동적으로 해체되었다.[105]

후베르투스부르크 평화조약 체결을 위한 공식적인 평화협상은 스웨덴의 중재하에 3차 슐레지엔 전쟁에 참여한 국가들이 중립적 장소로 인정한 후베르투스부르크성에서 1762년 12월 30일부터 시작되었다. 작센 공국에서 단일 건물로는 가장 규모가 큰 후베르투스부르크성은 7년 전쟁 기간 중 프로이센군에 의해 약탈당해 1733년 완공 당시의 설비 및 가구가 전무했으며, 피해를 모면한 부속 가톨릭교회만이 당시 모습을 보존하고 있었다. 약탈로 인해 성 내부는 완전히 비어 있었기 때문에 평

104 C. Clark, *Preußen*, p.246; F. Herre, *Maria Theresia*, p.247.

105 E.-B.Körber, *Die Zeit der Aufklärung*, p.59; W.Neugebauer, *Die Geschichte Preußens*, p.73; B. Stollberg-Rilinger, *Maria Theresia*, p.437.

오스트리아 왕위계승전쟁

화협상은 후베르투스부르크성의 본관이 아닌 부속건물에서 진행되었다. 협상 3국의 대표로는 장관이나 특사가 아닌 경험 있는 실무관리들이 전권을 위임받아 평화조약의 조항들을 초안했다.[106]

후베르투스부르크 평화조약의 핵심조항은 제1차 오스트리아 왕위계승전쟁을 종식시킨 베를린 평화조약과 제2차 오스트리아 왕위계승전쟁을 끝낸 1748년 10월 18일의 아헨 평화조약을 토대로 점령지역을 점령국에 배상금 요구 없이 양도한다는 규정이었다. 1763년 2월 15일 공식 발표된 프로이센과 오스트리아 간의 후베르투스부르크 평화조약의 유일한 쟁점은 백작령 글라츠의 처리 문제였다.[107] 당시 오스트리아는 어떤 경우에도 요새도시 글라츠를 포기하지 않으려고 했다. 여기서 오스트리아는 글라츠를 보유하기 위해 심지어 프로이센이 인수하기로 한 슐레지엔의 채무마저 오스트리아가 변제하고, 향후 슐레지엔의 공작 칭호 사용도 포기하겠다는 제안도 했다. 그러나 프로이센 협상대표단은 오스트리아의 제안을 거절했고 글라츠를 넘겨주지 않을 경우 평화회담을 중단하고 베를린으로 철수하겠다는 입장을 밝혔다. 이에 따라 오스트리아 협상단은 그들의 주장을 철회하게 되었고 프로이센측은 오스트리아가 1742년 이후 점령한 글라츠 요새와 그곳의 모든 군사시설을 인수한다는 입장을 관철시킬 수 있었다.[108]

오스트리아 최초의 여왕 마리아 테레지아

---

106 당시 콜렌바흐(Heinrich Gabriel v. Collenbach)가 오스트리아 대표자로, 헤르츠베르크(Ewald Friedrich v. Hertzberg)가 프로이센 대표자로 참석했다. F. Herre, *Maria Theresia*, p.247; E.-B.Körber, *Die Zeit der Aufklärung*, p.60; B. Stollberg-Rilinger, *Maria Theresia*, p.438.

107 글라츠 백작령은 보헤미아에 위치한 전략적 요충지역이었다.

108 C. Clark, *Preußen*, p.247; M. Erbe, *Die Habsburger 1493-1918*, p.145; F.

186

프로이센과 오스트리아 간의 후베르투스부르크 평화조약은 1763년 2월 21일 프로이센, 2월 24일 오스트리아에 의해 각각 비준되었다. 21개 조항과 2개 비밀조항으로 구성된 평화조약에서 마리아 테레지아와 그녀의 후계자들 및 상속인들은 1차 오스트리아 왕위계승전쟁을 끝낸 1742년 6월 11일 브레슬라우 예비평화조약과 같은 해 7월 28일 베를린에서 체결된 평화조약에서 오스트리아가 프로이센에게 양도한 지역에 대한 일체의 영유권 주장을 포기한다는 것이 다시금 명시되었다. 그러나 오스트리아는 평화조약을 통해 슐레지엔의 남부지역, 즉 예게른도르프와 트로파우 지역을 회복했다. 평화조약에서는 즉각적인 적대행위 중지 및 양측 군대의 철수도 명시되었고 그것에 따라 오스트리아는 점령 중인 글라츠 백작령에서 철수했고 이 백작령과 그곳의 모든 군사시설은 프로이센에게 반환되었다. 여기서 프로이센은 글라츠 백작령 주민들의 이주를 허용했고, 작센 공국에서의 군대 철수도 약속했다. 전쟁포로와 인질들의 즉각 석방과 강제 징집된 점령지 주민들의 귀향 조치도 발표되었다. 오스트리아가 압류한 프로이센의 기록보존소들의 반환과 슐레지엔 주민들의 신앙 자유와 기득권 역시 인정되었다.

또한 프로이센과 오스트리아는 양국 간의 통상 촉진을 확약하고 통상조약 체결도 약속했다. 비밀 추가 조항에서 프로이센 국왕은 차기 신성로마제국 황제 선출 시 브란덴부르크 선제후의 황제선출권을 마리아 테레지아의 장남을 위해 행사하고, 합스부르크 가문의 모데나 공국 계승도 지지했다. 그리고 프로이센과 작센 사이에 체결된 후베르투스부르

Herre, *Maria Theresia*, p.247; E.-B.Körber, *Die Zeit der Aufklärung*, p.60; D.Pipper, *Die Welt der Habsburger*, p.156; B. Stollberg-Rilinger, *Maria Theresia*, p.438.

오스트리아 왕위계승전쟁

187

크 평화조약은 11개 일반조항과 3개 별도조항으로 구성되었다. 여기서는 전투행위 즉각 중단과 휴전이 합의되었고 프로이센이 3주 내 군대를 철수한다는 것 등이 명시되었다.[109]

후베르투스부르크 평화조약 체결에 앞서 파리 평화조약이 2월 10일에 체결되어 영국과 프랑스 간의 식민지 문제가 조정되었다. 여기서는 프랑스가 영국에게 캐나다 및 미시시피 강 이동지역을 할애한다, 에스파냐는 영국에게 플로리다(Florida)를 양도하고 프랑스로부터 루이지애나(Louisiana)를 반대급부로 넘겨받는데 그 과정에서 뉴올리언스(New Orleans)도 포함시킨다, 프랑스는 영국에게 서인도제도의 일부 및 아프리카 서부의 기지들을 양도한다, 마르티니크(Martinique) 및 그 밖의 서인도제도를 프랑스에게 반환하며 아바나(Havana)와 마닐라(Manila)는 에스파냐에게 이양한다 등이 명시되었다.

7년전쟁 이후 오스트리아의 국제적 지위는 크게 격하되었다. 아울러 재정적 상황도 크게 악화되었는데 그것은 다음을 통해 확인할 수 있다. 오스트리아의 7년전쟁 총 경비는 2억 6천만 굴덴이었다. 그러나 빈 정부는 이러한 전쟁경비를 만회할 재정적 능력을 갖추지 못했다. 그것은 전쟁이 끝난 해의 세입과 세출을 통해 확인할 수 있다. 1763년 오스트리아 정부의 세입은 2,350만 굴덴인 반면, 세출은 그 세 배를 초과하는 7,600만 굴덴이나 되었다.

109 국사조칙의 효력은 1918년까지 지속되었다. C. Clark, *Preußen*, p.248; M. Erbe, *Die Habsburger 1493-1918*, p.145; F. Herre, *Maria Theresia*, p.247; D.Pipper, *Die Welt der Habsburger*, p.156; B. Stollberg-Rilinger, *Maria Theresia*, p.438.

오스트리아 최초의 여왕 마리아 테레지아

8. 상속전쟁 이후의 프로이센의 위상

오스트리아와는 달리 프로이센은 강대국으로 부상했다.[110] 등극한 이후부터 프리드리히 2세는 계몽절대주의 정책에 따라 국가를 근본적으로 개혁하고 경제적 활성화도 강력히 추진했다. 우선 내부 식민지화를 단행했는데 그것은 동프로이센 지방에 900여 개의 새로운 마을을 건설하여 30만 명에 달하는 사람들을 강제로 이주시킨 것에서 확인할 수 있다. 이어 프리드리히 2세는 초등 의무교육제도도 보다 체계화했다. 경건파 신자이자 교육자였던 헤케르(Johann Julius Hecker)를 등용하여 선대의 의무교육제도를 보완하게끔 했고, 1763년에는 '프로이센의 학교규정'을 선포했다. 이것은 유럽 최초의 초등교육 시행령이자 18세기 독일의 대표적인 교육법령이기도 했다.

또한 프리드리히 2세는 상비군 수를 배증시켰는데 그 수는 20만 명에 달했다. 프리드리히 2세는 제1차 폴란드 분할에 참여하여 영토 확장을 시도했고 그러한 과정에서 에름란트(Ermland)와 단치히(Danzig)를 획득했다. 이로써 그는 지리적으로 멀리 떨어진 브란덴부르크 선제후령과 동프로이센 왕국을 하나로 통합할 수 있었다. 더욱이 프로이센의 영토는 이제 중부와 북부 독일을 횡으로 가로지르는 이점을 가지게 되었다. 뿐만 아니라 프로이센의 위정자는 종교적인 관용정책을 펼쳤고 경제적인 활성화 정책도 시행했는데 그것은 비단, 수건, 도자기, 유리, 그리고 철광 부문이 활성화된 데서 확인할 수 있다. 또한 프리드리히 2세는 대

---

110 그러나 프로이센 역시 참혹한 전쟁의 상흔에서 벗어날 수 없었다. 제3차 오스트리아 왕위계승전쟁에서 18만 명에 달하는 프로이센군이 희생되었고 민간인까지 포함시킬 경우 그 수는 50만 명을 초과했다. C. Clark, *Preußen*, p.250.

외교역에 관심을 표명했고 거기서 그는 관방학(Kameralismus)이라 지칭되는 중상주의 정책도 펼쳤다. 이것은 낙후된 국내 산업을 보호하기 위해서였다. 이 정책은 대외교역보다 국내의 농업 및 산업 활성화에 비중을 두었는데 그 이유는 자본의 후진성에서 벗어나지 못하고 있는 상황에서 산업자본의 부족, 판매처 역할을 담당할 해외 식민지의 부재 등으로 경제적 여건이 성립되지 않아 국내에서 부를 추구할 수밖에 없었기 때문이다. 따라서 관방학은 본질에 있어 소극적 내지는 방어적이었고 타국을 지배하기보다는 오히려 서유럽 여러 나라들의 압박에서 벗어나려는 의도를 가졌다 하겠다.

프리드리히 2세는 제1차, 제2차, 그리고 제3차 오스트리아 왕위계승전쟁에 참여하여 자신의 목적을 달성했지만 전쟁의 후유증은 신민들의 경제생활을 어렵게 했다. 베를린 정부는 전쟁 이후 심한 재정적 압박을 받게 되었고 그것을 신민들, 특히 지방 귀족들에게 전가시켰는데 그것은 이전보다 훨씬 많은 세금을 이들에게 부과한 것에서 확인할 수 있다.

그리고 영국은 프랑스와의 식민지 경쟁에서 우위를 차지하게 되었다. 그럼에도 불구하고 그들이 지향하던 유럽에서의 '힘의 균형정책'은 아무런 영향도 받지 않았다. 그러나 북아메리카 식민지에 대한 영국의 정책 변화, 즉 중상주의 정책을 강화시킴으로써 식민지인들의 반발을 야기시켰다. 아울러 유럽 문제에 대한 러시아의 개입 역시 본격화되기 시작했다. 특히 러시아는 동유럽 및 중유럽에서 그들의 영향력을 확대시키는 데 혼신의 노력을 기울였는데 이것은 표트르 대제 이후 추진된 외교정책의 근간인 서진정책에서 비롯되었다고 볼 수 있다.

제4장

계몽절대왕정체제 구축

계몽절대왕정체제 구축

1. 하우크비츠의 내정개혁

마리아 테레지아는 등극한 이후 얼마 동안 그녀의 부친을 보좌했던 수석궁내대신(Obersthofkanzler) 진첸도르프 백작과 비밀국가비서관(Geheim Staatssekretär) 바르텐슈타인 남작으로부터 필요한 조언을 받았다. 당시 69세의 진첸도르프 백작은 업무 추진 과정에서 그것의 단축을 모색하기보다는 연장시키려는 경향을 가졌고 주변의 조언을 무시하고 자신의 주관대로 처리하곤 했다. 프란츠 슈테판의 동생 카를 알렉산더 대공 역시 이 점을 지적했다. 그러나 진첸도르프는 외교정책을 수행하면서 자신의 해박한 지식을 효율적으로 활용했는데 이 점에 대해서는 마리아 테레지아 역시 인정했다. 이렇게 진첸도르프의 외교적 능력을 긍정적으로 평가했음에도 불구하고 마리아 테레지아는 개인적으로 그를 신뢰하지 않았다. 그것은 그가 빈에서 향락주의자로 알려졌을 뿐만 아니라 부패주의자로도 간주되었기 때문이다. 따라서 마리아 테레지아는 그의 즉각적 교체를 생각했지만 당시의 상황은 그것을 허용하지 않았다. 이에 반해 바르텐슈타인에 대한 마리아 테레지아의 신뢰는 매우 높았다. 슈트라스부르크(Strassburg) 교수의 아들이었던 바르텐슈타인은 가톨릭으로 개종한 후 빈의 추밀고문관(Geheimrat)에서 서기로 근무하다가 외교적 현안을 담당하는 부서로 이동했다.

그는 마리아 테레지아의 결혼 문제에도 개입했다. 특히 카를 6세의 명령에 따라 프란츠 슈테판과 독대했고 그 과정에서 마리아 테레지아와 결혼하려면 로트링엔 대공국을 포기해야 한다는 황제의 제안적 명령을 전달했으며 거기서 프란츠 슈테판의 모국 포기도 받아냈다. 이에 앞서 그는 마리아 테레지아가 에스파냐의 돈 카를로스와 결혼하는 것을 반대했다. 마리아 테레지아와 프란츠 슈테판과의 결혼이 결정된 후 바르텐슈타인은 결혼의 조속한 성사에도 크게 기여했다. 또한 마리아 테레지아가 등극한 이후 발생한 오스트리아 왕위계승전쟁 기간 중 여왕 및 오스트리아를 위한 외교정책을 적극적으로 펼쳤다. 마리아 테레지아는 바르텐슈타인의 이러한 노력들에 큰 감명을 받았고 이것은 그에 대한 무한한 신뢰를 유발시키는 요인으로도 작용했다.[1]

바르텐슈타인을 극히 신뢰했음에도 불구하고 마리아 테레지아는 효율적인 국정 운영을 위해서는 중앙집권체제를 도입해야 한다는 인식을 가지게 되었다. 따라서 그녀는 1753년 바르텐슈타인의 교체를 고려했고 하우크비츠(Friedrich Wilhelm v. Haugwitz) 백작과 카우니츠-리트베르크 백작 등이 개혁을 이끌 인물들로 거론되었다.[2]

---

1 E. Badinter, *Maria Theresia*, p.96; E. Dillmann, *Maria Theresia*, p.45; F. Herre, *Maia Theresia*, p.47; B. Stollberg-Rillinger, *Maria Theresia*, p.193.

2 마리아 테레지아는 바르텐슈타인에게 해임을 통보하면서 그에게 적지 않은 연금 지급과 명예관직 부여를 약속했다. 개인적으로 보낸 서신에서 마리아 테레지아는 바르텐슈타인의 노력 및 협조 덕분으로 오스트리아 왕국이 존속할 수 있었다는 것을 강조했는데 이것은 신하에 대한 최고의 칭송이라 하겠다. 마리

하우크비츠는 1702년에 태어났다. 당시 글로가우(Glogau)와 리그니츠(Liegnitz)에 광대한 영지를 가진 그의 부친은 작센 공국의 장군으로 활동했다. 이후 이 인물은 오스트리아에서 군지휘관으로 임명되었고 1733년에는 백작 칭호도 부여받았다. 하우크비츠는 부친의 권유에 따라 로트링엔 대공국으로 기사여행을 떠났는데 그것은 당시 슐레지엔 트

하우크비츠 백작

로파우 대공이었던 프란츠 슈테판 대공과의 접촉을 모색하기 위해서였다. 프란츠 슈테판과의 접촉 후 뤼네빌(Lunéville)에서 하우크비츠는 가톨릭으로 개종했고 로트링엔 대공국의 시종장 신분(Kammerherrenwürde)도 부여받았다.[3] 슐레지엔으로 돌아온 하우크비츠는 1725년부터 브레슬라우의 행정관료로 활동하며 예상보다 빨리 승진했다. 이것은 그가 당시 슐레지엔 지방에서 상당한 영향력을 가졌던 노스티츠-리엔에크(Franz Anton v. Nostitz-Rieneck) 가문의 딸과 결혼한 데서 비롯된 것 같다. 실제로 당시 노스티츠-리엔에크 가문 출신의 인물들은 빈 정부에서 고위관

아 테레지아는 당시 대다수의 유럽 군주들과는 달리 측근들을 해임할 때 그들의 영지로 추방하지 않았을 뿐만 아니라 연금 및 적절한 명예칭호도 부여했다. E. Badinter, *Maria Theresia*, p.96 u.150; B. Stollberg-Rillinger, *Maria Theresia*, p.193; K. Vocelka, *Österreichische Geschichte*, p.62.

3   당시 프란츠 슈테판은 슐레지엔 트로파우 공작이었다. B. Stollberg-Rillinger, *Maria Theresia*, p.193.

료로 활동했고 황실에도 적지 않은 영향력을 행사했다.[4]

하우크비츠는 1742년까지 오스트리아의 영역으로 남아 있던 슐레지엔 지방, 이른바 잔여 슐레지엔(Restschlesien)의 행정장관, 즉 총독으로 임명된 후 자신의 업무를 충실히 이행하면서 프로이센의 선진 행정기술도 익히는 데 주력했다. 특히 이 시기에 그는 프리드리히 2세의 통치방식과 프로이센의 효율적인 주민 통제방식을 자세히 검토한 후 그것을 오스트리아 통치체제에 효율적으로 활용할 수 있는 방법도 찾아내는 데 주력했다.[5] 또한 그는 프로이센의 재정 시스템을 파악하는 데도 혼신의 노력을 기울였다. 여기서 그는 오스트리아의 재정 시스템에서 확인되는 문제점들을 파악했고 그것들을 제거하기 위해서는 재정 부문에 대한 귀족들의 과도한 영향력 행사를 우선적으로 제한해야 한다는 것도 인지했다.[6]

1747년 초부터 하우크비츠는 프란츠 슈테판의 추천으로 빈 정부에서 활동했는데 이 시기에 그는 신분제 의회가 행정 및 재정 분야에서 과도한 권한을 행사하기 때문에 그것의 제도적 제한이 필요하다는 입장을 밝혔다. 당시 하우크비츠는 마리아 테레지아가 왕권신수설을 신봉하고 있음을 잘 알고 있었다. 실제로 마리아 테레지아는 오스트리아 왕국

4   E. Badinter, *Maria Theresia*, p.97; B. Stollberg-Rillinger, *Maria Theresia*,
     p.193; F. Weissensteiner, *Die großen Herrscher des Hauses Habsburg*, p.240.

5   그는 1743년부터 1746년까지 슐레지엔 지방에서 개혁정책을 실험적으로 실시
     했고 거기서 어느 정도의 성과도 거두었다. K. Pfister, *Maria Theresia*, p.107;
     B. Stollberg-Rillinger, *Maria Theresia*, pp.193~194.

6   B. Stollberg-Rillinger, *Maria Theresia*, p.196; K. Vocelka, *Österreichische Ge-
     schichte*, p.63; F. Weissensteiner, *Die großen Herrscher des Hauses Habsburg*,
     p.240.

에 대한 합스부르크 가문의 통치권은 신으로부터 부여받았다는 확신을 가지고 있었다. 따라서 그녀는 모든 방법을 동원하여 그러한 통치권을 보호하고 존속시켜야 한다는 관점도 가지고 있었다.[7] 이에 따라 하우크 비츠는 지방통치, 재정, 그리고 군사부분에 대한 귀족들의 처분권(Verfügungsgewalt)을 박탈한 후 이것들을 마리아 테레지아의 권한으로 이양해야 한다는 판단을 했고 이것이 자신이 추진하던 새로운 시스템(Neues Systema)의 핵심적 사안이라고 했다. 1747년 가을부터 하우크비츠는 마리아 테레지아와 더불어 상비군 체제 도입과 그것의 유지에 필요한 예산 마련에 대해서도 심도 있게 이야기를 나누었다. 여기서 그는 향후 프로이센과 전쟁을 다시 펼칠 경우 일정 규모 이상의 상비군이 필요하다는 입장을 밝혔다. 그런데 당시 그가 마리아 테레지아에게 제시한 상비군의 규모는 108,000명이었다.[8]

---

7 당시 마리아 테레지아는 엘리자베스 1세 때 크게 확산되었던 '국왕의 이중신체(König mit zwei Körpern)'라는 논리에 동의하고 있었다. '국왕의 이중신체'는 열정, 질병, 그리고 죽음에 의해 지배당하는 자연적 신체(natürlicher Körper)와 왕국을 상징하는 불멸의 정치적 신체(politischer Körper)를 지칭한다. 자연적 신체가 죽은 후 정치적 신체는 즉시 후계자의 자연적 신체로 옮겨가게 되는데 여기서 '국왕이 서거했다! 국왕 만세!(Der König ist tot! Es lebe König!)'라는 구호도 등장하게 되었다. 그런데 칸토로비치(Kantorowicz)를 비롯한 일부 학자들은 마리아 테레지아가 이중신체에 모성신체(mütterlicher Körper)라는 신체도 가졌다고 주장했는데 이것은 마리아 테레지아가 영국의 엘리자베스 1세나 러시아의 예카테리나 2세와는 달리 합스부르크 가문의 존속을 위해 아이들을 출산했고 또 이들의 교육에도 전념했다는 데서 비롯된 것 같다. 미혼의 엘리자베스 1세는 후계자 없이 세상을 떠났고, 예카테리나 2세는 남편을 살해했을 뿐만 아니라 유일한 아들마저 학대했다. E. Badinter, *Maria Theresia*, p.13 ; E. Kantorowicz, *Die Zwei Körper de Königs* (Stuttgart, 1992), p.22.

8 정확한 수치로 인정할 수는 없지만 빈 정부가 제시한 1745년의 오스트리아 군

마리아 테레지아와의 독대 이후 하우크비츠는 빈 정부의 세입 및 채무 상황을 면밀히 살폈고 상비군 체제를 유지하기 위해 각 지방에 부과할 수 있는 군세(지세)의 규모도 예측했다. 여기서 그는 군세의 대폭 인상이 필요할 뿐만 아니라 10년 동안 매년 140만 굴덴을 귀족 계층에게 부과해야 하는 비상 대안도 마련했는데 이 금액은 당시 빈 예산의 33퍼센트에 해당되는 거액이었다.[9]

이후 하우크비츠는 자신의 개혁안을 정리하여 마리아 테레지아에게 제출했다. 거기에는 귀족들의 조세동의권(Bewilligungsrecht) 제한, 중앙정부의 행정권 강화, 그리고 귀족 및 성직자들의 면세특권 폐지 등이 구체적으로 명시되었다.[10] 이러한 개혁은 지금까지 각 지방의 귀족들이 위정자의 의지를 무시하고 자의대로 처리한 모든 것들을 향후 중앙정부가 관할한다는 것으로 볼 수 있다. 그리고 이렇게 귀족들의 제 권한을 박탈할 경우 지금까지 위정자와 더불어 공유한 귀족들의 국가통치권이 사라

병력은 203,576명이었다. 그리고 하우크비츠가 제시한 108,000명에는 유럽 남동부 국경에 배치된 국경수비대 병력 4만 명은 포함되지 않았다. F. Herre, *Maria Theresia*, p.110; B. Stollberg−Rillinger, *Maria Theresia*, p.198; M. Vogt, *Deutsche Geschichte*, p.263; F. Weissensteiner, *Die großen Herrscher des Hauses Habsburg*, p.240.

9 B. Stollberg−Rillinger, *Maria Theresia*, p.198; F. Weissensteiner, *Die großen Herrscher des Hauses Habsburg*, p.241. 실제로 당시 오스트리아 병사들은 매일 1킬로그램의 빵, 500그램의 고기, 500그램의 채소, 25그램의 기름, 1리터의 포도주를 공급받았다.

10 하우크비츠는 자신의 개혁안에서 국방예산에 대한 각 지방의회의 매년 동의를 10년 동의로 변경했고 이 점에 대해 마리아 테레지아 역시 동의했다. M. Erbe, *Die Habsburger 1493~1918*, p.145; F. Herre, *Maria Theresia*, p.111; B. Stollberg−Rillinger, *Maria Theresia*, p.198; K. Vocelka, *Österreichische Geschichte*, p.63; F. Weissensteiner, *Die großen Herrscher des Hauses Habsburg*, p.240.

지고 이것은 귀족계층을 국왕의 신민 수준으로 격하시키는 효과도 가질 수 있다는 것이 하우크비츠의 관점이었다. 그러나 이 인물은 국가통치와 관련 없는 귀족의 특권들은 계속 인정하려고 했다. 그리고 하우크비츠는 오스트리아 전역에서 자신의 개혁을 전면적으로 실시하기 전에 오스트리아 소유로 남아 있던 슐레지엔 지방, 즉 트로파우에서 비상사태를 선포한 후 자신의 개혁을 실제적으로 시행했는데 그 과정에 마리아 테레지아의 암묵적인 동의가 있었다. 이렇게 일부 지방에서 개혁을 실제적으로 시행한 것은 개혁 과정에서 발생할 수 있는 문제점들을 직접 확인하고 그것의 해결책도 마련한다는 취지에서 비롯되었다. 이어 그는 케른텐(Kärnten)과 크라인(Krain)에서도 개혁안을 시행했고 거기서 귀족들이 주관하던 신분제 의회의 반응도 자세히 관찰했다. 여기서 하우크비츠는 귀족 및 성직자들의 면세특권 폐지는 국방예산증액 이후의 과제라는 것도 파악했다.

자신의 개혁안에 그리 큰 문제점이 없을 것이라는 확신을 가진 하우크비츠는 1748년 1월 29일 개혁안을 비밀궁정회의에 상정했다. 이 회의에는 마리아 테레지아와 프란츠 슈테판뿐만 아니라 하우크비츠, 하라흐(Friedrich August v. Harrach) 백작, 킨스키(Philipp Joseph v. Kinsky) 백작, 울펠트(Corfiz Anton v.Ulfeld) 백작, 콜로레도(Rudolf v.Colloredo) 백작, 잘라부르크(Franz Ludwig zu Sallaburg) 백작이 참여했다. 우선 하우크비츠는 상비군 확충에 필요한 기여금 증액의 필요성을 역설했고 그것에 대한 참여자들의 반응 역시 긍정적이었다. 그러나 다른 개혁에 대한 각론이 언급되면서 하라흐를 비롯한 대다수의 참석자들은 반론을 제기했다.[11]

---

11   F. Herre, *Maria Theresia*, p.111; C.W. Ingrao, *The Habsburg Monarchy*, p.161; B. Stollberg-Rillinger, *Maria Theresia*, p.198; M. Vogt, *Deutsche Geschichte*,

특히 여러 차례 독일제국의회에서 오스트리아 대표직을 수행하고, 오스트리아령 네덜란드 및 보헤미아 지방 총독을 역임했으며, 드레스덴 평화회담에서 오스트리아 수석대표로 활동한 하라흐는 정면으로 하우크비츠 개혁에 반대의사를 밝혔다. 여기서 그는 지방행정체제의 현대화 및 개선을 추진하고, 각 지방 신분제 의회에 간접세징수권을 이양해야 한다고 했다. 그리고 그는 국내 관세제도의 철폐를 통해 경제적 활성화를 모색하고 그 과정에서 기대되는 세수 증대를 통해 향후 늘어날 국방비를 무리 없이 마련할 수 있다는 입장도 밝혔다. 즉 그는 중앙정부의 권한증대 없이도 필요한 국방예산을 충분히 마련할 수 있다는 주장을 펼쳤던 것이다. 이러한 관점에 대해 하우크비츠는 지방귀족들의 권한 증대는 결국 왕국 존립에 위해적 요소가 된다고 했다.[12]

이렇게 참석자들의 다수가 반론을 제기했음에도 불구하고 마리아 테레지아는 하우크비츠의 개혁안이 가지는 당위성을 언급하면서 더 이상의 논의 필요성이 없다는 것을 밝혔다. 마리아 테레지아의 이러한 입장 표명에 대해 하라흐는 매우 격한 반응을 보였고 그것에 대해 마리아 테레지아는 혹시 하라흐가 대화 상대자가 오스트리아 국왕이라는 것을 망각하지 않았는가라는 말로 대응했다.

이후 마리아 테레지아는 하라흐에게 서신을 보내지도 않았고 직접대면도 거절했다. 또한 총무대신 울펠트에게 서신을 보내 자신을 대리하여 하라흐와 접촉할 것을 명령했는데 이것은 자신에 대한 하라흐의 개인적 공격을 사전에 차단하기 위해서였다. 왕명을 받은 울펠트는 하라흐에게 서신을 보냈는데 거기서 그는 여왕의 명령, 즉 10일 이내 하라

p.263.

12   F. Herre, *Maria Theresia*, p.111; B. Stollberg-Rillinger, *Maria Theresia*, p.199.

흐가 여왕의 충실한 신하인 것을 밝혀야 한다는 것을 알렸다. 이에 하라
흐는 자신이 마리아 테레지아의 충실한 신하라는 것을 밝혔지만 하우크
비츠의 개혁안에 대한 반대 입장은 포기하지 않았다. 따라서 그가 주도
하던 니더오스트리아주 의회는 반개혁적 입장을 표방했다.[13)

그러나 마리아 테레지아는 이러한 조직적 반발에도 불구하고 하우크
비츠의 개혁안을 지지한다는 입장을 공식적으로 밝혔다. 이후 영방의회
는 마리아 테레지아의 개혁안을 통과시켰고 향후 10년간 시행될 고율의
세금 부과에 대해서도 동의했다. 하우크비츠는 마리아 테레지아의 동의
를 받은 후 각 지방에 '대표부 및 회계부(Repräsentationen und Kammern)'라
는 관청을 설치하여 지금까지 지방 귀족들이 행사한 정치행정 및 그것
과 연계된 재정사무를 이양받게 했다. 또한 그는 지방의회를 존속시켰
지만 그 권한을 대폭 축소시켰다. 이에 따라 지방의회는 중앙정부에서
결정한 세금에 대한 동의권만 가지게 되었다.[14)

1749년 5월 2일 오스트리아와 보헤미아의 궁정사무국(Hofkanzlei)이
해체되었다. 이는 국가통치에 대한 귀족들의 참여를 허용하지 않겠다는
마리아 테레지아의 의지에서 비롯되었다. 이어 궁정사무국 대신 내정
및 재정 문제를 전담할 내정 및 재정감독청(Direktoriums in publicis et cam-
eralibus)이 활동하기 시작했다. 법률적 사안에 대해서는 별도의 사법관
청을 설치하여 운영하기로 했다. 내정 및 재정감독청은 1760년 통합 보
헤미아−오스트리아 궁내성(Vereinigte k.k. böhmisch−österreichische Hofkan-
zlei)과 왕실재산관리국(Hofkammer)으로 분리되었다. 이러한 중앙부서의
개편을 통해 보헤미아의 최고행정기구였던 궁내성이 빈 궁내성에 편입

---

13   F. Herre, *Maria Theresia*, p.113; B. Stollberg−Rillinger, *Maria Theresia*, p.200.

14   F. Herre, *Maria Theresia*, p.113; B. Stollberg−Rillinger, *Maria Theresia*, p.201.

제2부 절대왕정체제 구축

된 것을 확인할 수 있는데 이것은 하우크비츠 백작의 의도가 개편 과정에서 크게 반영되었기 때문이다.[15]

당시 마리아 테레지아는 중요한 사항들을 결정할 때 종종 자신의 본능적 직감에 의존했는데 그 결과는 대체적으로 긍정적이었다.[16]

점차 마리아 테레지아는 정책적 효율성을 갖춘 정부 및 강력한 군대를 유지하기 위해서는 안정적이고 정례적인 징세가 필요하다는 것을 인식했고 거기서 일반 조세제도의 도입도 강력히 추진했다. 귀족계층과 가톨릭교회의 교회령 및 성직자들은 더 이상 면제 대상이 아니었다. 일반 조세제도의 도입에 따라 귀족 및 성직자 계층은 그들 수입의 18.75%를 세금으로 납부해야만 했다. 이에 대한 반대급부로 국가는 징집, 군대 무장 및 유지비를 부담하기로 했다. 이러한 세금 제도는 경제적으로 활성화된 오스트리아와 보헤미아 지방에서 집중적으로 시행되었다.[17]

어릴 적부터 마리아 테레지아는 신의 뜻을 따른다는 자세로 자신이 신으로부터 합스부르크 가문의 영토를 보존하는 의무를 위임받았기 때문에 그것을 지키는 데 혼신의 노력을 기울여야 한다는 확신도 가지고 있었다. 이렇게 신앙심이 돈독하던 여왕은 평소부터 로마 교황을 비롯해 빈의 대주교를 존중하며 미사나 성채배령 등의 가톨릭 의식에도 예를 다했다. 그러나 가톨릭 국가인 오스트리아에는 수도원을 비롯하여 교회 관련 영지가 지나치게 많았다. 게다가 교회는 면세 대상이었기 때

15 F. Herre, *Maria Theresia*, p.114; B. Stollberg-Rillinger, *Maria Theresia*, p.201.

16 M. Erbe, *Die Habsburger 1493-1918*, p.145; E.J. Görlich, *Grundzüge der Geschichte der Habsburger Monarchie und Österreichs*, p.152; B. Stollberg-Rillinger, *Maria Theresia*, p.201; K. Vocelka, *Österreichische Geschichte*, p.63.

17 B. Stollberg-Rillinger, *Maria Theresia*, p.201.

문에 국가권력인 징세권 행사는 불가능했다. 마리아 테레지아는 가톨릭 교회에 대한 개혁을 단행하지 않을 경우 자신이 주도하던 국가개혁 역시 실효를 거둘 수 없다는 것을 잘 알고 있었다. 그러나 가톨릭 세력은 '교회의 면세특권'을 부각시키면서 마리아 테레지아의 개혁안에 동조하지 않았다. 가톨릭 세력의 이러한 반발에도 불구하고 마리아 테레지아는 예수회의 활동을 제한하고 금전과 시간의 낭비에 불과한 성지순례도 중지시켰다. 아울러 교회 내부의 화려한 의식 역시 폐지시켰다. 이렇게 가톨릭교회의 면세특권이 폐지됨에 따라 당시 로마 교황청은 여왕의 개혁에 이의를 제기했지만 인간의 이성을 강조하던 계몽사상의 확대로 상황은 이미 그녀 편이었다.

당시 대다수의 유럽 국가들이 도입한 절대왕정 체제는 자체적으로 극복할 수 없는 문제점을 가지고 있었는데 그것은 사회구성원 모두의 관점을 정책에 효율적으로 반영시킬 수 없다는 것이었다. 이에 따라 절대왕정 체제의 문제점을 해소시켜야 한다는 사회적 분위기가 조성되기 시작했고 거기서 인간의 이성(ratio)을 강조하는 계몽사상도 등장하게 되었던 것이다. 퇴행을 부정하고 진보만을 지향한 계몽주의는 절대왕정 체제의 후반기라 할 수 있는 17세기, 18세기 서유럽 지성사 움직임에 큰 영향을 끼쳤다. 계몽주의는 이성에 따라 세계가 창조되었고 그 규율역시 인식할 수 있다는 기본적 입장을 표방했다. 이제 문화의 모든 영역에서 이성이 강조되었고 자연법 역시 기존의 국가질서에 도전하게 되었다. 이 당시 사람들은 자연법을 신이 초기에 만든 것으로 간주했다. 아울러 이들은 낙천적인 진보를 믿게 되었고 점차적으로 신, 국가, 그리고 사회의 새로운 상을 구축하기 시작했다. 여기서 돌바흐(Paul−Henri Thiry d'Holbach)를 제외한 대다수의 계몽사상가들은 이신론자(deist)였다. 이들은 사랑과 은총을 베풀거나, 기적을 행하는 종래의 인격적인 신 대신에 기계와도 같은 우주의 창조자인 동시에, 이 우주 기계를 영속적으로 법칙에 맞게 움직이도록 한 제1동작자로서의 신을 설정했다. 따라서 이들은 이성과 계시를 조화시키려던 뉴턴(Isaac Newton)마저 비판의 대상으로 설정했다.

신은 이성의 원천이고 그것을 증명할 수 있다는 것이 이들의 기본적 입장이었던 것이다. 여기서는 신이 이성 법칙에 따라 세계를 창조했기 때문에 그가 자연법을 변경하는 것처럼 극히 일부만이 변경될 수 있다는 주장이 제기되었다. 당시 계몽주의자들은 인간의 선함을 강조했을 뿐만 아니라 법적이나 능력 면에서도 모두가 동일하다는 견해를 제시했다. 아울러 이들은 이성에 대한 무시가 수백 년간 지속되었기 때문에 인류는 아직까지도 미성년적인 상태에서 벗어나지 못하고 있다는 관점도 피력했다. 또한 이들은 만일 인간을 이성적으로 대우할 경우 이들은 자유롭게 될 뿐만 아니라 그들이 가진 능력도 충분히 발휘할 수 있다는 입장을 밝혔다. 원시 시대의 사람들은 그들의 자유 및 동등권을 지키기 위해 국가협약을 체결했기 때문에 국가는 자유로운 개인의 목적적인 창조물로 간주되었다. 이렇기 때문에 계몽주의자들은 중세의 국가생성론, 즉 신에 의한 국가창조론을 거부했다. 당시 계몽주의자들은 통치협약을 해제시킬 수 있을 뿐만 아니라 그것을 지키기 위해 저항권도 행사할 수 있다는 관점을 가지고 있었다. 아울러 이들은 국민주권과 권력분립론에 대해서도 거론했다. 이들은 국민들이 국가를 창조했기 때문에 국민들이 주권을 반드시 가져야 한다고 했다. 그리고 국민들은 직접적 또는 간접적으로 자신들의 권한을 행사해야 한다는 견해도 제시했다.

마리아 테레지아의 개혁정책에서 거론된 일반 조세제도의 도입으로 농민들은 이제 그들의 지주에게 더 이상 현금이나 현물을 납부하지 않아도 되었지만 이들은 국가에 기본세인 소득세(Einkommensteuer)를 내야 하는 의무를 부여받았다.[18] 그리고 마리아 테레지아는 농민들의 어려운 상황을 고려하여 1775년, 1776년, 그리고 1778년에 제정한 부역제한법을 통해 부역을 주당 3일로 제한시키려 했지만 그러한 조치는 잘 이행되지 않았다. 이렇게 농민계층을 배려했음에도 불구하고 마리아 테레지아는 당시 농민들의 요구였던 농민해방(Bauernbefreiung)에 대해서는 부정적인 시각을 가지고 있었다.[19]

빈 정부는 국가의 재정적 상황을 개선시키기 위해 국가가 독점하던 담배 및 우편업무도 보다 효율적으로 운영하려고 했다.

한편, 새로운 조세제도의 시행에도 불구하고 헝가리는 과세부과과정에서 특별한 대우를 받았다. 이것은 마리아 테레지아가 즉위한 지 얼마 되지 않아 어려운 상황에 놓여 있던 자신에게 구원의 손길을 내밀어주던 헝가리인들에게 감사하는 마음에서 비롯된 것 같다. 따라서 헝가리 여왕으로 등극하면서 약속한 헝가리 귀족들과 성직자들에 대한 면세특권을 계속 인정하는 특례조치를 취한 것이다.

하우크비츠가 제안한 개혁안에 따라 마리아 테레지아는 지금까지 각 주가 담당한 행정권, 사법권, 그리고 과세권을 박탈하여 중앙정부에 이관시켰다.

이 시기 마리아 테레지아는 대법원을 설립하여 오스트리아 왕국의 법치체계도 확립하려고 했다. 1848년 8월 21일에 설립된 현재의 오스

---

18 이제 오스트리아 신민 모두는 10%의 재산세를 국가에 납부해야만 했다. B. Stollberg-Rillinger, *Maria Theresia*, p.202; M. Vogt, *Deutsche Geschichte*, p.264.

19 마리아 테레지아는 당시 경제성장의 장애요인으로 간주되던 길드 규약을 철폐했다.

트리아 대법원은 1749년 사법개혁의 일환으로 마리아 테레지아가 설립한 대법원의 후신이었다. 이렇게 대법원이 설립되면서 명문귀족, 도시, 수도원이 가졌던 재판권 및 지주들이 운영한 영주재판소는 크게 제약을 받게 되었다.

마리아 테레지아는 각 지방의 법률을 1766년『테레지아 법전(*Constitutio Theresiana*)』 간행을 통해 집대성했고 이를 토대로 법률의 일원화도 시도되었다. 당시 마리아 테레지아는 사법제도의 운영 과정에서 이우스티티아(iustitia)와 클레멘티아(clementia)를 적절한 안배하려고 했다. 그런데 이우스티티아는 법률의 엄격성과 동등성을 지칭하고, 클레멘티아는 감형을 통해 이러한 엄격성을 다소나마 완화시키고 거기서 예외규정도 인정한다는 것이었다.[20]

1770년 1월 1일에는『테레지아 형법전(*Constitutio Criminalis Theresiana*)』이 출판됨으로써 오스트리아 왕국 전체에 통용되는 형법 및 형사소송법 역시 확립되었다. 원래 테레지아 형법전은 1768년 여왕의 재가를 받은 후 즉시 그 효력을 발휘하려고 했다. 그러나 카우니츠-리트베르크가 형법전 내용의 일부를 비판하고 그것의 수정을 요구함에 따라 마리아 테레지아는 그 효력 발생을 일시적으로 중단시켰다. 이후 마리아 테레지아는 카우니츠-리트베르크와 수차례 회동을 가졌고 그 과정에서 형법전 내용의 일부를 수정한 후 1770년부터 그 효력을 정식으로 발휘하게 했었다.[21] 테레지아 형법전은 형법의 통일 및 당시 통상적으로 자

---

20 B. Stollberg-Rillinger, *Maria Theresia*, p.715 ; F. Herre, *Maria Theresia*, p.301.
21 그러나 당대의 법학자들의 대다수는 테레지아의 형법전은 중세의 중죄인을 다루는 형사재판소조직법에 불과하다는 부정적 평가를 했다. F. Herre, *Maria Theresia*, p.301 ; B. Stollberg-Rillinger, *Maria Theresia*, p.720.

행되던 고문의 방법들을 조정하고, 다소 완화시키려 했다. 그럼에도 불구하고『테레지아 형법전』은 중세적 구도에서 벗어나지 못했다. 따라서 이 형법전은 영국, 작센, 그리고 프로이센에서 이미 폐지된 고문을 증거 확보 수단(Wahrheitsfindung)으로 계속 허용했다. 또한 마녀 및 종교와 관련된 재판에서는 채찍에 의한 공개 태형, 불인두로 낙인 찍기, 말뚝형, 그리고 신체 절단 등이 용인되었다. 그리고 국가모반과 같은 중형에서는 중세와 마찬가지로 산 채로 화형을 시키거나 사지 절단방법이 허용되었다. 다만 여왕의 선처가 있을 경우 형리에 의한 참수형이 처해졌다.[22] 그러나 이러한 참혹한 사형은 시간이 지날수록 그 시행 횟수가 크게 감소되었는데 이것은 왕권이 크게 강화된 것과 연계시킬 수 있을 것이다. 왕권이 제대로 정립되지 못했던 근대 초기에 위정자들은 왕권 사수를 위해 참혹한 사형제도를 종종 활용했고 그 과정에서 적지 않은 효과도 거두었다. 실제로 군주들은 공개적으로 신체절단형과 같은 참혹한

---

22 M. Erbe, *Die Habsburger 1493~1918*, p.145 ; K. Vocelka, *Österreichische Gschichte*, p.63 ; M. Vogt, *Deutsche Geschicte*, p.265. 마리아 테레지아는 1776 년 요제프 2세와 모라비아 출신의 국가학 교수였던 존넨펠스(Josef v. Sonnen-fels)의 권유로 고문제도를 완전히 폐지했다. 그러나 고문제도는 단기간 내에 폐지된 것이 아니라 오랜 시간이 요구되었다. 1775년『고문제도의 폐지(*Uber die Abschaffung der Tortur*)』라는 책이 출간됨에 따라 이에 대한 논의가 비화되었다. 마리아 테레지아는 고문제 폐지에 부정적인 시각을 가졌기 때문에『고문제도의 폐지』를 출간한 교수에게 강의시간에 고문제도의 문제를 언급하지 말 것을 요구했다. 그리고 만일 이를 위반할 경우 법적으로 대응하겠다는 입장도 표명했다. 그러다가 그녀는 법률을 체계적으로 공부한 요제프 2세의 강력한 권유로 1776년 1월 2일 고문제도의 폐지를 언급했고 그것에 따른 법적인 절차도 밟을 것을 명령했다. F. Herre, *Maria Theresia*, p.301 ; B. Stollberg-Rillinger, *Maria Theresia*, pp.720~721.

사형을 시행하여 왕권에 대한 신민들의 경각심 내지는 외경심을 가지게 했다.

2. 다운 백작의 군제개혁

마리아 테레지아는 하우크비츠가 주도한 조세 개혁을 전폭적으로 지지했는데 이것은 프로이센에 대항할 수 있는 강력한 군대 양성의 필요성에서 비롯된 것 같다. 비록 여성 입장에서 군사 문제는 매우 낯선 분야였지만 그녀는 기본적이고 건전한 상식에 따라 오스트리아 왕위계승전쟁의 패배 원인을 찾고자 했다.[23]

기독교 세계에서 가장 동쪽에 위치한 오스트리아는 헝가리와 오스만 튀르크 등 이민족과 이교도들의 침략을 받을 경우, 귀족들과 영방군주들이 용병을 모집하거나 군대를 구성한 후 적군에게 대항했다. 그런데 이들은 영주들의 군대였기 때문에 군복, 총포, 도검, 그리고 지휘방법이 각기 달랐다. 헝가리에서 온 부대, 이탈리아에서 온 연대, 그리고 보헤미아 출신의 군인들은 언어도 서로 달랐고 실제 전투지에서는 아군과 적군의 식별 역시 어려웠다. 이에 반해 군인왕이라 지칭되던 프리드리히 빌헬름 1세 때부터 고강도의 군사훈련을 받아오던 프로이센군은 오합지졸 오스트리아군을 쉽게 격파할 수 있는 능력을 갖추고 있었다.[24] 마리아 테레지아는 강력한 오스트리아군을 구축하기 위해서는 군제 개

23 B. Stollberg-Rillinger, *Maria Theresia*, p.402 ; F. Weissensteiner, *Die großen Herrscher des Hauses Habsburg*, p.241.

24 F. Herre, *Maria Theresia*, p.117.

혁이 필요하다는 판단을 했기 때문에 이 과제를 다운 백작에게 위임했다. 1705년 빈에서 오스트리아 원수의 아들로 태어난 다운 백작은 성직자의 길을 포기하고 군인이 된 후 에스파냐 왕위계승전쟁 때 프랑스에 대항하여 시칠리아, 이탈리아, 그리고 라인 지방에서 싸웠고 1739년에 펼쳐진 오스만튀르크와의 전투에서 용맹을 떨쳤다.[25] 이어 그는 오스트리아 왕위계승전쟁에도 참전하여 큰 성과를 거두었다.

당시 마리아 테레지아는 다운 백작이 무인으로서의 재능과 군사 부문에 대한 높은 식견도 가졌음을 인지했다.[26] 따라서 그녀는 그에게 오스트리아군을 혁신하는 일체의 업무를 위임했다. 그에 대한 마리아 테레지아의 믿음은 그녀가 가장 신뢰하던 푹스–몰라드 백작부인의 딸을 그의 배우자로 주선하는 적극성을 보인 데서 확인할 수 있다. 즉 마리아 테레지아는 다운 백작을 푹스–몰라드 백작부인의 딸과 결혼시켜 황제 부부 중심으로 구성된 소수 모임의 일원으로도 받아들이려 했던 것이다.[27]

다운 백작은 마리아 테레지아가 기대한 대로 군 전반에 대한 개혁 및 개편을 시행했다. 즉 그는 비효율적으로 운영되던 각 지방 단위의 징모

---

25 오스만튀르크와의 전쟁 직전 다운 백작은 카를 6세에 의해 육군중장(Feld-marschalleutnant)으로 임명되었다. F. Herre, *Maria Theresia*, p.119.

26 B. Stollberg–Rillinger, *Maria Theresia*, p.403. 1766년 하우크비츠 공작이 죽은 지 1년 후인 1766년 다운 원수도 세상을 떠났다. 이에 마리아 테레지아는 "하느님이 내가 절대적 신뢰를 부여하던 하우크비츠 공작과 다운 원수 양인을 나로부터 빼앗아갔다. 이들 양인은 진실한 기독교도로서 열정과 충성을 다해 나를 보필했다. 이들은 나에게 진실만을 말하기 때문에 나는 언제라도 이들의 고견을 듣고 그것을 정책에 반영하곤 했다"라고 술회했다. F. Herre, *Maria Theresia*, pp.119~120.

27 F. Herre, *Maria Theresia*, p.120.

제6절 대외·정치체제 구축

다운 백작

와 군량 공출, 영주 자의에 따른 연
대제를 폐지하고 각 영주의 병력을
통합하여 전국 규모의 오스트리아군
을 발족시켰는데 그 수는 108,000명
이었고 이 수는 하우크비츠가 제시
한 것과도 일치했다. 여기서 다운 백
작은 오스트리아군의 복무규정과 훈
련세칙을 마련했고 그것에 따라 오
스트리아군을 엄격히 통솔하고자 했
다.[28] 아울러 그는 마리아 테레지아
가 참여하는 야영훈련도 매년 실시하여 강인한 군대를 구축하려고 했는
데 이것은 오스트리아 왕위계승전쟁에서의 실수를 다시 범하지 않으려
는 의도에서 비롯된 것 같다. 또한 다운 백작은 리히텐슈타인(Josef Wen-
zel v. Lichtenstein) 공작에게 포병대 운영을 맡겨 기존의 보조적 역할에서
벗어나 전투 과정에서 중요한 역할을 담당할 수 있게끔 했다.[29]

　　마리아 테레지아는 다운 백작의 건의에 따라 1751년 12월 14일 빈
에서 남쪽으로 48킬로미터 떨어진 비너 노이슈타트(Wiener Neustadt)에
군사사관학교(Militärakademie)를 창설하여 유능한 병사들을 양성하게 했
다.[30] 이 사관학교는 2개 중대, 즉 200명으로 구성되었는데 그 하나는

28　F. Weissensteiner, *Die großen Herrscher des Hauses Habsburg*, p.241. 여기서 다
　　운 백작은 군인들에 대한 체형을 금지시켰다.

29　F. Herre, *Maria Theresia*, p.122; B. Stollberg-Rillinger, *Maria Theresia*, p.404.

30　군사사관학교 건물은 카를 6세가 즐겨 사용했던 성이었고 마리아 테레지아가
　　어린 시절을 보낸 성이기도 했다. B. Stollberg-Rillinger, *Maria Theresia*, p.403.

귀족들의 자녀들로 구성되었고, 다른 하나는 관료계층의 아들들로 편성되었다. 마리아 테레지아는 사관생도 선발에 직접 관여했고 거기서 경제적으로 어려운 인물들에 대한 배려도 했는데 그것은 이들의 학비가 면제된 데서 확인할 수 있다. 이렇게 선출된 사관생도들은 펜싱, 무도, 기하학(Geometrie), 포병술(Artilleriewesen), 역사, 지리학, 종교학, 그리고 외국어를 배웠다. 또한 마리아 테레지아는 군대조직 중에서 장군과 지휘관, 병사를 연결해줄 장교 및 하사관을 양성하기 위해 테레지아눔(Theresianum)이라는 군사묘목학교(Militär Pflanz Schule)도 세웠다. 이 학교에서는 미래의 오스트리아군을 이끌 7세부터 14세까지의 유망한 소년들을 간부후보생으로 입학시켜 군사기초인 펜싱, 사격, 그리고 승마를 가르쳤다. 아울러 이들은 종교 교육과 도덕 교육을 받았을 뿐만 아니라 일반 학문도 개괄적으로 배웠다. 그런데 이렇게 선발된 간부후보생들은 재산이 없던 장교들의 아들들이었다. 마리아 테레지아는 테레지아눔의 교육과정을 제정하는 열성을 보였을 뿐만 아니라 시종장으로 하여금 모든 시험을 감독하게도 했다. 당시 테레지아눔은 여왕의 자랑거리였기 때문에 특별히 성적이 우수한 생도들은 그녀가 베푸는 연회에 초청받는 영예를 얻기도 했다. 점차적으로 테레지아눔은 소시민 자제들의 입학도 허용했기 때문에 이들도 소규모 군대를 통솔하는 장교가 될 수 있었다. 이는 신분 때문에 기회를 박탈당하던 소시민들에게는 일종의 희망과도 같았다. 또 연공만 쌓이면 자동적으로 하사관과 장군이 될 수 있었던 귀족계층의 아들들도 면학에 몰두해야 하는 분위기가 조성되었다.[31]

---

31   F. Herre, *Maria Theresia*, p.123; B. Stollberg-Rillinger, *Maria Theresia*, pp.403~404; F. Weissensteiner, *Die großen Herrscher des Hauses Habsburg*, p.241.

마리아 테레지아는 1755년 고아원 기금의 일부를 활용하여 기술학교도 신설했는데 여기에는 사회적 신분을 고려하지 않고 능력 있는 청소년들의 입학도 허용했다.[32]

3. 스비텐의 교육개혁

마리아 테레지아가 펼친 개혁정책에 큰 도움을 준 또 다른 인물로는 스비텐(Gerard van Swieten)을 들 수 있다. 1700년 네덜란드의 레이덴(Leiden)에서 태어난 스비텐은 빈으로 오기 전에 이미 의사로서 명성을 얻고 있었다. 1745년 스비텐은 카우니츠-리트베르크의 추천으로 빈에 왔고 마리아 테레지아는 그를 궁중주치의로 임명했다. 특히 마리아 테레지아는 스비텐이 자신의 유일한 동생 마리아 안나의 병을 고친 이후부터 그에게 절대적인 신뢰를 보이게 되었다.[33] 이미 여왕 및 왕실 일가의 주치의로 활동하던 스비텐은 빈 대학 교수 및 궁정 도서관장으로도 임명되었다. 당시 비상한 두뇌를 가진 그를 질투하던 사람들이 많았지만 스비텐은 마리아 테레지아로부터 무한한 신뢰와 아낌없는 지원을 받았다.

마리아 테레지아가 병으로 사경을 헤맬 때 스비텐은 그녀를 치료하

32 B. Stollberg-Rillinger, *Maria Theresia*, p.404 ; F. Weissensteiner, *Die großen Herrscher des Hauses Habsburg*, p.241.

33 F. Weissensteiner, *Die großen Herrscher des Hauses Habsburg*, p.243. 당시 마리아 테레지아는 질병에 대해 나름대로의 개념을 가지고 있었다. 그녀의 견해에 따르면, 모든 병은 하느님으로부터 나왔고 그리고 어떤 인물이 신이 제시한 죽음의 시간을 맞이할 경우 그에게는 더 이상 치료제가 없다는 것이다.

여 회복시켰고 이것은 그를 귀족 반열에 오르게 하는 계기도 되었다. 실제로 마리아 테레지아는 요제프의 두 번째 부인인 요제파를 돌보다가 1765년 5월 23일 천연두에 전염되었고 3일 후인 5월 26일 천연두에 걸렸다는 진단도 내려졌다. 이에 따라 주치의인 스비텐은 2회에 걸쳐 그녀에게서 피를 뽑았는데 이것은 당시 유럽 왕실에서 시행하던 대표

스비텐

적인 천연두 치료방법이었다. 6월 1일에는 마리아 테레지아에 대한 종부성사(Sterbesakramente)를 할 정도로 그녀의 건강은 악화되었지만 다음 날인 6월 2일부터 그녀의 건강은 회복되기 시작했고 이 과정에서 스비텐은 혼신의 노력을 기울였다.

스비텐은 의학 분야를 넘어 광범위한 교육개혁도 주장했다. 일반학교법(Allgemeine Schulordnung)을 제정한 후 오스트리아 왕국 전체에 초급학교 및 중급학교를 설립한 마리아 테레지아와 뜻을 같이한 그는 "민중을 계몽해야 한다"면서 교육의 중요성을 부각시켰다. 마리아 테레지아는 계몽주의를 추구하던 스비텐을 신뢰하고, 그에게 자유재량권도 부여했는데 그것은 그가 교회를 공공연하게 적대시하던 요제프와 카우니츠-리트베르크와는 달리 교회 영역 내에서 교육개혁을 시도하려고 했기 때문이다. 스비텐은 빈 대학의 신학부와 법학부도 개혁했다. 그는 교회가 가졌던 교육의 독점권을 박탈하여 대학을 국가기관으로 만들고 교수들을 국가관리가 되게끔 조정했다. 예를 들면 스비텐은 예수회가 담당했던 서적 검열권을 자신이 의장으로 있던 위원회로 이양시켰다. 이

에 예수회원들이 강력히 반발했지만 마리아 테레지아는 "더 이상 좋은 방책이 없는 것 같다"는 소견을 밝히며 스비텐의 제안을 수용했다. 또한 마리아 테레지아는 스비텐에게 빈 대학에 의학부 설치도 명령했고 그것에 따라 그는 유능한 의사들을 빈으로 초빙한 후 그들과 더불어 의학부 개설에 혼신의 노력을 기울였다. 아울러 그는 능력 있는 의사들을 배출하기 위해 의사자격시험의 근간도 마련했다.[34]

4. 카우니츠-리트베르크의 외교정책

마리아 테레지아 개혁정책의 또 다른 축이었던 외교정책은 카우니츠-리트베르크 백작이 담당했다. 그는 1711년 2월 빈에서 태어났으며 부친은 막시밀리안 울리히 폰 카우니츠(Maximillian Ulrich v. Kaunitz)였다. 1731년 2월부터 다음해 7월까지 카우니츠-리트베르크는 당시 독일권에서 명성을 날리던 라이프치히대학에서 수학했는데 이 기간 중에 그는 법률학, 역사, 독일어 문법, 논리학, 고전학, 라틴어, 그리고 음악을 배웠다. 그리고 카우니츠-리트베르크는 1734년부터 빈 정부에서 관리로 활동하기 시작했다. 1736년 4월 22일 카우니츠-리트베르크는 당시 18세의 마리아 에르네스티네 슈타르헴베르크(Maria Ernestine Starhemberg)와 결혼했고 모두 일곱 명의 자녀를 얻었다. 그러나 1749년 마리아 에르네스티네 슈타르헴베르크가 갑자기 사망함에 따라 카우니츠-리트베르크의 어린 자녀들은 1752년 미망인이 된 친누이 마리아 안토니아(Maria Antonia)가 보살피게 되었다. 이후부터 마리아 안토니아는 재혼하지 않

---

34 F. Weissensteiner, *Die großen Herrscher des Hauses Habsburg*, p.244.

은 동생의 가사를 25년 이상 전담했다. 마리아 테레지아가 등극한 후 그에 대한 그녀의 깊은 신뢰 때문에 카우니츠-리트베르크는 1741년부터 고속승진을 하게 되었다. 다음해인 1742년에 토리노(Torino) 영사로 임명되었고 2년 후에는 오스트리아령 네덜란드의 전권위임자로 승진했다.

카우니츠-리트베르크가 전권위임자로 임명될 때 마리아 테레지아의 여동생 마리아 안나는 프란츠 슈테판의 동생 카를 알렉산더 대공과 결혼한 상태였다. 카를 6세가 생전에는 마리아 안나와 카를 알렉산더의 결혼을 반대했으므로 결혼할 수 없었지만, 부친이 죽고 언니가 왕위를 계승함에 따라 마리아 안나는 사랑하는 카를 알렉산더와의 결혼을 관철시킬 수 있었다. 당시 마리아 테레지아는 여동생에게 조언할 수 있는 인물이 바로 카우니츠-리트베르크라는 것을 잘 알고 있었다. 그러나 브뤼셀에 도착한 지 얼마 안 된 1744년 10월 9일 마리아 안나는 사산을 했고 12월 16일 산욕열로 사망했다. 그리고 카를 알렉산더 대공 역시 오스트리아 왕위계승전쟁에 참전하기 위해 브뤼셀을 떠나야만 했다. 이에 따라 카우니츠-리트베르크는 오스트리아령 네덜란드 일반 총독직을 프랑스가 브뤼셀을 침입한 1746년 2월까지 수행해야 했다. 빈으로 돌아온 카우니츠-리트베르크는 마리아 테레지아와의 관계에 신경을 썼다. 이후 그의 지적이고, 미래 예견적이고, 조심스러운 성품으로 인해 마리아 테레지아의 절대적 신임을 받게 되었다. 그는 1748년 이후부터 오스트리아 외교정책의 근간을 제시하는 데 핵심적 역할을 담당했고 그것의 이행에도 주도적인 역할을 담당했다.[35]

---

35   E. Badinter, *Maria Theresia*, pp.181~182.

카우니츠-리트베르크

3월 24일에 개최된 궁정회의에서 카우니츠-리트베르크는 우선 슐레지엔 상실에 분노를 느낀다는 입장을 밝히면서 프리드리히 2세가 향후에도 오스트리아에게 위협을 가하는 가장 위험한 인물이라고 말했다. 이어 그는 프리드리히 2세의 향후 행보에 대해서도 언급했는데 그에 따르면 프로이센은 슐레지엔 지방을 계속 차지하기 위해 오스트리아를 약화시키는 데 필요한 제 정책을 강력히 밀어붙일 것이고 거기서 다시 전쟁이 발발할 수밖에 없다는 것이었다. 따라서 그는 빈 정부가 앞으로 어떠한 방법을 통해 프로이센과의 대립에서 우위를 확보할 수 있는지와 슐레지엔을 회복할 수 있는 방법에 대해서도 거론했는데 그것은 프랑스와의 협상 및 타협을 통해 가능하다는 것이었다.

당시 카우니츠-리트베르크는 오랫동안 동맹국이었던 영국을 오스트리아의 절대적 우방국으로 간주하지 않았는데 그것은 영국이 오스트리아가 너무 강해지거나 또는 약화되는 것을 원하지 않는다는 사실에서 비롯된 것 같다. 실제로 영국 정부는 오스트리아와 프로이센이 지속적으로 대립하게끔 유도하는 것이 오히려 유럽의 세력 균형에 좋다는 판단을 하고 있었다.[36] 그런데 궁정회의에 참석한 프란츠 1세는 카우니

---

36 마리아 테레지아 역시 아헨 평화조약에서 보여준 영국의 태도에 강한 불만을 표명했다. 따라서 그녀는 평화협상 체결을 축하하기 위해 빈에 온 영국 사절단 접견마저 거부하기도 했다. 또한 그녀는 이들이 자신에게 축하문보다 조의문을 가져

오스트리아 최초의 여왕 마리아 테레지아

츠-리트베르크가 제시한 프랑스와의 접근정책에 부정적 입장을 표방했
는데 그것은 자신의 모국인 로트링엔 대공국을 프랑스가 강제로 빼앗았
기 때문에 이 국가가 오스트리아의 주적이라는 관점에서 비롯된 것 같
다. 이 자리에서 프란츠 1세는 러시아와의 협력 강화를 통해 프로이센
을 억제하고 가능하다면 프리드리히 2세와 타협을 모색하는 것이 오스
트리아 국익에 유리하다는 견해를 제시했다. 마리아 테레지아는 남편의
이러한 주장에 어떠한 반론도 제기하지 않았다. 그러나 그녀는 카우니
츠-리트베르크의 주장에 따라 프랑스와의 협력을 모색하려고 했고 그
것을 가시화시키기 위해 1749년 여름 그를 파리 주재 오스트리아 대사
로 파견하여 프랑스와 동맹체제 구축을 본격적으로 논의하게 했다.[37]

이후부터 카우니츠-리트베르크는 1752년까지 파리 주재 오스트리
아 대사직을 수행하면서 프랑스 접근정책을 모색했지만 가시적인 성과
를 거두지는 못했다. 그러나 마리아 테레지아는 그를 신임했기 때문에
이미 1751년에 국가수상(Staatskanzler)으로 임명하려고 했다. 이에 카우
니츠-리트베르크는 건강상의 이유로 바로 직무 수행이 어렵지만 가까
운 시일 내에 국가수상으로 활동하겠다고 약속했다. 그런데 실제로 그
에게는 건강상의 문제점이 있었다. 그는 온갖 세균이 득실득실한 승강
기 타는 것을 기피했고 야외활동을 할 때에도 항상 손수건으로 얼굴을

왔다는 느낌도 가졌다. E. Badinter, *Maria Theresia*, p.188; C. Clark, *Preußen*,
p.237; F. Herre, *Maria Theresia*, p.217; B. Stollberg-Rilinger, *Maria Theresia*,
p.112.

37 C. Clark, *Preußen*, p.237; E. Dillmann, *Maria Theresia*, p.81; B. Stollberg-
Rilinger, *Maria Theresia*, p.407. 그러나 카우니츠-리트베르크는 대사로 임명
된 지 1년도 더 지난 1750년 1월 27일 파리에 도착했는데 이것은 프랑스가 빈
주재 프랑스 대사 임명을 지연했기 때문이다.

가렸는데 이것은 감기에 걸릴 수 있다는 우려에서 비롯된 것 같다. 답답한 실내공기를 싫어했기 때문에 창문을 활짝 열어놓고 공기순환을 좋아했던 마리아 테레지아와는 달리 그는 그녀가 열어둔 창문을 굳게 닫는 경우가 많았다. 카우니츠-리트베르크가 마리아 테레지아의 제안을 거절한 것은 이러한 건강상 문제뿐만 아니라 자신의 대프랑스 접근정책을 비교적 자유로운 상태에서 진행시켜야 한다는 판단도 했기 때문이다.[38]

1753년 4월 19일 빈으로 돌아온 카우니츠-리트베르크는 외교정책을 총괄하는 장관 예정자로 내정되었고 마리아 테레지아는 5월 13일에 펼쳐진 자신의 생일연회석상에서 그를 국가수상 겸 외무장관으로 임명

---

38 1756년 프로이센 외교관이었던 암몬(Christoph Heinrich v. Ammon)은 카우니츠-리트베르크에 대해 자세히 언급했다. 그에 따르면 카우니츠-리트베르크는 이목구비가 잘생긴 편도, 밉상도 아니지만 얼굴표정으로는 내심을 정확히 확인할 수 없는 인물이었다. 그리고 그는 사람들이 카우니츠-리트베르크를 처음 대할 때 이 인물이 자신의 외모 및 건강만을 챙기는 쌀쌀한 사람이라는 느낌도 가지게 된다고 했다. 실제로 그의 최대 관심은 외모와 건강이었다. 카우니츠-리트베르크는 약간의 틈새바람에도 오한을 느꼈고 날씨가 너무 더우면 매우 신경질을 냈다. 그리고 식사 후 손님들 앞에서 이를 닦는 등 돌발적 행위를 하곤 했지만 이것은 그의 건강습관에서 비롯된 것이라 하겠다. 카우니츠-리트베르크는 외모 역시 건강과 마찬가지로 중요시했는데 그것은 그가 거울 앞을 그냥 지나치지 않은 것에서 확인할 수 있다. 암몬은 카우니츠-리트베르크가 지나치게 많은 시간을 몸치장에 할애했고 20대의 젊은이처럼 옷을 입었다는 것을 밝혔다. 이어 프로이센의 외교관은 카우니츠-리트베르크가 착용하던 가발에 대해서 거론했는데 그에 따를 경우 오스트리아 정치가가 가발을 정성껏 빗질해서 완전히 곱슬곱슬하게 만들었고 분가루도 골고루 뿌렸다는 것이다. 실제로 카우니츠-리트베르크는 파리의 자신의 방에서 한 시간 동안 20파운드의 파우더를 가발의 머리카락 한 가닥마다 일정량씩 뿌려대느라 방을 가루투성이로 만들어 한바탕 난리를 친 적도 있었다. E. Badinter, *Maria Theresia*, p.229; B. Stollberg-Rilinger, *Maria Theresia*, p.408

한다고 밝혔다.[39] 이에 따라 그동안 영국과의 동맹체제를 주도한 인물들인 울펠트와 바르텐슈타인은 향후 외교정책의 추진 및 이행 과정에서 배제되었다.[40]

마리아 테레지아가 카를 6세 때부터 오스트리아 외교정책을 주관한 바르텐슈타인 남작을 해임한 것은 프리드리히 2세를 견제하려는 의중에서 비롯된 것이라 하겠다. 카를 6세가 사망하기 직전까지 바르텐슈타인의 가장 중요한 임무는 유럽의 열강으로부터 국사조칙 승인을 받아내는 것이었다. 마리아 테레지아가 등극한 이후 바르텐슈타인은 오스트리아 왕위계승전쟁으로 존립 위기에 놓인 오스트리아를 구출해야 했기 때문에 그는 오스트리아의 어떤 영토의 양도도 거부했고, 오스트리아의 불가분성을 주장한 대공녀 마리아 테레지아를 무조건 지지했다. 그럼에도 불구하고 마리아 테레지아가 카우니츠-리트베르크를 국가수상 겸 외무장관으로 기용한 것은 프랑스와의 동맹 체결이 불가피하다는 현실적인 판단에서 비롯된 것 같다.

이렇게 빈 외교정책의 핵심인물로 등장한 카우니츠-리트베르크의 권한은 당시 빈 주재 프랑스 대사의 보고에 따르면 매우 막강했다. 실제로 카우니츠-리트베르크는 빈 정부의 수상 자격으로 활동했을 뿐만 아니라 1760년 12월에 결성된 추밀원회의(Sraatsrat)에서도 절대적인 권한을 행사했다.[41] 즉 그는 추밀원회의에 자의적으로 참석할 수 있는 권한

---

39 카우니츠-리트베르크와 메테르니히(Metternich)만이 오스트리아 왕국에서 국가수상으로 임명되었다.

40 E. Dillmann, *Maria Theresia*, p.81; M. Erbe, *Die Habsburger 1493~1918*, p.143; F. Herre, *Maria Theresia*, p.217; B. Stollberg-Rilinger, *Maria Theresia*, p.408.

41 당시 추밀원회의에는 다운, 카우니츠-리트베르크, 그리고 블뤼메겐(Heinrich

을 부여받았을 뿐만 아니라 추밀원회의에서 안건을 통과시킬 때 결정적인 역할도 했다.[42] 이렇게 큰 신임을 받던 카우니츠-리트베르크는 "브란덴부르크 가문을 소국이면서 별로 중요하지 않던 이전의 상태로 환원시켜야 한다(réduction de la Maison de Brandebourg à son état primitif de petite puissance trèssecondaire)"는 입장을 표방했고 이에 마리아 테레지아는 전적으로 동의했다.[43] 1756년 5월 1일 오스트리아는 베르사유에서 프랑스와 군사방어조약을 체결했는데 거기서는 프로이센을 공동의 적으로 규정하고 프로이센의 팽창도 공동으로 저지한다는 것이 거론되었다. 다음해 5월 1일에는 양국 사이에 공격동맹도 체결되었는데 여기서는 오스트리아의 슐레지엔 지방 회복이 명시되었을 뿐만 아니라 오스트리아령 네덜란드를 프랑스에 할애한다는 것도 언급되었다.

5. 쇤브룬 궁전의 증축

1748년 이후 지속적으로 추진된 국정개혁을 통해 사회 및 경제적 상황은 점차 안정을 찾아갔다. 특히 국가재정이 크게 호전됨에 따라 마리아 테레지아 즉위 초 문제로 제기된 과도한 국가채무 역시 격감되었다. 실제로 국고 수입은 예상보다 크게 증대되었고 이것은 국가재정 건실화

Karajan v. Blümegen) 남작이 참석했지만 회의의 주도권은 벤젤 안톤 폰 카우니츠-리트베르크가 가지고 있었다. E. Badinter, *Maria Theresia*, pp.228.

42   E. Dillmann, *Maria Theresia*, p.81; M. Erbe, *Die Habsburger 1493~1918*, p.143; F. Herre, *Maria Theresia*, p.217; B. Stollberg-Rilinger, *Maria Theresia*, p.409.

43   B. Stollberg-Rillinger, *Maria Theresia*, p.406.

에 결정적인 역할을 담당했다. 그리고 이 과정에서 프란츠 1세가 큰 기여를 했다. 비록 군지휘자로서의 자질과 정치력 역량을 충분히 갖추지 못했지만 프란츠 1세는 재정 및 축재에서는 남다른 재능을 발휘했고 거기서 그는 빈을 유럽의 중요한 금융 중심지로 등장하게 했다. 그리고 이 인물은 토스카나 대공국으로부터 자금을 끌어와 7년전쟁 기간 중 오스트리아가 발행한 국채를 사들였고 벨기에 및 영국의 기업에도 투자하여 물자 공급을 독점하기도 했다.

프란츠 1세는 오스트리아군의 무기, 말, 그리고 근무복 조달을 독점했을 뿐만 아니라 당시 마리아 테레지아가 악의 축으로 간주하던 프리드리히 2세의 군대에도 몇 차례에 걸쳐 비상식량, 사료, 그리고 밀가루 등을 고가로 공급하여 막대한 이익을 챙겼다. 이에 앞서 프란츠 1세는 재정고갈 상태에 놓여 있던 토스카나 대공국을 짧은 시간에 이탈리아 최고의 경제부국으로 변신시켰고 이 대공국을 아들 레오폴트에게 넘겨주었다. 남편의 경제적 수완을 인정한 마리아 테레지아는 국가의 재정문제를 프란츠 1세와 하우크비츠에게 전담시키고 자신은 궁중의 사소한 지출 및 소비에 대해서만 신경을 썼다.

국가재정이 어느 정도 안정을 찾게 됨에 따라 마리아 테레지아 역시 바로크 시대의 다른 군주들과 마찬가지로 왕궁 건축에 관심을 보이기 시작했다. 실제로 마리아 테레지아는 국가를 상징하는 인물과 그의 가족들이 거주하는 궁전의 필요성을 인식했고 거기서 탄생한 것이 바로 쇤브룬(Schönbrunn) 궁전이었다. 당시 마리아 테레지아는 일국의 국왕은 가장 육중하고 거대한 궁전에 거주해야 하며, 그 어떠한 권력도 그 규모와 부, 장식에서 국왕의 궁전을 능가해서는 안 된다는 생각을 했다.

독일어로 '아름다운 샘'이라는 뜻을 가진 쇤브룬 궁전은 16세기 중반 재위했던 막시밀리안 2세(Maximillian II : 1564~1576)의 사냥터에 있었

쇤브룬 궁전

다. 그러나 이 궁전은 빈의 남서 외곽에 위치했기 때문에 1683년 오스
만튀르크의 빈 침공으로 파괴되었다. 이후 마리아 테레지아의 조부 레
오폴트 1세는 쇤브룬에 대궁전을 세우려고 했는데 이것은 태양왕(Roi du
Soleil) 루이 14세가 건설한 베르사유 궁전에 자극을 받았기 때문이다.
당시 레오폴트 1세는 신성로마제국 황제의 위상이 프랑스 국왕의 그것
보다 높기 때문에 그에 적합한 신궁전을 세워야 한다는 생각을 했던 것
이다. 따라서 그는 마이드링(Meidling)과 히칭(Hietzing) 사이에 놓여 있던
쇤브룬 궁전을 베르사유 궁전보다 더 웅장하고 크게 지으려 했고 그 설
계를 당시 유명한 에어라흐(Johann Bernhardt Fischer v. Erlach)에게 맡겼다.
에어라흐가 궁전 설계에 착수했고 1695년부터 건축이 시작되었다. 설
계도에서 확인된 신궁의 길이는 175미터나 되었다. 그러나 레오폴트 1
세는 에스파냐 왕위계승전쟁 참여로 인해 궁전을 건축할 재원이 없었
다. 이후 궁전 건축은 유보되다가 그의 아들 요제프 1세 때 다시 추진되
었지만 1711년 황제의 갑작스런 사망으로 중단되었다.

카를 6세에 이르러 궁전의 대대적 개축 내지는 신축 필요성이 다시
금 제기되기 시작했다. 그러다가 마리아 테레지아는 카를 6세로부터 선

물받은 쇤브룬 궁전을 개축하기로 결심하고 포르투갈 출신의 유대인 은행가로부터 자금을 빌려 본격적으로 궁전 개축에 나섰다. 여기서 마리아 테레지아는 에어라흐가 설계한 대로 궁전을 세우지 못한 것을 아쉬워했지만 당시의 오스트리아 재정에 큰 부담을 주지 않는 선에서 쇤브룬 궁전을 보수하고, 증축하기로 결정했다.[44]

이후 진행된 궁전의 보수 및 증축은 에어라흐의 설계 대신 로트링엔 출신의 건축가 파카시(Nikolaus v. Pacassi)가 설계한 것을 토대로 진행되었다. 우아하면서도 소박한 바로크 양식의 궁전으로 변형된 쇤브룬 궁전의 내부 양식은 마리아 테레지아의 취향에 따라 그녀가 좋아하던 인도풍 양식, 나전칠기, 그리고 카펫 장식 등으로 꾸며졌다. 외양상 베르사유 궁전과 같은 외관을 갖춘 쇤브룬 궁전은 1749년에 완공되었다.[45] 이렇게 개축되고 증축된 궁전에는 1,441개의 방, 390개의 홀, 그리고 149개의 부엌이 있을 정도로 그 규모가 매우 방대했는데, 그 자체가 바로 하나의 정치적 상징이었다.[46]

---

44 B. Stollberg-Rillinger, *Maria Theresia*, p.322.

45 마리아 테레지아는 시간이 허락하는 한 자주 공사현장을 방문하여 진행 상황을 살폈고 거기서 필요한 지시도 내렸다. 건물 외장에 칠한 노란색 도료는 마리아 테레지아가 좋아하던 색깔인 옅은 노란색이었는데 이를 지칭하여 마리아 테레지아의 노란색(Gelbe Farbe von Maria Theresia)이라고 한다. 그리고 이것은 왕위계승전쟁에서 비롯된 재정적 어려움 때문에 진흙에서 추출한 도료를 황궁 외벽에 칠하는 과정에서 비롯되었다. 당시 프란츠 1세는 정원 조경에 관심을 보였고 그 과정에서 동물원과 식물원도 신설했다. B. Stollberg-Rillinger, *Maria Theresia*, p.322.

46 마리아 테레지아는 프란츠 1세가 서거한 1765년 초기 고전 건축가였던 호헨베르크(Johann Ferdinand Hetzendorf v. Hohenberg)에게 쇤브룬 정원에 클로리에테(Gloriette) 건설을 명령했고 이것은 1772년에 완공되었다. M. Erbe, *Die*

이렇게 증축된 쉰브룬 궁전의 구조물들은 마리아 테레지아가 당시 오스트리아에서 이루려던 정치적 야망의 표현이었다. 궁전 내 다른 방들로부터 엄격히 분리된 여왕의 거주공간은 점차 왕국의 상징으로 부각되기 시작했는데 그것은 바로 여기서 여왕의 두 신체, 즉 물리적 신체와 정치적 신체의 합치를 이루는 일상적 의식이 진행되었기 때문이다. 물리적 신체로서의 여왕은 잠자리에 들 때와 잠에서 깨어날 때 궁정인들의 알현을 받아야 했고, 정치적 신체, 즉 국가를 대표하는 인격체로서의 그녀는 측근 정치가들과 더불어 중요한 국사를 논의하고 외국 대사들도 접견했다.[47]

Habsburger 1493-1918, pp.117~118.; B. Stollberg-Rillinger, *Maria Theresia*, p.322.

47 당시 쉰브룬 궁전에서 진행된 접견으로는 사적접견(Privataudienz), 공개접견(Öffentliche AUdienz), 그리고 개별접견(Einzelaudienz)이 있었다. 사적접견은 마리아 테레지아가 그녀의 남편인 프란츠 1세 및 자녀들을 만나는 것이며 공개접견은 매주 일요일 아침 예배 후 진행되는데 대체적으로 외국 대사들이 취임하거나 또는 본국으로 돌아가거나 또는 다른 국가로 옮길 때 개최된다. 그리고 개별 접견은 접견 자체가 문서로 남기지 않을 정도로 비밀스럽게 진행되는데 주로 정부정책에 대한 자문을 받을 때 이루어진다. 공개접견은 접견실이 반 정도 열린 상태에서 진행되지만 개별접견은 궁내대신에 의해 접견실이 닫히는 경우가 많다. 그런데 접견 과정에서 접견인들은 계층에 상관없이 모두가 마리아 테레지아에게 무릎 꿇기(Kniefall)를 했는데 이러한 것은 에스파냐 궁정예식에 강한 영향을 받았던 카를 6세에 의해 도입되었다. 마리아 테레지아는 무릎 꿇기 예식에 대해 매우 긍정적이었는데 이것은 전해 내려오는 일화(Anekdote)에서 확인할 수 있다. 일화에서는 한 젊은 기사가 여왕을 알현하는 과정에서 경의 표시를 위해 뻣뻣한 무릎을 꿇었는데 여왕은 손으로 기사의 왼쪽 어깨를 눌러 무릎 꿇기에 적합한 체형을 갖추게 했다는 것이 언급되었다. 무릎 꿇기 예식은 요제프 2세에 의해 폐지되었다. B. Stollberg-Rillinger, *Maria Theresia*, pp.322~324.

오스트리아 최초의 여왕 마리아 테레지아

그런데 매일 수천 명 이상의 인물들이 방문하고, 머물렀던 쇤브룬궁은 여왕이 주도하던 질서 및 법칙에 따라 움직여졌다. 또한 쇤브룬에서의 궁중생활 질서는 프랑스 및 영국에서와 마찬가지로 일종의 예법으로 정착되었다. 그리고 이러한 궁중예법은 점차 마리아 테레지아의 지배 및 권력 유지에 필요한 강력한 정치적 도구로도 활용되기 시작했는데 이것은 당시 절대왕정체제를 도입한 유럽의 여러 국가에서도 확인되던 보편적 현상이었다.

제5장

말년의 활동

말년의 활동

1. 프란츠 1세의 서거

마리아 테레지아의 아들들 중에서 가장 성격이 원만했던 레오폴트는 1765년 2세 연상의 마리아 루도비카(Maria Ludovika)를 아내로 맞이했다. 마리아 루도비카는 1745년 나폴리-시칠리아 왕국의 국왕 카를 4세(Karl IV)와 작센 선제후 프리드리히 아우구스트 2세의 딸인 마리아 아말리아 (Maria Amalia) 사이에서 태어났다. 당시 레오폴트는 토스카나 대공국의 대공으로 임명될 것이고 그의 형 요제프가 남자 후계자 없이 사망할 경우 오스트리아 왕국 및 신성로마제국의 황제로 등극할 수 있는 권한도 가지고 있었다.[1] 1762년 1월 카를 4세와의 결혼협상에서 프란츠 1세는

---

1   F. Herre, *Maria Theresia*, p.279 ; K. Pfister, *Maria Theresia*, p.191. 마리아 테레지아의 결혼정책으로 레오폴트는 6세의 어린 나이에 모데나 대공국의 상속녀인 마리아 베아트리체 데스테(Maria Beatrice d'Este)의 남편으로 예정되었다. 1761년 그의 형 카를이 사망함에 따라 그를 대신하여 토스카나 대공국의 통치 후계자로 등장했고 그와 결혼하기로 한 마리아 베아트리체 데스테는 동생인 페르디난트와 결혼했다. 그런데 토스카나 대공국에서는 메디치 가문의 통치자가

향후 토스카나 대공국을 오스트리아 영역으로 간주하지 않을 것이며, 합스부르크—로트링엔 가문의 영향을 받지 않는 레오폴트의 독립 왕가도 출범시킬 것이라는 약속을 카를 4세에게 했다. 이것은 결혼계약 과정에서 핵심적 역할을 한 카를 4세가 자신의 딸에게 확실한 대공녀 지위를 보장해야 한다는 주장에서 비롯되었다. 2월 16일 레오폴트와 마리아 루도비카의 결혼협정이 마드리드에서 체결되었다.[2] 당시 레오폴트는 어머니의 결혼관에 수긍하는 자세를 보였다. 그는 마리아 루도비카를 실제로 본 적이 없었으며 그가 본 그녀의 초상화들은 궁정화가들이 신경을 써서 미화시켰지만 미모는 감지되지 않았다. 거기에다 대공은 이미 첫사랑을 경험했는데 상대 여성은 바티아니(Karl Josef v. Batthyány) 공작의 딸인 요제파 폰 에르되디(Josefa v. Erdödy)였다. 두 사람의 관계는 이미 소문이 났고 많은 사람들은 레오폴트가 본의 아니게 못생긴 공주 때문에 아름다운 헝가리 공작의 딸을 포기해야 한다는 데 아쉬움을 표시하기도 했다.

빈 정부사절단이 1765년 5월 초부터 락센부르크에서 결혼 준비를 하는 동안 프란츠 1세는 장남 요제프와 함께 바티아니 공작을 자주 방문했다. 동생을 이해하던 요제프는 레오폴트에게 같이 갈 것을 권유했지만 레오폴트는 요제파 폰 에르되디에게 더 이상 슬픔을 주지 않기 위해 그러한 제의를 받아들이지 않았다.

당시 레오폴트는 진행되던 결혼식 준비에 관심이 거의 없었다. 마리

사망함에 따라 다음해인 1738년 마리아 테레지아의 남편 프란츠 슈테판이 대공국의 통치자로 등극했다.

2   F. Herre, *Maria Theresia*, p.279; K. Pfister, *Maria Theresia*, p.191.

아 테레지아 역시 레오폴트의 이러한 기분을 잘 알고 있었다. 또한 그녀는 레오폴트가 멀리 떨어져 있으면 자제력을 잃고 아름다운 피렌체 여성들의 매력에 빠질 수 있을 것이라는 우려도 했다. 따라서 그녀는 레오폴트 결혼 전에 자신의 궁녀였던 라이샤흐(Reischach)를 투른(Anton v. Thurn) 백작과 결혼시켰다. 마리아 테레지아는 비서실장 투른 백작이 레오폴트와 단짝이었기 때문에 두 사람이 피렌체 생활을 더

레오폴트 대공

이상 공유하지 못하게끔 감시하는 인물의 필요성을 느꼈고 거기서 라이샤흐가 가장 적임자라고 판단한 것이다. 백작부인이 된 라이샤흐는 피렌체궁에서 윤리적 사안들을 주로 감시했으며 일어난 사건들을 마리아 테레지아에게 상세히 보고했다.

　레오폴트와 마리아 루도비카의 결혼일자가 다가올수록 마리아 테레지아의 근심은 더욱 커졌다. 요제파 폰 에르되디에 대한 레오폴트의 열정이 생각보다 강했다는 것과 사랑하던 부인을 잃은 요제프가 동생이 좋아하지도 않는 인물과 결혼하는 것에 부정적인 태도를 보였기 때문이다. 마리아 루도비카의 부친 카를 4세는 레오폴트와 딸의 결혼식이 빈 외의 다른 도시에서 거행되기를 원했다. 이에 따라 프란츠 1세는 밀라노와 그라츠(Graz)를 생각했지만 마리아 테레지아는 티롤(Tirol) 지방의 주도인 인스부르크(Innsbruck)에서 결혼식을 해야 한다고 했는데 그것은 그녀가 티롤과 인스부르크 주민들에게 은총을 베풀어야 한다고 생각했

기 때문이다.[3] 그러나 이 결정은 빈 황실에 적지 않은 경비를 부담시켰다. 즉 빈 황실은 결혼식을 위해 인스부르크의 왕성을 대대적으로 수리해야 했고 오페라와 코미디 출연진뿐만 아니라 벽지, 가구, 그리고 식기마저 빈에서 가져와야만 했다.

1765년 7월 4일 프란츠 1세를 비롯한 황실 가족과 빈 정부 인사들이 인스부르크로 떠났다. 그런데 이들의 여행은 매우 의례적으로 진행되었다. 즉 이들은 슈타이어마르크(Steiermark)와 케른텐(Kärnten)을 지난 후 브릭센(Brixen)과 브렌너(Brenner)를 거쳐 인스부르크로 가는 우회로를 택했던 것이다. 모두 11일이 걸린 이 여행에서 신랑 레오폴트는 설사병에 걸렸다.[4] 매우 쇠약한 상태에서 레오폴트는 게누아(Genua)에 있던 신부를 맞이하기 위해 다시 여행길에 나섰다.

1765년 8월 1일 신랑과 신부는 처음으로 상면했다. 잘생긴 레오폴트는 설사병으로 몰골이 끔찍한 반면 마리아 루도비카는 예상과는 달리 밝은 혈색의 얼굴과 치렁치렁한 금발의 아름다운 여인이었다. 아울러 마리아 루도비카의 성격 역시 매우 쾌활했다. 이렇게 아름다운 신부를 본 레오폴트는 즉시 그녀에게 호감을 보였고 이 감정은 평생 지속되었다.[5]

3   티롤 지방의 주도인 인스부르크는 루이 14세가 로트링엔 대공국을 점령했을 때 프란츠 1세의 할아버지인 카를 5세(Karl V)가 체류했었고, 그의 아버지 레오폴트-요제프 대공이 태어난 도시이기도 했다. B. Stollberg-Rilinger, *Maria Theresia*, p.518.

4   E. Dillmann, *Maria Theresia*, p.111; B. Stollberg-Rilinger, *Maria Theresia*, p.518.

5   실제로 이들 사이에서 열여섯 명의 자녀들이 태어났고 이들 중에는 향후 오스트리아 제국의 첫 번째 황제 프란츠 1세로 등극한 프란츠 2세도 있었다.

마리아 테레지아와 같이 인스부르크에 도착한 프란츠 1세는 이 도시에 너무 많은 계단이 있다는 것을 파악했다. 특히 왕성과 극장 사이를 오가는 길은 프란츠 1세에게 너무나 큰 부담을 주었다. 그것은 그가 주변 사람들에게 두 장소를 왕래하는 것이 매우 힘들다고 하소연한 데서 확인할 수 있다. 레오폴트의 결혼식은 1765년 8월 5일 인스부르크의 성 야코브 교구교회(Pfarrkirche Sankt Jakob)에서 거행되었다. 그런데 설사병이 악화되어 장염으로 진행된 신랑은 제단 앞에 똑바로 서지 못할 정도로 고통스러워했고 그리고 이어진 만찬(Souper)에서도 음식을 거의 먹지 못할 정도로 건강상태가 악화되었다. 이러한 상황을 파악하지 못한 도시의 여러 곳에서는 환영행사가 계속 펼쳐졌다. 그러나 비가 내렸기 때문에 계획된 불꽃축제는 취소되었다.[6]

8월 18일 일요일 아침 프란츠 1세는 전날 가슴이 답답하고 갑작스럽게 열이 나서 잠을 설쳤다고 말했다. 이에 마리아 테레지아는 프란츠 1세에게 사혈(瀉血)[7]을 권유했지만 그는 거절했다. 점심시간에 프란츠 1세는 평상시처럼 주변 사람들과 대화를 나누었고 저녁에는 극장에서 골도니(Carlo Goldoni)의 작품과 글루크(Christoph Willibald Gluck)의 발레를 관람했다. 여기서 프란츠 1세는 평상시처럼 망원경을 통해 관람석에 앉아 있던 여성들을 좀 더 자세히 보려고 했다. 당시 48세였던 마리아 테레지아는 연극에 대해 그다지 흥미를 느끼지 않았기 때문에 그날 밤 일찍 잠자리에 들었다.

---

6   F. Herre, *Maria Theresia*, p.280; B. Stollberg-Rilinger, *Maria Theresia*, p.519.
7   치료 목적으로 환자의 혈액을 체외로 빼내는 것을 사혈이라 한다. 보통, 팔꿈치 정맥에 주사기를 찔러 넣어 0.2~0.5kℓ를 서서히 흡입하여 제거한다. 심장성 천식과 뇌수종 등의 응급처리로 심장 부담을 완화시키는 효과가 있다.

연극과 발레 공연이 끝난 후 황제는 요제프 및 몇몇 대신들과 함께 긴 복도를 지나 침실로 가면서 작별인사를 했고 홀로 걷던 중 시종 방 앞에서 갑자기 비틀대며 머리를 문에 기댔다. 황제의 안위가 걱정된 요제프가 달려가 불편한 곳이 있느냐고 물었으나 황제는 단지 가슴이 옥죄는 느낌이 들 뿐 별것 아니라고 했다. 그러나 다시 몇 발자국을 걷던 황제는 비틀거렸고, 요제프의 팔에서 쓰러진 황제에게 의사와 고해신부가 달려왔지만 황제는 심장마비로 이미 숨을 거둔 상태였다.

생존 시부터 가능한 한 분쟁을 피해왔던 황제는 죽음을 맞아서도 아무런 고통 없이 잠자듯 운명했다. 요제프는 즉시 모후에게 불행한 상황이 황제에게 발생할 것 같다는 것을 알렸다. 아들로부터 이 소식을 접한 마리아 테레지아는 바로 불안감에 휩싸였고 남편을 직접 보기 위해 그의 방으로 달려갔다. 그런데 당시 두 명의 시종장은 간이침대에 놓여 있던 프란츠 1세의 시신을 가려 마리아 테레지아가 황제를 확인하지 못하게 했다. 그리고 방에 있던 사람들은 남편의 시신을 보고 어떠한 충격을 받을지 모르는 마리아 테레지아를 강제로 그녀의 방으로 돌아가게 했다.[8]

얼마 후 남편의 사망 소식을 접한 마리아 테레지아는 큰 충격을 받았고 일시적으로 기절까지 했다. 마리아 테레지아는 사혈로 겨우 깨어났고 밤새도록 경련을 일으키며 슬피 울었다.[9] 여기서 마리아 테레지

8   E. Dillmann, *Maria Theresia*, p.111 ; F. Herre, *Maria Theresia*, p.280 ; K. Pfister, *Maria Theresia*, p.192 ; D.Pipper, *Die Welt der Habsburger*, p.157 ; G. Schreiber, *Franz I. Stephan*, pp.311~312 ; B. Stollberg-Rilinger, *Maria Theresia*, p.519 ; F. Weissensteiner, *Die großen Herrscher des Hauses Habsburg*, p.257.

9   E. Dillmann, *Maria Theresia*, p.111 ; F. Herre, *Maria Theresia*, p.281 ; B. Stollberg-Rilinger, *Maria Theresia*, p.520 ; F. Weissensteiner, *Die großen Herrscher*

아는 '빠르고 급작스러운 죽음은 올바른 죽음이 아니다'라는 생각을 했다. 그녀에 따를 경우 기독교 신자는 반드시 영성체와 종부성사를 받아야만 이승의 세계로 들어갈 수 있기 때문에 자신의 남편은 악마들로부터 저주를 받고 그들의 영향에서 벗어날 수 없을 것이라고 우려하기도 했다.[10]

프란츠 1세

프란츠 1세의 사망에서 비롯된 충격에서 간신히 벗어난 마리아 테레지아는 "나는 이제 행복한 시절과 고별하려고 한다"라고 하면서 긴 머리칼을 잘랐고, 화려한 옷과 보석은 모두 딸들과 궁정의 여인들에게 나누어주었다.[11] 이때부터 마리아 테레지아는 죽을 때까지 오직 턱까지 묶은 검정색 모자에 검정색 미망인 옷만 입고 살았다.

마리아 테레지아는 합스부르크 가문의 전통 장례절차인 분리매장(Getrennte Bestattung; Excentrirung) 절차대로 남편의 장례식을 치르기로 했다. 이에 따라 8월 20일 프란츠 1세의 시신에서 부패하기 쉬운 장기

des Hauses Habsburg, p.257.

10   B. Stollberg-Rilinger, *Maria Theresia*, p.520

11   E. Dillmann, *Maria Theresia*, p.111; F. Herre, *Maria Theresia*, p.281; B. Stollberg-Rilinger, *Maria Theresia,* p.521.아울러 그녀는 남편의 머리카락을 잘라 팔찌를 만들어서 평생 착용했다. K. Pfister, *Maria Theresia*, p.192.

들이 적출되고 빈 공간은 밀랍으로 채워졌다.[12] 그리고 시신 표면에는 소독제인 팅크제를 발랐다. 시신에서 적출한 장기들, 즉 혀, 심장, 내장, 눈, 뇌는 에틸알코올에 담겨졌다가 저장용기로 바로 옮겨져 납땜질을 했다. 이후 이렇게 밀봉된 장기들은 은병에 담겼다. 이 분리예식에 마리아 테레지아는 참석하지 않았다. 사랑했던 남편의 시신이 훼손되는 것을 실제로 볼 수 없었기 때문이다. 당시 시신분리예식을 주관한 케벤휠러-메트쉬(Johann Joseph Furst v. Khevenhüller-Metsch)는 더운 날씨 때문에 프란츠 1세의 시신이 예상보다 빨리 부패했고 그로 인해 시신분리작업에 참여한 사람들은 심한 악취 속에서 작업을 해야 하는 어려움도 있었다고 토로했다. 밤 10시까지 진행된 시신분리 후 케벤휠러-메트쉬 역시 몇 시간 동안 실신 상태에서 벗어나지 못했다.[13]

분리예식 절차를 마친 후 프란츠 1세의 시신은 8월 21일 인스부르크 성내 중앙 홀에 마련된 관대에 안치되었다. 시신분리예식 과정에서 크게 훼손된 얼굴은 수건으로 가려졌다. 그리고 길게 늘어뜨린 남성용 가발을 씌우고 검정 외투를 입히고 양손에는 합스부르크 가문의 십자가와 묵주를 끼웠다. 황제의 시신 주변에 마련된 방석들에는 신성로마제국황제의 황제관, 로트링엔 대공국 지배자의 왕관, 그리고 토스카나 대공국 지배자의 옥새 및 오스트리아 대공 모자가 놓였다. 그리고 시신의 왼쪽 발목 옆에는 시신에서 적출한 심장과 혀, 창자, 눈, 뇌를 담은 두 개의 항아리가 놓였다. 원래 3일 동안 시신을 관대에 안치하기로 했으나 8월의 더운 날씨 때문에 하루만 관대에 안치한 후 바로 밀폐된 관으로 옮겨

---

12   B. Stollberg-Rilinger, *Maria Theresia*, p.523.

13   B. Stollberg-Rilinger, *Maria Theresia*, p.523.

졌다.[14]

프란츠 1세의 시신은 배로 인(Inn)강과 도나우강을 거슬러 빈에 운반되어 8월 31일 합스부르크 가문의 영묘인 카푸치너 교회 지하 납골실에 안치됐다. 프란츠 1세의 심장은 아우구스티너 교회(Augustinerkirche)의 로레토 예배당(Loretokapelle) 심장묘지에, 창자는 성 슈테판 교회에 안치되었다.[15] 요제프 1세가 사망한 이후 마리아 테레지아는 건강이 나빠진 후에도 언제든지 남편의 관에 가서 기도할 수 있게끔 카푸치너 교회 지하 납골실에 그물로 된 엘리베이터를 설치하도록 했다.[16]

남편의 죽음은 마리아 테레지아에게 그 자체로 너무나 큰 고통 및 슬픔이었다. 마리아 테레지아는 죽은 남편을 기리기 위해 그가 사망한 방을 예배당으로 바꿨다. 그리고 레오폴트와 마리아 루도비카의 결혼을 축하하기 위해 인스부르크 성문에 세운 개선문의 앞면에는 결혼을 축하하는 그림조각을, 뒷면에는 프란츠 1세의 서거를 슬퍼하는 그림조각을 새기게 했다.[17] 또한 그녀는 인스부르크성 근처에 남편을 추모하기 위해 귀족소녀수도원을 건립하면서 이 수도원을 자신의 생존 시까지 운영하기로 했다. 그러다가 귀족소녀수도원을 여자수도원으로 명칭을 바꿔 자신이 죽은 후에도 프란츠 1세를 위한 기도가 지속되게끔 했다. 1780

---

14 B. Stollberg-Rilinger, *Maria Theresia*, pp.523~524.

15 이후 왕궁의 구성원들은 관례에 따라 상복을 입었고 여성들은 화장을 하지 않았다. 또한 1766년 겨울까지 수개월 동안 오페라, 익살극, 무도회, 도박 등이 금지되었다. 그러다가 1766년 5월 1일부터 엄격한 복장 규제가 완화되었지만 프란츠 1세가 서거하기 이전의 분위기로 회귀되지는 않았다. B. Stollberg-Rilinger, *Maria Theresia*, p.524.

16 B. Stollberg-Rilinger, *Maria Theresia*, p.524.

17 F. Herre, *Maria Theresia*, p.282.

년 그녀가 죽은 후 결혼하지 않은 딸 마리아 엘리자베트가 수도원장으로 취임했다.[18] 마리아 엘리자베트는 마리아 테레지아 딸들 중에서 용모가 가장 아름다웠고 성격도 활달했기에 유럽의 여러 궁정에서 구혼이 쇄도했다. 그러나 1767년 24세의 아름다웠던 대공녀는 빈에서 맹위를 떨친 천연두로 얼굴이 보기 흉하게 변했고, 그 후로는 어머니보다 7세나 많은 58세의 홀아비 루이 15세와의 결혼을 희망할 정도로 결혼을 하고 싶어 했다. 그러나 마리아 엘리자베트는 꿈을 실현시키지 못했고, 어머니가 사망할 때까지 빈에서 거주했다.

마리아 테레지아는 남편의 가운을 자신의 미사복으로 만든 후 이것을 프란츠 1세가 죽은 지 1년 뒤에 맞이한 결혼기념일인 1766년 2월 12일 인스부르크 궁정예배당에서 처음으로 착용했다.

남편을 잃은 슬픔에서 완전히 벗어나지 못했음에도 불구하고 그녀는 점차 국가 통치에 전념했지만 어디까지나 모든 일을 의무감으로 대했다. 마리아 테레지아가 죽은 후 그녀의 기도서에서 발견된 쪽지들은 그녀가 죽은 남편을 얼마나 사모했는가를 확인시켜준다. 프란츠 1세가 떠난 지 3년이 경과된 시점에 쓴 한 쪽지에서 마리아 테레지아는 다음과 같이 언급했다. "1765년 8월 18일 오후 9시 30분에 서거한 나의 남편 프란츠 1세는 56년 8개월 10일간 생존했다. 이것은 680달, 2958주, 20,778일, 466,992시간에 해당된다. 그리고 나의 행복했던 결혼생활은 29년 6개월 6일이었고 일요일에 거행된 결혼식에서 나의 손을 잡아주던 남편은 같은 일요일에 세상을 떠났다. 나와 프란츠 1세의 결혼생활은 29년, 335달, 1,540주, 10,781일, 258,744시간이나 되었다." 마리

18   F. Herre, *Maria Theresia*, p.282.

아 테레지아는 이러한 수치를 시간이 날 때마다 반복하여 언급했는데 이것은 남편을 잃은 슬픔에서 벗어나고, 극복하려는 시도에서 비롯된 것 같다.[19] 당시 마리아 테레지아는 매달 18일이면 궁전의 모든 행사에 참석하지 않고 궁전고해신부인 뮐러(Arnold Müller)와 더불어 종교적 명상시간을 가졌고 거기서 죽은 남편을 기억하고 영혼의 구원을 기도했다.

실바-타루카 백작

1766년 1월 1일 마리아 테레지아는 오랜 측근 실바-타루카 백작에게 서신을 보냈는데 거기서 그녀는 "이제 나는 더 이상 나 자신에 대해 알지 못한다. 나는 마치 동물처럼 사는 것 같고 감정 및 이성마저 상실한 것 같다. 이제 나는 모든 것을 망각했다. 비록 이전보다 빠른 아침 5시에 일어나 밤늦게 취침하지만 나는 하루 종일 아무것도 하지 않는다. 현재의 내 처지가 매우 비극적인 것 같다"라는 언급도 했다.

당시 마리아 테레지아는 포르투갈 출신인 실바-타루카 백작을 세속적인 고해신부로 간주할 정도로 신임하고 있었다. 따라서 그녀는 그를 '자신의 가장 절친한 친구이자 특별장관(mon ami intime et ministre particulier)'으로 간주했다. 실바-타루카 백작은 마리아 테레지아보다 약 스무

19 E. Dillmann, *Maria Theresia*, p.112; F. Herren, *Maria Theresia*, p.280; B. Stollberg-Rilinger, *Maria Theresia*, p.521; F. Weissensteiner, *Die großen Herrscher des Hauses Habsburg*, p.258.

살이나 많았다. 그는 젊었을 때, 즉 카를 6세가 재위하던 시절 빈 주재 포르투갈 대사로 임명된 부친과 오스트리아에 왔고 오이겐 대공 밑에서 활동하다가 1720년부터 빈 정부의 관료로 등용되었다. 그리고 바로 카를 6세의 신임을 얻었고 마리아 테레지아에게 국가정책 문제에 대해 교육할 것도 명령받았다. 이에 따라 그는 일주일에 2회 이상 마리아 테레지아에게 국가정책에 대해 설명했고 이것이 계기가 되어 두 사람 사이의 관계는 매우 긴밀해졌다. 아울러 실바-타루카 백작에 대한 마리아 테레지아의 신뢰 역시 커졌고 이것으로 인해 오스트리아의 위정자로 등극한 마리아 테레지아는 즉시 그를 네덜란드 담당내각의 총리로 임명하기도 했다.

얼마 후 실바-타루카 백작은 마리아 테레지아로부터 그녀가 실수를 저지르거나 또는 성격상의 문제점들이 표출될 경우 직접 그 점을 지적하라는 요구를 받았다. 당시 실바-타루카 백작은 마리아 테레지아의 성격이 분노폭발(Zornesausbruck)적으로 바뀌었음을 파악했고 그것을 심각하게 우려했다. 여기서 그는 마리아 테레지아의 성격 변화가 지속된 분노, 그리고 개혁에 대한 신뢰 상실에서 비롯되었다는 것도 잘 알고 있었다. 따라서 실바-타루카 백작은 마리아 테레지아의 행동양식을 변화시켜야 한다는 생각을 했고 거기서 신민과 관료들에 대한 애정 증대의 필요성이 요구된다는 것도 알게 되었다. 실제로 얼마 전까지 마리아 테레지아는 빈의 고위관리들의 제안을 경청하고 그들과 더불어 그러한 제안에 대해 심도 있게 논의하는 등의 능동성과 적극성을 보였지만 점차적으로 접촉하는 인물들의 숫자를 줄였다. 뿐만 아니라 왕실의 존경을 받던 인물들의 관점을 정면에서 비판했고 심지어 이들을 바보(Narr)로 격하시키는 과격한 자세를 보이기까지 했다. 이렇게 변화된 마리아 테레지아의 성격 및 자세를 시정시키기 위해 실바-타루카 백작은 거의 매일 마리아 테레지아와 독대의 시간을 가졌고 거기서 그는 여왕이 앞으로 시정해야 할 성격상의 문제와 개혁에 대한 태도를 솔직히 밝혔다.[20] 마

---

20 실바–타루카는 마리아 테레지아의 성격이 급격히 변화한 원인을 찾고자 했고 거기서 그녀가 그동안 시달렸던 심한 우울증에서 비롯되었다는 것도 확인했다. 이러한 우울증은 그녀의 부친 카를 6세에게서도 나타났는데 이것을 통해 우울증이 합스부르크 가문의 유전병이라는 것도 확인할 수 있다. 카를 6세는 측근이었던 알트한(Johann Michael v. Althann) 백작이 죽은 후 심한 우울증에 빠졌고 이 증세는 상당히 오랫동안 지속되었다. 이 기간 중 카를 6세는 자주 어지러워하거나 넘어지곤 했다. 당시 주치의의 처방에 따라 카를스바트(Karlsbad) 온천수를 마셨지만 별 효과가 없었다. 이후에도 카를 6세의 심한 우울증은 외부로부터의 침입에 정부가 효율적으로 대응하지 못할 때 나타났고 생애 말기에도 자주 나타났다. 마리아 테레지아도 부친과 마찬가지로 우울증에 시달렸다. 등극 후 발발한 왕위계승전쟁으로 통치자의 입장을 혐오하게 되어 국가 통치권을 포기하려는 생각도 했는데 이것에 대해 그녀는 6개월에 한 번씩 찾아오는 병, 특히 가을에 나타나는 병에서 기인된 것 같다는 언급을 했다. 당시 마리아 테레지아는 자신의 병이 부친에게서 물려받은 우울증임을 알고 있었고 그것을 극복하기 위해 최측근들과 더불어 산책하면서 이야기를 나누는 등 노력했지만 그리 큰 효과를 보지는 못했다. 1740년 말 실바–타루카에게 보낸 서신에서 그녀는 자신이 육체적뿐만 아니라 정신적으로도 병자라 했다. 그리고 자신을 가축으로 비하하기도 했다. 그럼에도 불구하고 마리아 테레지아는 자신의 우울증을 남에게 알리지 않으려 했다. 그러나 출산을 한 후와 오스트리아군이 프로이센군에게 대패했다는 소식을 접할 때 그녀의 우울증은 주변 사람들이 느낄 정도로 심화되곤 했다. 그리고 평생 사랑했던 남편이 젊은 여자들과 애정행각을 벌일 때와 남편이 갑자기 서거했을 때 나타난 우울증의 강도는 매우 우려할 정도였다. 이 시기 실바–타루카에게 보낸 서신에서 그녀는 "나는 살아오면서 현재와 같은 나쁜 상황에 놓이게 된 것은 처음인 것 같다. 따라서 나는 이성적인 아닌 습관적으로 행동하고 있는 것 같다. 실제로 나는 무능력의 소유자인 것 같다" 라고 언급했다. E. Badinter, *Maria Theresia*, pp.204~208; T.G. v. Karajan, *Maria Theresia und Graf Sylva-Tarouca. Ein Vortrag gehalten in der feierlichen Sitzung der kaiserlichen Akademie der Wissenschaften am 30.Mai 1859*(Wien, 1859),

리아 테레지아는 실바–타루카 백작의 솔직한 입장 표명에 대해 긍정적인 자세를 보였고 이것은 그에 대한 자신의 신뢰를 보다 증대시키는 요인으로도 작용했다. 이후부터 그녀는 중대한 사안을 결정하기 전에 실바–타루카 백작으로부터 반드시 자문을 구하려고 했다. 이러한 것들은 마리아 테레지아가 그를 얼마나 신임했는가를 보여주는 일례라 하겠다.

또한 실바–타루카는 마리아 테레지아의 하루 일정표(Tagesplan)도 작성했고 그것에 따라 마리아 테레지아는 하루하루를 보냈다. 그가 작성한 하루 일정표를 살펴보면 마리아 테레지아는 8시에 기상하여 한 시간 내에 옷을 입고 아침식사를 한 후 미사에 참여했다. 그러고 나서 30분 정도 자녀들과 시간을 보낸 후 12시까지 공문서를 읽거나 장관들로부터 보고를 받거나 또는 중요 인물들을 접견하는 등 국가업무를 수행했다. 이후 그녀는 약 15분 정도의 휴식을 가진 후 한 시간에 걸쳐 점심식사를 했다. 점심식사 후 그녀는 13시 30분 커피를 마시고 자녀들과 시간을 보낸 다음 태후들을 방문했다. 그 후 20시 30분까지 국가업무에 전념했다. 업무를 끝낸 다음에는 취침시간인 자정까지 자유로운 시간을 보냈다.

하루 일정표를 작성하면서 실바–타루카는 마리아 테레지아의 하루 업무 시간을 7시간으로 제한하여 그녀의 업무 부담을 경감시키려 했고 마리아 테레지아 역시 동의했다. 실바–타루카는 일요일 및 축제일의 일과표도 별도로 작성했는데 거기서는 그녀의 미사 참여가 2회로 늘어났고 일반접견도 마련되었다. 그리고 경우에 따라 마리아 테레지아가 침실에서 편안하고 자유롭게 장관들과 외교관들의 보고를 듣는 것도 허용

---

pp.40~42.

되었다.[21]

2. 프란츠 1세의 사생활과 마리아 테레지아의 대응

마리아 테레지아는 남편 프란츠 1세를 사랑했으므로 그의 문란한 사생활 때문에 심적으로 적지 않은 타격을 받기도 했다.[22]

프란츠 1세의 부친인 레오폴트 대공은 아들들이 도덕적 규율을 준수하는 생활에서 벗어나지 않게끔 선제적인 대응책을 마련하는 등의 적극성을 보였다. 그 과정에서 그는 여섯 가지 행동강령을 명시한 문서를 프란츠 슈테판과 카를 알렉산더에게 전달했을 뿐만 아니라 그것을 이행할 것도 명령했다. 행동강령에는 우선 이혼이 최고의 악행으로 명시되어 있다. 이혼은 인간의 가치를 동물 수준으로 격하시킨다는 것이다. 이어 간음은 사생아를 낳게 하고, 부부관계 및 재산 상실과 같은 불행도 유발시킨다고 했다. 또한 간통(Ehebruch)은 피해를 당한 처녀를 절망에 빠지게 할 뿐만 아니라 그녀의 가족들마저 고통에 빠지게 하는 나쁜 행위라고 정의했다. 그리고 이것은 정직한 신사에 대한 대칭적 행위(absolument contraire à l'honnethomme)이기 때문에 지배자에게는 더욱 엄격히 적용해야 한다고 했다. 행동강령에서 레오폴트는 간통을 저지르는 남자들은 예외 없이 중형, 즉 사형으로 처벌해야 한다고 했는데 만일 군주가 그러

---

21 E. Dillmann, *Maria Theresia*, pp.46~47 ; F. *Weissensteiner, Die großen Herrscher des Hauses Habsburg*, p.236.
22 프란츠 1세는 아름다운 여인들을 사랑하는 데 주저하지 않았을 뿐만 아니라 그러한 습관을 절대로 포기하려고 하지도 않았다. E. Badinter, *Maria Theresia*, p.194.

한 행위를 저질렀을 경우 그 역시 신으로부터 죄를 받을 것이라고 했다.

부친의 엄격한 경고 및 감시에도 불구하고 프란츠 슈테판의 생활태도는 방종했고 모든 구속 및 예절을 싫어했기 때문에 그러한 것들을 제거하려고 노력까지 했다.[23] 그는 사냥을 자주 갔고 카드놀이에 심취했다. 아울러 다양한 계층의 여성들에게도 호감을 가져 당시 매혹적인 무용수로 알려진 에바 마리아 바이겔(Eva Maria Weigel),[24] 콜로레도(Colloredo) 백작부인, 후에 사르데냐 대사 카날레 백작과 결혼한 팔피(Pálffy) 백작부인을 비롯한 많은 여성들에게 애정을 표현하는 데 주저하지 않았다.[25] 그는 자신이 호감을 가졌던 여성들과 더불어 만찬 및 오락파티를 헝가리의 호리취(Holitsch)에서 은밀하게 개최하기도 했다.[26] 마리아 테레지아는 남편이 여성들의 환심을 사기 위해 행동할 경우 그에게 경고성 발언을 하면서 그를 압박했다. 그러나 프란츠 1세는 어떤 종류의 모욕도 결코 잊지 않는 여왕이 혹시 복수를 하지 않을까라는 우려 때문에 자신이 관심을 가졌던 여성들을 어떤 경우에도 노출시키려 하지 않았다. 여왕은 프란츠 1세가 관심을 가진 여성을 나중에 결국 사랑한다는 것도 잘 알고 있었기 때문에 도처에서 그를 감시하도록 했다.[27]

---

23 E. Badinter, *Maria Theresia*, p.195.

24 마리아 테레지아는 남편이 에바 마리아 바이겔에 깊은 관심을 보임에 따라 그녀를 영국으로 강제 추방했다. 이 무용수는 영국에서 1749년 유명한 배우 데이비드 개릭과 결혼했다. E. Badinter, *Maria Theresia*, p.194.

25 요한 4세 팔피 폰 에르된(Johann IV. Palffy v. Erdön)의 딸인 팔피 백작부인은 한때 마리아 테레지아의 궁녀였다. E. Badinter, *Maria Theresia*, p.194.

26 프란츠 1세는 호리취에 방대한 영지를 소유하고 있었다. E. Badinter, *Maria Theresia*, p.194.

27 E. Badinter, *Maria Theresia*, p.194; F. Herre, *Maria Theresia*, p.147.

남편에 대한 불신과 질투심으로 마리아 테레지아는 1748년 '순결위원회(commission de chasteté; Keuschheitskommission)'를 발족시켰는데 이 위원회의 과제는 결혼하지 않은 남녀 사이의 불순한 관계를 고발받고 강력히 처벌하는 것이었다. 당시 마리아 테레지아는 도시의 밤거리를 배회하는 젊은 여인들이 왕국을 문란하게 하는 요인이라고 생각했다. 또한 그녀는 빈을 비롯한 도시 여관들의 여종업원들이 바로 풍속 문란의 주범이라고 판단했다. 따라서 그녀는 여관 주인들이 여종업원들을 성적 매개체로 활용할 경우 영업면허를 박탈했고 여종업원들은 속옷까지 벗긴 후 자루 속에 넣어 일요일 미사가 열리는 동안 성당 앞에 묶어놓게 했다. 이후 이들은 완전히 삭발을 당하고 그 위에 타르가 발라졌다. 또한 마리아 테레지아는 이들을 남자 폭도들에게 넘겨 성폭행을 당하게도 했다. 이렇게 성폭행을 당한 여성들은 도나우강 하류에 있는 테메스바르(Temesvar) 여자수도원으로 보내져 거기서 가혹한 노동을 하면서 일생을 보냈다.[28]

또한 마리아 테레지아는 여배우들(Schauspielerinnen), 여자 무용수들(Tänzerinnen), 그리고 여자 가수들(Sängerinnen)도 불법적 성행위를 유발시키는 잠재적 집단으로 간주했고 이들에 대한 감시가 필요하다는 것도 역설했다.[29]

1751년 3월 26일 마리아 테레지아는 법령을 발표했는데 거기서 제

---

28 1751년 테메스바르 여자수도원에 격리된 여성들은 50명이었지만 점차 그 수는 늘어났다. 1763년에 이르러 격리된 여성은 300명에 달했다. E. Badinter, *Maria Theresia*, p.194

29 E. Badinter, *Maria Theresia*, pp.201~202; F. Herre, *Maria Theresia*, p.147; F. Weissensteiner, *Die großen Herrscher des Hauses Habsburg*, p.251.

시된 처벌로는 관직 박탈, 추방, 지하감옥 구금, 그리고 수도원 억류 등이 있었다.[30] 다음해인 1752년 마리아 테레지아는 자신의 고해신부인 파르하머(Ignaz Parhamer)를 순결위원회 위원장으로 임명했는데 이것은 향후 순결정책의 강도를 보다 높이겠다는 그녀의 의도에서 비롯된 것이라고 하겠다. 이에 따라 순결위원회는 공공장소에서 남녀관계를 확인하고, 마차와 개인주택을 강제로 수색할 수 있는 권한도 부여받았다. 이후 300명에 달하는 시민경찰들이 빈의 여러 곳, 특히 우범지역을 순회하면서 협의자들을 체포하는 데 주력했다. 여기서 빈의 거리를 혼자 걷는 젊은 여인은 자신이 어디로 가는지를 명확히 제시하지 않으면 현장에서 체포되었다.[31]

법령 발표와 더불어 마리아 테레지아는 연극 관람객들의 가면 사용을 불허했고 이를 감시하기 위해 극장에 군인들까지 상주시켰다. 또한 그녀는 오페라 관람에서 부부관계가 아닐 경우 여자는 남자로부터 어떠한 대우도 받을 수 없다는 것을 언급했고 만일 이것을 위반할 경우 여자는 테메스바르 여자수도원에서 평생을 보내야 하고 남자 역시 관직을 박탈당하고 빈에서 영원히 추방되는 벌을 받게끔 했다.[32] 그 일례로 당시 고등궁내대신(Obersthofmeister)이었던 트라우트손(Johann Wilhelm v Trautson) 공작이 한 젊은 여성과 같이 오페라를 관람하던 중 순결위원

30 E. Badinter, *Maria Theresia*, p.203.

31 따라서 이 당시 젊은 여성들은 묵주를 항상 가지고 다녔는데 이것은 성당을 가는 증거로 간주되었기 때문이다. E. Badinter, *Maria Theresia*, p.203 ; D. Pipper, *Die Welt der Habsburger*, p.159.

32 E. Badinter, *Maria Theresia*, pp.203~204 ; J. Schrank, *Die Prostitution in Wien in historischer, administativer und hygienischer Beziehung*(Wien, 1886), Bd., I, p.161.

회에게 발각되었다. 순결위원회는 트라우트손 공작에게 오페라 관람을 중단하고 바로 극장에서 나갈 것을 요구했고 공작은 이러한 요구를 바로 받아들였다. 여기서 순결위원회는 만일 황궁에서 이 일을 알 경우 공작은 즉시 체포될 뿐만 아니라 처벌도 받게 될 것이라는 것을 인지시켰다. 이에 반해 불륜관계였던 에스터하지(Esterházy) 백작녀와 슐렌부르크(Matthias Johann v. Schulenburg) 백작은 순결위원회에 적발된 후 취리히(Zürich)로 도망갔다. 이러한 소식을 접한 마리아 테레지아는 에스터하지 백작녀를 빈으로 소환하여 테메스바르 수도원에서 평생 머무르게 했다. 그러나 에스터하지 백작녀는 왕명을 거부하고 취리히에서 다시 네덜란드로 도망갔지만, 그 후 길거리에서 구걸로 생계를 유지해야 하는 비참한 생활을 해야만 했다. 그리고 슐렌부르크 백작은 참수형을 선고받았지만 마리아 테레지아에 의해 국외추방령으로 감면되었다.

일반적으로 순결위원회가 적발한 불륜관계 남녀의 처벌 과정에서 여성은 남성보다 중형을 받는 경우가 많았다. 아울러 처벌 과정에서 명확한 법적 내규가 마련되지 않았기 때문에 순결위원회의 자의적 판단이 결정적인 역할을 했다.[33]

마리아 테레지아의 이러한 강압 정책은 오스트리아 내에서 강한 불만을 유발시켰을 뿐만 아니라 정부정책을 비방하는 전단들도 등장했다. 특히 일부 전단에서는 순결위원회의 과잉행동과 자의적 판단에 따른 처벌을 강하게 비판했고 마리아 테레지아의 순결정책 의도에 대해서도 동의하지 않는다는 입장이 표명되었다. 이렇게 강한 불만이 제기되었음에

---

33 불륜관계라는 죄명으로 국외로 추방된 여성은 3천 명에 달했다. E. Badinter, *Maria Theresia*, p.204.

도 불구하고 마리아 테레지아는 순결정책을 더욱 강화시켰다.[34]

　1753년 5월 1일 마리아 테레지아는 보다 강화된 칙령을 발표했다. 여성들의 소지품 보관소에 대한 검사권을 순결위원회에 부여한다는 것이었다. 또한 여성들의 짧은 스커트 착용을 금지시키고 목덜미(가슴, 어깨)를 노출시키는 속옷 착용도 불허하며 이를 위반할 경우 처벌된다는 것도 거론되었다. 그리고 불륜의 장소로 간주되던 무도회는 밤 11시까지 운영하고 무도회에 입장하는 외국인을 포함한 모든 여성들의 복장도 검사한다는 것이다. 마리아 테레지아의 성적 불륜 타파 정책은 그녀가 사망할 때까지 지속되었다. 물론 그녀의 남편이 죽은 후 그 강도는 점차적으로 약화되었다.

　1769년 마리아 테레지아는 1751년의 법령을 완화시켰는데 그 일례로 불륜여성으로 판결나면 바로 국외로 추방한다는 조항을 폐기하고 교화원에서 교육을 받게 했다. 같은 해 마리아 테레지아는 보석 착용을 제한하는 칙령도 내렸다. 당시 그녀 스스로가 진주를 제외한 나머지 보석들에 그리 큰 관심을 보이지 않았다. 그녀가 내린 칙령에 따르면 일반 시민들은 5년 안에 소유한 보석을 매각해야 했고 귀족들 역시 과도한 보석 착용을 자제해야 했다. 이러한 것을 통해 마리아 테레지아가 과도한 금지보다 권유를 통해 자신이 내린 칙령을 사람들이 지켜주고 이행하기를 기대하기 시작했다는 것을 확인할 수 있다.[35]

34　당시 실바-타루카는 마리아 테레지아의 순결정책이 가지는 문제점을 지적했다. 그는 순결정책에서 비롯된 기소가 무려 1천 건이 넘기 때문에 이의 완화가 절대적으로 필요하다고 했지만 마리아 테레지아는 그의 조언을 수용하지 않았다. E. Badinter, *Maria Theresia*, p.204.

35　E. Badinter, *Maria Theresia*, p.204; F. Herre, *Maria Theresia*, p.147.

1748년 이후 지속적으로 추진된 마리아 테레지아의 순결정책이 무엇에서 비롯되었는지를 프란츠 1세는 잘 알고 있었다. 또한 그는 자신에 대한 지속적인 감시가 마리아 테레지아의 명령으로부터 나왔다는 것도 정확히 파악하고 있었다. 그럼에도 불구하고 프란츠 1세는 계속하여 아름다운 여성들이 있는 사교계를 출입했다. 이러한 프란츠 1세의 행동은 아마도 그 자신이 생각했던 국가경영 참여가 마리아 테레지아의 암묵적 거부로 실현되지 못한 데서 비롯된 것 같다. 따라서 그는 정치활동보다는 비정치적인 분야에 대해 더욱 신경을 쓰게 되었다.

1754년 프로이센의 프리드리히 2세는 당시 베를린에서 활동하던 유명한 이탈리아 가수 아스트루아(Giovanna Astrua)가 프라하의 황실 무대에 등장하는 것을 허락했다. 그것은 여기에 마리아 테레지아 부부도 참석한다는 것을 인지했기 때문이다. 얼마 후 프리드리히 2세는 누이인 빌헬미네 폰 바이로이트(Wilheimine v. Bayreuth)에게 서신을 보내, 프란츠 1세가 아스투루아를 빈의 왕궁으로 초대한 후 그녀에게 자신의 동반자(Cicisbeo)로 활동할 것을 요청했는데 이것은 황제의 바람기에서 비롯되었다고 분석하기도 했다. 이러한 제의를 접한 마리아 테레지아는 "다른 여자들보다는 이 여자가 오히려 괜찮은 것 같다(passe pour cellela)"라고 했다. 이러한 소식을 들은 프리드리히 2세는 이 세상에서 가장 질투심이 강한 마리아 테레지아가 아스투루아를 그렇게 평가한 것은 그녀의 아름다움을 무시할 수 없다는 현실적 상황에서 비롯되었다고 판단했다.[36]

이후 프란츠 1세의 연인으로 등장한 여성은 나이페르크(Wilhem Reinhard v. Neipperg) 육군원수의 딸이며, 미모의 공작부인인 마리아 빌헬미

---

36 B. Stollberg-Rilinger, *Maria Theresia,* p.276.

마리아 빌헬미네 아우어스페르크

네 아우어스페르크(Maria Wilhelmine Au-ersperg)였다. 당시 이 여인은 빈에서 여왕 다음으로 관심을 끌던 여성이었다. 마리아 빌헬미네 아우어스페르크 공작부인은 어린 시절 부친이 룩셈부르크 총독으로 활동했기 때문에 브뤼셀과 스파(Spa)에서 생활하다가 1754년, 즉 16세부터 빈 왕궁에서 지냈는데 이때 그녀는 마리아 테레지아의 궁녀였다. 그러다가 다음해인 1755년, 17세의 나이에 아우어스페르크(Johann Adam Joseph v. Auersperg) 공작[37]과 결혼했다. 마리아 빌헬미네 아우어스페르크 공작부인은 남편에게 결혼지참금으로 영국 돈 12,000파운드를 가져갈 정도의 엄청난 재력을 가졌지만 하루 저녁 카드놀이에서 12,000두카덴 (Dukaten)[38]을 잃어버리는 낭비벽도 있었다. 1757년 프란츠 1세가 마리아 빌헬미네 아우어스페르크 공작부인을 사랑할 때 그의 나이는 49세

---

[37] 요한 아담 요제프 폰 아우어스페르크는 프란츠 슈테판의 교육을 담당했고 그에 의해 몇 년 전에 공작으로 임명되었다. 마리아 빌헬미네와의 결혼은 아우어스페르크 공작의 두 번째 결혼이었다. E. Badinter, *Maria Theresia*, p.204; B. Stollberg-Rilinger, *Maria Theresia*, p.196.

[38] 1254년 베네치아에서 주조되기 시작한 두카트는 공작이란 의미를 가진 3.49 그램의 금화로 20세기 초반까지 전 유럽에서 화폐로 통용되었다. 현재는 오스트리아에서만 선물용이나 수집용으로 주조되고 있다. 두카트의 뒷면에는 'sit tibi christe datus quem ttu regis iste ducatus(두카투스는 하느님, 당신께서 지배하시는 이 대공국을 위해 제공됩니다)'라는 문구가 각인되었다.

였지만 공작부인은 19세에 불과했다.[39]

1756년 12월 6일 마리아 테레지아는 마지막이자 열여섯 번째 자녀인 막시밀리안 프란츠(Maximillian Franz)를 출산했다. 이후 그녀는 루이 15세의 부인 마리 레슈친스카(Marie Leszczynska)의 예를 따라 프란츠 1세와의 부부관계를 유지하려고 했는데 그것은 결혼생활에 대한 회의에서 비롯된 것 같다.[40] 그러나 마리아 테레지아는 아직까지 자신이 프란츠 1세를 사랑하고, 남편을 사랑하는 다른 여자에 대한 질투심도 가지고 있다는 사실을 부인하지 않았다. 그러나 마리아 테레지아는 프란츠 1세와 마리아 빌헬미네 아우어스페르크 공작부인이 썰매 여행, 사냥, 소풍, 그리고 연극 관람을 같이 한다는 정보를 계속 보고받았지만 그것을 일부러 부정하려는 자세까지 보였는데 이것은 자신과 프란츠 1세 사이의 관계가 지속되어야 한다는 개인적 판단에서 비롯된 것 같다.[41]

39　마리아 테레지아는 1757년 5월 13일 40번째 생일을 맞이했다. 당시 그녀는 잦은 출산으로 인해 나이에 비해 늙어 보였을 뿐만 아니라 체중 역시 많이 나갔기 때문에 사람들은 그녀를 '뚱보(die Dicke)'라 칭했다. 외모에 자신이 없어진 마리아 테레지아는 남편의 애정행각에 더욱 신경을 쓰게 되었고 그것을 원천적으로 막기 위한 방법도 구체적으로 모색했다. E. Badinter, *Maria Theresia*, p.197; F. Weissensteiner, *Die großen Herrscher des Hauses Habsburg*, p.252.

40　실제로 이후부터 마리아 테레지아와 프란츠 1세는 각각의 침실을 사용했다. E. Badinter, *Maria Theresia*, p.197.

41　마리아 테레지아의 부친 카를 6세는 수렵광이었다. 그러나 그녀는 점차 수렵 과정에서 동물들이 죽는 것을 부정적으로 보게 되었다. 수렵 과정에서 동물들이 죽거나 또는 대량으로 도살되는 경우가 허다했다. 카를 6세와 더불어 사냥을 좋아했던 프란츠 1세는 반나절에 150마리의 사슴, 노루, 그리고 1년 정도 된 멧돼지 새끼를 노획하는 놀라운 성과를 거두었지만 이것에 대해 마리아 테레지아는 기뻐하지 않았다. 점차적으로 프란츠 1세는 마리아 테레지아 대신 주변 사람들과 더불어 수렵하는 경우가 많아졌다. 이렇게 수렵에 대해 부정적 시

1759년 6월 마리아 테레지아는 당시 남편과 남편이 초대한 인사들이 머물던 락센부르크성을 방문하고 거기서 이틀 동안 지내기로 했다. 그런데 남편이 초대한 인물들 중에는 아우어스페르크 공작 부부도 들어 있었다. 이것을 통해 마리아 테레지아가 사적으로 마리아 빌헬미네 아우어스페르크 공작부인을 만나 면담하려는 의도를 가진 것도 확인할 수 있다. 성에 도착한 지 얼마 안 되어 마리아 테레지아는 남편, 마리아 안나, 마리아 아말리아, 마리아 엘리자베트, 그리고 마리아 빌헬미네 아우어스페르크 공작부인과 한자리에서 대화를 나누게 되었다.[42] 그런데 이에 앞서 마리아 테레지아는 마리아 크리스티네에게 서신을 보냈는데 거기서 그녀는 총기를 소지하고 공작부인을 만나겠다는 의사를 밝혔다. 대화 과정에서 마리아 테레지아는 총기를 사용하지 않았고 냉담한 자세로 남편의 정부를 대했다. 예상과는 달리 마리아 빌헬미네 아우어스페르크 공작부인은 마리아 테레지아의 심기를 전혀 건드리지 않았고 오히려 그녀가 자신에게 호감을 가지게끔 노력했다. 이 대면을 통해 마리아 테레지아는 남편이 마리아 빌헬미네 아우어스페르크 공작부인을 매우 사랑하고 있다는 사실도 확인했다. 아울러 그녀 역시 프란츠 1세를 좋아하고 있다는 것을 인지했다. 당시 프란츠 1세는 마리아 테레지아가 마리아 빌헬미네 아우어스페르크 공작부인을 면담한 자체가 자신에 대

각을 가졌음에도 불구하고 마리아 테레지아는 수렵이 바로 지배권이라는 주장에 대해서는 이의를 제기하지 않았다. 따라서 그녀는 수렵권을 폐지하려는 생각을 하지는 않았다. 그러나 그녀는 농토를 이중적으로 손상시킨다는 농민계층의 호소에 관심을 보였고 수렵의 폐해를 줄이는 방안도 강구하게 했다. F. Herre, *Maria Theresia*, p.190.

42 마리아 테레지아의 둘째 딸인 마리아 안나와 마리아 빌헬미네 아우어스페르크 공작부인은 동갑으로 1738년 생이다.

한 일종의 경고성 메시지라는 것을 알고 있었다.[43]

그럼에도 불구하고 프란츠 1세와 마리아 빌헬미네 아우어스페르크 공작부인의 접촉 빈도는 줄어들지 않았다. 오히려 이들은 이전보다 저녁을 같이 보내려는 경우가 많았다. 이때 그녀는 열 명에서 열두 명 정도의 인물들을 초대하여 프란츠 1세와 격의 없이 대화를 나누고 춤도 추었다. 프란츠 1세는 공적인 장소에서는 마리아 테레지아의 품위와 명예를 위해 최대한 배려했다. 그러나 여왕이 면전에 없을 경우, 언제나 공작부인의 특별석에 나타났으며 오페라 관람 시에는 관객이 보지 못하게끔 몸을 숨기기 위해 습관적으로 그녀의 뒤에 서 있었다. 그리고 이들이 차지한 특별석은 아무도 못 들어오도록 폐쇄되는 경우가 많았다. 그러나 이러한 예방 조치에도 불구하고 프란츠 1세가 간간이 하던 기침으로 그의 존재 및 비밀은 세상에 다 알려졌다. 프란츠 1세는 마리아 빌헬미네 아우어스페르크 공작부인과 은밀히 지내기 위해 락센부르크 근처에 있는 빌라를 구입하여 그녀에게 선물했다.[44] 뿐만 아니라 레오폴트 대공 결혼식에 그녀를 정식으로 초대하는 과감성도 보였다. 따라서 당시 빈 왕궁의 사람들은 마리아 빌헬미네 아우어스페르크 공작부인을 '프란츠 1세의 연인(Liebhaberin von Franz I)'으로 칭했다.[45]

---

43 E. Badinter, *Maria Theresia*, p.200; A.v. Arenth, *Briefe der Kaiserin Maria Theresia an ihre Kinder und Freunde Bd., II*(Wien, 1881), p.356.

44 이에 반해 당시 마리아 테레지아의 개인적 소비는 매우 검소했다. 그녀는 매년 144,000굴덴의 현물 급여를 받았다. 즉 매월 초에 8천 굴덴을 받고 중순경에 다시 4천 굴덴을 수령했다. 그리고 1년 의상비로 3만 굴덴이 책정되었다. 또한 비상시에 사용할 수 있는 판공비도 받았는데 그 액수는 밝혀지지 않았다. F. Herre, *Maria Theresia*, p.186.

45 E. Badinter, *Maria Theresia*, p.200.

당시 마리아 테레지아는 남편과 마리아 빌헬미네 아우어스페르크 공작부인과의 불륜관계를 정확히 알고 있었지만 그것을 아우어스페르크 가문에게는 알리지 않았다. 이렇게 마리아 테레지아가 공작부인의 불륜관계를 공식적으로 전달하지 않았음에도 불구하고 아우어스페르크는 자신의 부인과 프란츠 1세와의 불륜관계를 정확히 알고 있었다. 그럼에도 불구하고 그는 아무 대응도 하지 않았는데 그것은 섣부른 대응으로 상황이 더욱 악화될 수 있다는 판단 내지는 우려에서 비롯된 것 같다.

프란츠 1세가 사망한 후 마리아 테레지아는 마리아 빌헬미네 아우어스페르크 공작부인이 황궁 근처에 오지 못하게끔 그녀에게 락센부르크의 빌라 매도를 요구했다. 여기서 가격은 그녀가 정하도록 했고 마리아 테레지아는 제시된 가격, 어리석을 정도의 높은 가격을 그대로 지불했다.[46]

앞서도 언급한 바와 같이 프란츠 1세의 재산 증식 능력은 탁월했다. 당시 그는 베네치아, 암스테르담, 런던, 그리고 파리의 대형은행과 더불어 투기사업을 했고 거기서 적지 않은 이익도 얻었다. 이에 따라 그는 개인적으로 18,798,178굴덴에 달하는 거액의 재산을 유산으로 남겼다.[47] 이 중에서 1,200만 굴덴은 국가의 채무 변상에 활용되었고 나머지

---

46 마리아 테레지아는 프란츠 1세의 장례식에 참석한 마리아 빌헬미네 아우어스페르크 공작부인에게 다가가 "우리는 소중한 사람을 잃었군요"라고 말했다. 프란츠 1세의 마음을 사로잡았던 아우어스페르크 공작부인은 후손 없이 37세의 젊은 나이로 생을 마감했다. E. Badinter, *Maria Theresia*, p.198.

47 프란츠 1세는 죽기 하루 전 자신의 전담 은행가를 통해 마리아 빌헬미네 아우어스페르크 공작부인에게 20만 굴덴을 전달했다. 마리아 테레지아는 프란츠 1세의 이러한 금전 거래를 파악했지만 아무런 이의도 제기하지 않았다. 프란츠 1세가 정부에게 거액의 돈을 준 사실이 밝혀졌음에도 마리아 테레지아가 어떠

600만 굴덴은 마리아 테레지아와 11명의 자녀들에게 상속되었다. 그런데 이렇게 미망인과 자녀들에게 상속된 돈은 마리아 테레지아의 사적 단체인 가족지원기금(Familienversorgungsfonds)에서 관리되었다.[48]

3. 공동통치자 요제프 2세

요제프는 프란츠 1세가 서거하기 1년 전인 1764년 3월 27일, 로마 왕으로 선출되었기 때문에 자동적으로 신성로마제국의 황제 요제프 2세로 등극했다. 마리아 테레지아는 1765년 9월 17일 요제프를 오스트리아 왕국의 공동통치자(Mitregent)로 임명했기 때문에 그녀가 사망한 1780년까지 15년간 오스트리아 왕국은 마리아 테레지아와 요제프 모자가 공동으로 통치했다. 여기서 요제프 2세는 부친 프란츠 1세의 영지였던 토스카나 대공국을 동생 레오폴트에게 이양했다.[49]

물론 프란츠 1세도 생존 당시 마리아 테레지아와 공동통치자였기 때문에 이전의 체제와 크게 다를 바 없었으나 항상 여왕의 뒤편에서 조용

한 대응 조치도 취하지 않은 것은 오스트리아의 재정 상황을 정상화하는 데 프란츠 1세가 큰 기여를 했기 때문인 것 같다. E. Badinter, *Maria Theresia*, p.200; G. Schreiber, *Franz I. Stephan*, p.314; F. Weissensteiner, *Die großen Herrscher des Hauses Habsburg*, p.253.

48 F. Herren, *Maria Theresia*, p.283. 이에 반해 카를 6세의 형인 요제프 1세는 유언장에서 가족보다는 정부를 챙겼다. 정부인 마리안네 팔피(Marianne Palfffy)에게 50만 굴덴, 또 다른 정부인 람베르크(Lamberg)에게 25만 굴덴에게 준다고 했고, 어머니에게는 단지 5만 굴덴만을 상속한다고 했다.

49 F. Herren, *Maria Theresia*, p.284.

하게 지냈던 남편과 전혀 다른 요제프 2세가 공동통치자가 된 것이다.[50]

공동통치자로 등장한 요제프 2세는 부친 프란츠 1세에 대해 매우 부정적인 평가를 했다. 성년이 된 이후부터 요제프 2세는 부친이 어떻게 어머니인 마리아 테레지아에게 굴종적이고 그녀에게 모든 권력을 양도할 수 있을까에 강한 의문을 제기했다. 또한 그는 부친이 사냥, 젊은 여인들, 게임, 그리고 연극 관람을 좋아하고 재산 증식 및 훈장 수집에만 신경을 쓴 것도 이해하지 못했다. 따라서 요제프 2세는 부친으로부터 200만 굴덴에 달하는 거액을 상속받았음에도 불구하고 전혀 감사하는 자세를 보이지 않았다. 그리고 요제프 2세는 게으름뱅이(Faulpelz) 부친이 국사에 무관심하고 국가사안에 대해서도 전혀 걱정하지 않으면서 자신이 직접 해야 할 일 모두를 측근인 콜로레도에게 위임한 것도 불만스러워했다.

요제프 2세는 모든 남자에게 가장 중요하고 필요한 군사 경력에서 성과 없는 인물을 존경할 필요가 없다는 확신을 가졌기 때문에 부친을 인생의 실패자로 간주했다. 점차 요제프 2세는 부친과는 달리 영토 확장을 통해 군사적 명성을 얻어야 한다고 생각했고 거기서 프리드리히 2세를 자신의 멘토(Mentor)로 설정했다. 아마도 프리드리히 2세와 마찬가지로 요제프 1세 또한 니콜로 마키아벨리(Niccoló Machiavelli)의 『군주론(Il Principe)』를 읽고 그의 관점을 추종한 데서 비롯된 것 같다.

남편을 잃고 상심한 마리아 테레지아는 정무의 중압감에서 벗어나려는 생각에 아들을 공동통치자로 임명했지만 최종 결정은 항상 자기 몫으로 남겨두고자 했다. 왜냐하면 그녀는 일과 책임을 나누고자 했던 것

오스트리아 최초의 여왕 마리아 테레지아

---

50   E. Badinter, *Maria Theresia*, pp.214~217.

256

이지 권력을 나누려 한 것은 아니었고, 또 아들은 자신의 수중에서 도구적 역할을 수행해야 한다고 생각했기 때문이다. 물론 마리아 테레지아는 요제프 2세가 국가통치에서 중요한 권력을 장악해야 한다는 생각을 했지만 아들이 어머니를 배려할 테니 별 문제가 발생하지 않으리라는 확신도 가지고 있었다. 그러나 이러한 확신은 곧 무너졌고 가족을 잃은 허전함을 정치에서 보상받으려는 듯이 요제프 2세는 어머니의 의향과는 정반대로 행동하는 경우가 많았다. 점차 요제프 2세는 업무 처리를 위해 책상에 앉기보다는 꿈나라에 머무르려는 성향을 보였다. 이에 마리아 테레지아는 아들이 국가의 일반 업무사안들을 독자적으로 결정하고 이행하게끔 유도했다.

아들에게 보낸 한 편지에서 마리아 테레지아는 "나의 경험은 아마도 너의 의사 결정에 도움을 될 것이다. 그러나 나는 네 스스로 여러모로 살펴본 후 결정한 사안들에 대해 이의를 제기하지 않을 것이다"라고 했다. 이것은 요제프 2세가 어떤 중요한 국가적 사안을 결정할 때 그녀의 조언을 반드시 듣기 바란다는 의향을 우회적으로 표시한 것으로 볼 수 있다. 그러나 이러한 기대와는 달리 요제프 2세는 마리아 테레지아로부터 조언을 거의 구하지 않았다. 그가 보기에 조언은 바로 명령으로 간주되었기 때문이다. 점차 마리아 테레지아는 아들의 독단적 행동에 불만을 표시하기 시작했다. 요제프 2세 역시 어머니로부터 떨어져 있는 것이 자신에게 도움이 된다는 것을 파악한 후 가능한 한 군영 또는 전선에서 머무르려고 했다. 당시 마리아 테레지아는 아들의 이러한 행위가 그의 여행벽에서 비롯되었다는 생각을 했다. 그리고 그녀는 요제프 2세가 자주 여행을 떠나는 것 자체에 매우 부정적이었다. 그녀에 따르면 요제프 2세가 빈을 자주 떠나는 것은 그에게 부여된 의무들을 회피하기 위한 방법이라는 것이다.

1773년 요제프 2세는 어머니에게 아무런 언급도 없이 폴란드와 지벤뷔르겐으로 여행을 떠났다. 이 소식을 접한 마리아 테레지아는 "네가 머무를 장소는 폴란드와 지벤뷔르겐이 아닌 빈이다"라는 질타를 담은 편지를 아들에게 보냈다. 이렇게 마리아 테레지아가 요제프 2세의 빈번한 여행에 불만을 가진 건 건강상태가 별로 좋지 않던 요제프 2세가 지속된 여행으로 큰 병에 걸리지 않을까 두려워했기 때문이기도 하다. 요제프 2세는 어머니와의 대립을 피하기 위해 오스트리아의 여러 곳을 여행했지만 신민들과의 접촉을 많이 했고 거기서 자신이 향후 펼칠 정책의 근간도 구상했다. 마리아 테레지아는 모라비아 지방에서 기근이 발생함에 따라 요제프 2세에게 구휼 규모를 정확히 확인하라는 지시를 내렸다. 모라비아 지방에 도착한 요제프 2세는 슬라비코비체(Slavikovice)라는 마을로 이동하여 트른카(Trnka)라는 농부의 경작지에서 쟁기로 고랑을 직접 파는 등의 열성을 보였다. 이에 이 마을 사람들은 그를 칭송하기 위해 기념비를 세웠고 요제프 2세 역시 그것에 대해 매우 흡족해했다. 이러한 요제프 2세의 행동에 마리아 테레지아는 아들이 어떤 사건의 전체상보다는 단편적인 것에 집착하고 있다는 것을 파악했고 이것은 한 국가의 위정자에게 바람직하지 않는 자세라고 평가했다.[51]

이후부터 마리아 테레지아와 요제프 2세는 대외정책, 개혁의 속도 및 범위, 인사정책 등에서 의견 대립을 보였고 이것으로 인해 이들 간의 불화 역시 증대되었다. 점차적으로 양인은 이상하게 서로 대면할 경우 참

---

51 요제프 2세는 빈번하게 여행을 했다. 그는 당시 유럽의 지도자들 중에서 가장 오랜 기간, 즉 재임 기간 중에 6년 이상 외국에 머물렀다. F. Herre, *Maria, Theresia*, pp.292~293.

을 수 없이 불편해했고, 서로에게 상처를 주며 괴로워했다. 모자는 상호 간 불신하고 염탐하며 각기 자신이 뛰어나다고 생각했다. 어머니는 아들이 '냉정하고 판단력이 부족하다'라고 비난했고, 아들은 어머니가 '우유부단하고 궁중 소문에 지나치게 의존한다'고 대응했다.[52]

더욱이 마리아 테레지아는 자신이 사랑하던 아들이 가장 증오하던 프리드리히 2세를 닮아가고 있다는 사실에 매우 낙담했다.[53] 실제로 요제프 2세는 프리드리히 2세를 흠모했고 그를 자신의 영원한 멘토르로 간주할 정도였다. 따라서 그는 프리드리히 2세와의 독대에 큰 관심을 표명했다. 이러한 사실을 인지한 카우니츠-리트베르크는 요제프 2세와 프리드리히 2세 사이의 만남을 주선하게 되었다. 마리아 테레지아는 아들이 나이세(Neisse)에서 프리드리히 2세와 만난다는 소식을 접한 후 그

---

52 공동통치를 시작한 지 1년이 지난 크리스마스 저녁에 마리아 테레지아는 "우리
    는 서로를 너무도 이해하지 못한다"고 실토했다. 실제로 어머니는 아들이 사람
    들과의 대화, 사교, 춤, 사냥 등에 관심이 없음을 우려했고, 아들은 미망인이 된
    어머니의 우울함을 이해하지 못했다. 마리아 테레지아 역시 아들과의 불화에
    책임이 있었다. 요제프 2세가 너무나 사랑했던 첫 번째 아내를 잃었을 때 아들
    의 감정을 전혀 배려하지 않고, 오직 가문의 이익을 위해 아들의 재혼에만 몰두
    했으며, 또 강제적으로 혼인을 성사시켰기 때문이다. 모자는 서로를 더할 수 없
    이 사랑했지만 각자의 너무도 다른 성격은 서로에게 상처를 주었다. 아들은 어
    머니의 건강상태가 좋지 않을 때는 지극정성으로 간호했지만 어머니의 뜻에 거
    슬리는 정책을 실시하는 등 행동에서 극과 극을 오갔기 때문에 마리아 테레지
    아는 마음고생을 하며 힘겹게 생활했다. E. Badinter, *Maria Theresia*, p.237; B.
    Stollberg-Rilinger, *Maria Theresia*, p.553.
53 마리아 테레지아는 요제프 2세가 프로이센에 대한 접근정책을 시행하는 것
    에 심한 우려를 표명했다. 그것은 프랑스와의 우호관계가 훼손될 수 있다는
    판단에서 비롯된 것 같다. E. Badinter, *Maria Theresia*, p.239; B. Stollberg-
    Rilinger, *Maria Theresia*, p.554.

것을 저지하려고 했지만 요제프 2세는 계획을 포기하지 않았다.[54] 이에 따라 아들의 반대에도 불구하고 마리아 테레지아는 사위 알베르트 카지미르 공작을 요제프 2세의 사절단에 포함시켜 요제프 2세와 프리드리히 2세 사이의 대화 내용을 정확히 파악하려고 했다. 그러나 예상과는 달리 카지미르 알베르트 공작은 마리아 테레지아에게 두 군주 사이의 대화를 전혀 전달할 수 없었다. 그것은 양국 위정자의 대담 현장에 그의 참석이 원천적으로 차단되었기 때문이다. 1769년 8월 25일부터 8월 27일까지 진행된 프리드리히 2세와의 대화 과정에서 요제프 2세는 프로이센 군주가 추진했던 제 정책을 구체적으로 파악하고자 했다. 수차례 진행된 양 군주의 독대 과정에서 프리드리히 2세는 요제프 2세에게 많은 덕담을 했는데 요제프 2세가 향후 신성로마제국 황제였던 카를 5세(Karl V : 1519~1556)보다 훨씬 큰 명성을 얻게 되리라 언급한 것이 그 일례라 하겠다. 이렇게 덕담 차원에서 칭찬을 받은 요제프 2세는 프리드리히 2세와의 관계에 대후 더욱 신경을 쓰게 되었다. 빈으로 돌아온 요제프 2세는 어머니에게 프리드리히 2세와의 독대 내용을 제대로 알리지 않았고 이것은 모자 사이의 관계를 더욱 악화시키는 요인으로 작용했다. 그러나 마리아 테레지아는 요제프 2세가 프리드리히 2세를 추앙하면서 그의 통치방법을 무조건 답습하려 한다는 것을 파악했고 아들 역시 프리드리히 2세처럼 전쟁을 통해 오스트리아 영역을 확장하려는 의도를 가진 것을 심각하게 우려했다.

---

54 프리드리히 2세와의 만남에 앞서 요제프 2세는 신성로마제국 황제 신분으로 로마교황청을 방문했다. 이어 그는 나폴리 왕국을 방문하여 여동생 카롤리나와 처남 페르디난트에게 마리아 테레지아의 서신도 전달했다. E. Badinter, *Maria Theresia*, p.239.

오스트리아 최초의 여왕 마리아 테레지아

마리아 테레지아와 더불어 오스트리아를 통치한 요제프 2세는 1770
년대 중반부터 요제프주의(Josephinismus)라 지칭되는 개혁정책을 독자적
으로 시행하기 시작했다.[55] 당시 요제프 2세는 "모든 것들을 신민을 위
해, 그러나 그러한 것들이 신민으로부터 제기되어서는 안 된다(Alles für
das Volk, aber nichts durch das Volk)"라는 관점을 가지고 있었다. 그리고 그
가 추진한 개혁정책의 실체는 사람 모두가 하느님 앞에서 평등하기 때
문에 귀족과 성직자들의 특권은 반드시 시정되어야 한다는 것이다. 따
라서 농노들은 해방되어야 할 뿐만 아니라 비생산적인 교회의 재산 역
시 국가로 환원되어야 한다는 것이 요제프 2세의 기본적 관점이었다.
요제프 2세는 자신의 관점을 실현시키기 위해 1781년 11월 1일에 신민
특허장(Untertanenpatent)의 형태로 농노해방령(Aufhebung der Leibeigenschaft
der Bauern)을 발표했다. 아울러 요제프 2세는 인간의 본능에 역행하고
인구증가를 저해하는 금욕주의와 독신주의는 배격되어야 하며 국가의
신민 모두는 하늘나라의 하느님을 섬기듯 국가의 군주도 섬겨야 한다는
입장을 표명했다.

---

55 카우니츠-리트베르크는 1773년 4월 27일 240쪽에 달하는 오스트리아 내정개
   혁안을 요제프 2세에게 제출했다. 이후 요제프 2세는 개혁안의 내용을 토대로
   자신의 개혁을 추진했다. 이에 앞서 요제프 2세는 두 차례에 걸쳐, 즉 1771년
   12월과 다음해 6월 궁내관(Kanzler)이 주도하는 행정체제 개편안을 마리아 테
   레지아에게 제출했지만 거절당했다. 이에 요제프 2세는 12월 9일 공동통치자
   직에서 물러나겠다는 서신을 어머니에게 보냈는데 거기서 그는 허울 좋은 공
   동통치 체제에서 자신이 독단적으로 할 수 있는 일들이 전혀 없다는 것을 강조
   했다. 아들의 단호한 입장을 파악한 마리아 테레지아는 향후 자신의 모든 통치
   권한을 요제프 2세에게 넘기겠다는 입장을 밝혔고 그것을 실제로 이행했다. E.
   Badinter, *Maria Theresia*, pp.242~243; B. Stollberg-Rilinger, *Maria Theresia*,
   p.557.

당시 요제프 2세는 러시아와의 관계 개선에도 관심을 보였고 그것
에 따라 기존의 영토를 보장받는 방어동맹이 양국 사이에 체결되었다.[56]
이 방어동맹에도 불구하고 러시아는 1772년 2월 17일 프로이센과도 협
정을 체결했는데 여기서는 제1차 폴란드 영토 분할이 구체적으로 언급
되었다. 그리고 이들 양국은 폴란드 영토 분할에 반대하던 오스트리아
와 전쟁도 할 수 있다는 것을 협정서에 명시했는데 이것은 오스트리아
로 하여금 러시아와 체결한 방어동맹의 의미와 한계를 파악하는 계기
도 되었다. 러시아와 프로이센이 폴란드 영토 분할을 시도한다는 소식
을 접한 마리아 테레지아는 요제프 2세와 논의했고 거기서 오스트리아
도 영토 분할에 참여하기로 결정했다. 같은 해 8월 5일 오스트리아, 프
로이센, 그리고 러시아 사이에 폴란드 영토 분할에 대한 최종합의가 도
출되었다.[57] 그것에 따라 오스트리아는 집스 지방(13개 도시, 독일인들이
주로 거주), 로도메리엔(Lodomerien : 루테니아인들이 거주), 그리고 갈리시아
(Galicia : 크라쿠프(Kraków)는 제외. 80,000km²) 지방, 프로이센은 서프로이
센(Westpreußen : 단치히(Danzig)와 토른(Thorn)은 제외), 쾨니히스베르크-베

---

56 폴란드 분할이 본격화되기 전에 러시아는 오스만튀르크와의 전쟁(1768~1774)
    에서 우위를 차지했고 그 과정에서 러시아는 이미 폴란드 영토에 영향력을 행
    사하기 시작했다. 폴란드 영토의 30% 정도가 제1차 분할 대상에 포함되었다.
    그리고 분할 과정에서 오스트리아에 할당된 지방들은 경제적으로 매우 열악
    한 상황이었고 폴란드 귀족들로부터도 충성을 기대할 수 없었다. E. Badinter,
    Maria Theresia, p.244 ; F. Herre, *Maria Theresia*, p.334 ; B. Stollberg-Rilinger,
    Maria Theresia, p.572.
57 이에 앞서 요제프 2세는 카우니츠-리트베르크와 더불어 노이슈타트에서 프리
    드리히 2세와 만났다. 면담 과정에서 프리드리히 2세는 요제프 2세에게 폴란
    드를 장악한 후 이 국가를 3분한다는 제안을 했고 요제프 2세는 동의했다. E.
    Badinter, *Maria Theresia*, p.245.

오스트리아 최초의 여왕 마리아 테레지아

를린(Königsberg–Berlin. 35,000km²), 그리고 러시아는 두나(Duna)와 드네
프르(Dnepr)강의 동부지역(110,000km²)을 차지했다. 당시 마리아 테레지
아는 폴란드 영토 분할을 도덕적으로 용납할 수 없다는 입장을 밝혔다.

실제로 마리아 테레지아는 아들과 카우니츠–리트베르크에게 보낸
서신에서 "지금까지 우리는 아무 죄도 없는 국가나 집단을 보호하기 위
해 헌신했고 그것을 통해 국가의 명성도 얻어왔는데 이러한 원칙을 저
버리고 무슨 권한으로 죄 없는 국가의 영토를 강제로 빼앗을 수 있을까
(Aber mit welchem Rechte kann man einen Unschuldigen berauben, den verteidi-
gen und untersützen zu wollen wir uns immer gerühmt haben)"라 했다.[58] 그러
나 그녀는 현실적 상황을 고려할 때 폴란드 분할에 참여할 수밖에 없다
는 이중적 태도를 보였고 이것에 대해 프리드리히 2세는 "그녀는 울었
지만 결국 영토를 모두 챙겼다(Sie weinte, doch sie alles nahm)"라고 비아냥

---

58 폴란드 분할을 반대하던 마리아 테레지아는 결국 1771년 12월 자신의 입장을
    철회했다. 마리아 테레지아는 협상 과정에서 폴란드에 대한 영토 보상, 즉 바라
    키아(Walachei, 오늘날의 루마니아 남부 지방) 후작국(Fürstentümer)과 몰다우
    (Moldu) 후작국을 폴란드에게 넘겨주어야 한다는 입장을 밝혔지만 관철되지
    않았다. 또한 마리아 테레지아는 카우니츠–리트베르크를 통해 폴란드 분할에
    오스트리아가 참석하지 않는 대가로 슐레지엔 지방의 일부와 그라츠 백작령을
    오스트리아로 넘겨줄 것을 프리드리히 2세에게 제안했지만 프로이센 국왕은
    그것에 관심도 보이지 않았다. 당시 프리드리히 2세는 마리아 테레지아가 어
    느 누구도 인지할 수 없는 통치예술을 가졌다고 주장했다. 따라서 그는 마리아
    테레지아가 주변 국가들에 의해 영토를 강제로 빼앗긴 폴란드인들을 생각하
    며 울었지만 그것은 일종의 가식적 행위에서 비롯된 것이라고 했다. 즉 그는
    마리아 테레지아가 왼손에 가식의 눈물을 닦기 위한 손수건을 가졌고, 오른
    손에는 협상에 필요한 검을 감추고 있다고 했다. E. Badinter, *Maria Theresia*,
    pp.246~247; F. Herre, *Maria Theresia*, p.335; B. Stollberg–Rilinger, *Maria
    Theresia*, p.572.

요제프 2세

거렸다. 그러나 오스트리아가 폴란드로부터 획득한 지방들은 오스트리아 왕위계승전쟁에서 빼앗긴 슐레지엔의 경제적 가치를 대체할 정도는 아니었다. 그럼에도 불구하고 오스트리아는 폴란드 분할 과정을 통해 260만에 달하는 신민을 얻었다.

그런데 내분에 지친 폴란드는 주변 열강들의 일반적 결정에 효율적으로 대응할 수 없었다. 따라서 분할에 참여한 3개국은 1775년 폴란드의회로부터도 합법적인 동의를 쉽게 얻어냈다.[59]

---

59 1793년 폴란드 제2차 분할이 진행되었다. 그런데 오스트리아는 제2차 분할에 참여하지 않았다. 이 과정에서 러시아는 프로이센의 제안을 대폭 수용했다. 러시아는 두나와 드네프르의 중간지역[236,000km²]을 차지했고, 프로이센은 단치히, 포즈난, 그네젠(Gnesen), 그리고 토른[55,000km²]을 획득했을 뿐만 아니라 남프로이센 지역도 획득하여 슐레지엔 지방으로의 연결통로도 확보했다. 이제 폴란드는 더 이상 독립국가로 활동할 수 없게 될 정도로 절단되었다. 그로드노(Grodno)에서 최후로 소집된 폴란드 제국의회 역시 이러한 분할에 동의할 수밖에 없었다. 그리고 1795년 1월 3일에 체결된 분할 협정에서 오스트리아는 서갈리시아(루블린, 크라쿠프)[115,000km²], 러시아는 리투아니아의 잔여 지역[465,000km²], 그리고 프로이센은 바이헬보겐(Weichelbogen) [145,000km²]를 차지했다. 1797년 3국은 폴란드 문제가 영원히 해결된 것으로

요제프 2세는 어머니가 추진한 중앙집권화 정책을 보다 강화시켰다. 이는 신분제 의회가 가졌던 조세징수권을 완전히 박탈한 것과 상비군 수를 30만 명으로 늘린 것 등에서 확인할 수 있다. 아울러 그는 독일어를 사회공용어로 채택하는 칙령을 발표하여 비독일계 민족, 즉 체코인, 폴란드인, 그리고 마자르인들의 반발을 유발시켰다. 또한 요제프 2세는 보헤미아 국왕과 헝가리 국왕으로 등극하는 것을 거부했는데 그것은 자신의 중앙집권화 정책에 위배된다는 판단에서 비롯된 것 같다. 요제프 2세는 1781년 11월부터 수도원을 축소시키는 정책을 본격적으로 시행하기 시작했고 4년 후인 1785년 말에 이르러 738개의 수도원이 폐쇄되었는데 이것은 전체 수도원(2,163개)의 1/3이 넘는 비율이었다.

폐쇄된 수도원의 재산은 빈에 위치한 병원들의 운영 및 연구 자금으로 활용되었다. 그러나 이러한 과정에서 교육기관으로 활동했던 수도원들은 폐쇄 대상에서 제외되었다. 요제프 2세는 법전 선진화에도 관심을 보였다. 이에 따라 1787년에 형법이 제정되었고 다음해 공포된 형사법 전안은 법전 선진화에 크게 기여했다. 여기서는 사회성원의 법적평등화가 거론되었을 뿐만 아니라 3심제도의 운영에 대해서도 언급되었다. 아울러 사형제도의 폐지도 거론되었다. 또한 언론에 대한 검열제도를 폐지시켰을 뿐만 아니라 유대인들의 법적 지위에 대한 관심도 드러나는데 그것은 이들에게 시민권을 부여한 것에서 확인할 수 있다. 아울러 요제프 2세는 1781년 10월 13일에 발표한 관용칙서(Toleianzpatent)를 통해

합의했고(finis Poloniae), 폴란드 왕국이란 이름을 더 이상 쓰지 않기로 선언했다. B. Stollberg-Rilinger, *Maria Theresia*, p.572; F. Weissensteiner, *Die großen Herrscher des Hauses Habsburg*, p.262.

이들에게 신앙의 자유(Glaubensfreiheit)도 허용했다.[60] 요제프 2세는 국내 산업을 보호하기 위해 관세를 수시로 인상했다. 그리고 경제적 활성화에 걸림돌이 되었던 길드(Guild)제도도 폐지했다. 같은 해 농노제 역시 폐지됨으로써 농노들은 결혼 및 이주도 하게 되었을 뿐만 아니라 직업과 재산도 가지게 되었다. 이에 앞서 요제프 2세는 어머니 마리아 테레지아에게 보낸 서신에서 '(신민에 대한)관용'이란 단어를 정의했는데 그것에 따를 경우 어떤 종파의 사람들이라도 그들에게 자격이 있고, 또 국가 및 국가의 산업에 도움을 준다면 아무런 고려 없이 그들을 고용해야 한다는 것이다.

4. 바이에른 상속전쟁과 모자간의 대립 심화

요제프 2세는 영토 확장 정책의 일환으로 바이에른을 획득하려고 했으나 프로이센의 신속한 개입으로 실패했다. 카를 7세의 외아들인 바이에른의 막시밀리안 3세(Maximilian III : 1745~1777)가 천연두에 걸려 1777년 12월 30일 남자 상속인이 없는 상태에서 서거하자 요제프 2세

---

60 마리아 테레지아가 사망한 지 1년도 안 되어 요제프 2세가 발표한 관용칙서에서는 신교도들이 앞으로 모든 직업에서 일할 수 있을 뿐만 아니라 관료로서도 활동할 수 있다는 것이 언급되었다. 그러나 신교교회가 탑을 쌓고 종을 소유하거나 대로 쪽에 출입문을 내는 것은 허락되지 않았다. 유대인들은 그들에게 적용되었던 윤리규제법(Bekleidungsgesetz)이 폐지됨에 따라 처음으로 게토 밖에서 살거나 장사를 하고 공립학교에도 다닐 수 있게 되었다. 그러나 이들이 원했던 투표권 및 토지소유권은 이보다 훨씬 후인 1848년에 가서 얻게 되었다. 그렇지만 이들이 오스트리아 관료로 활동하는 것은 허용되지 않았다. E. Badinter, *Maria Theresia*, p.266.

는 다음해 1월 3일 오스트리아와 국경을 공유한 란츠후트(Landshut), 파사우, 슈트라우빙(Straubing) 등이 포함된 니더바이에른과 레겐스부르크(Regensburg), 암베르크(Amberg), 그리고 바이덴(Weiden)이 포함된 오버팔츠(Oberpfalz)에 대한 상속권을 주장했다.[61] 이는 후사 없이 사망한 막시밀리안 3세가 마리아 테레지아의 사촌누이인 마리아 요제파의 외아들이라는, 합스부르크 가문과 비텔스바흐 가문의 혈연관계에서 비롯되었다.[62]

그런데 막시밀리안 3세는 1766년, 1771년, 그리고 1774년에 체결된 팔츠 선제후 카를 테오도르(Karl Theodor)와의 비밀조약을 통해 남자 상속인 문제를 해결하려고 했다.[63] 그것에 따르면 양국의 군주 중에서 한 사람이 남자 상속인이 없는 상태에서 사망할 경우 나머지 한 군주가 자국에 그 국가를 편입시킬 수 있는 권한을 가진다는 것이다.[64] 이러한 비

---

61 E. Badinter, *Maria Theresia*, p.266; M. Erbe, *Die Habsburger 1493~1918*, p.149; F. Herre, *Maria Theresia*, p.340; B. Stollberg-Rilinger, *Maria Theresia*, p.742; F. Weissensteiner, *Die großen Herrscher des Hauses Habsburg*, p.263. 요제프 2세의 두 번째 부인 요제파의 오빠인 막시밀리안 3세는 당시 활용되기 시작한 천연두 예방접종을 믿지 않았기 때문에 접종을 거부했고 이로 인해 목숨을 잃었다.

62 E. Badinter, *Maria Theresia*, p.266; K. Pfister, *Maria Theresia*, p.219; B. Stollberg-Rilinger, *Maria Theresia*, p.743.

63 카를 테오도르는 팔츠-비텔스바흐 가문의 수장이었다. B. Stollberg-Rilinger, *Maria Theresia*, p.743.

64 실제로 막시밀리안 3세가 후사 없이 사망함에 따라 카를 테오도르 선제후는 바이에른과 바이에른 선제후 지위를 동시에 상속받았다. 이에 따라 그는 선제후의 주거궁을 만하임에서 뮌헨으로 옮겼고, 바이에른의 내부 사정을 제대로 알지 못하던 팔츠 관리들도 뮌헨으로 데려갔다. E. Badinter, *Maria Theresia*, p.266; M. Erbe, *Die Habsburger 1493~1918*, p.149; F. Herre, *Maria Theresia*,

밀협정에 대해 오스트리아는 전혀 알지 못한 상태였다. 그러나 1776년 카를 테오도르가 비밀사절단을 요제프 2세에게 보내어 자신과 막시밀리안 3세 사이에 체결한 비밀조약의 내용을 언급했다. 이어 그는 막시밀리안 3세가 남자 후계자 없이 사망할 경우 양국 간의 이익을 고려한 영토 교환도 제안했다. 당시 카를 테오도르는 니더라인(Niederrhein)을 토대로 자신의 왕국을 건설하려고 했는데 그 과정에서 오스트리아령 네덜란드가 절대로 필요했다.

막시밀리안 3세가 죽은 지 1주일도 안 된 1778년 1월 3일 카를 테오도르는 요제프 2세와 비밀협상을 펼쳤다. 여기서 그는 니더바이에른, 오버팔츠, 그리고 오버바이에른의 일부를 오스트리아에게 양보하는 대신 오스트리아령 네덜란드를 자국으로 넘겨줄 것을 요구했지만 요제프 2세는 수용하지 않았다. 요제프 2세는 바이에른의 일부 지역을 오스트리아에 편입시켜 슐레지엔 지방 상실 이후 실추된 오스트리아의 국제적 위상을 회복하고, 독일권에서 오스트리아의 영향력도 증대시키려고 했다. 요제프 2세는 자신의 목적을 달성하기 위해 1월 6일 15만 명의 군대를 이끌고 니더바이에른으로 진격하여 행정도시인 슈트라우빙도 점령했다. 이것은 카를 테오도르가 가지고 있던 바이에른의 교환가치를 크게 격하시키려는 의도에서 비롯된 것 같다.[65] 거의 같은 시기 카우니

p.340 ; C.W. Ingrao, *The Habsburg Monarchy*, p.195 ; B. Stollberg-Rilinger, *Maria Theresia*, p.742 ; F. Weissensteiner, *Die großen Herrscher des Hauses Habsburg*, p.263.

65 E. Dillmann, *Maria Theresia*, p.147 ; M. Erbe, *Die Habsburger 1493~1918*, p.149 ; F. Herre, *Maria Theresia*, p.341 ; C.W. Ingrao, *The Habsburg Monarchy*, p.195 ; B. Stollberg-Rilinger, *Maria Theresia*, p.743 ; F. Weissensteiner, *Die großen Herrscher des Hauses Habsburg*, p.263.

츠-리트베르크는 카를 테오도르가 파견한 사절단에게 팔츠 선제후국이 바이에른을 포기한다면 포르더외스터라이히(Vorderösterreich)와 갈리치엔을 즉시 제공하겠다는 역제안을 했다. 여기서 그는 팔츠 선제후가 바라던 오스트리아령 네덜란드의 이양은 불가하다는 입장을 밝혔는데 그것은 오스트리아령 네덜란드에서 유입되는 세금이 바이에른의 그것보다 훨씬 많다는 현실적 판단에서 비롯되었다. 당시 요제프 2세는 카를 테오도르와 협상을 벌이면서 오스트리아가 큰 비용 지불 없이 바이에른을 획득할 수 있다는 확신을 가지게 되었다. 그리고 오스트리아와 팔츠 선제후 사이의 협상에서 해결책 역시 논의되었는데 그것은 오스트리아의 바이에른 점유를 팔츠 선제후가 인정한 데서 비롯되었다.[66]

그러나 제1차 폴란드영토분할 참여로 서프로이센을 획득한 후 기존의 엘베강에서 동프로이센의 메멜(Memel)강까지 영토를 늘린 후에도 바이에른의 일부 지역, 즉 호엔촐레른 가문 계열의 안스바흐(Ansbach)와 바이로이트(Byreuth) 변경백령을 프로이센에 합병시키려던 프리드리히 2세가 니더바이에른과 오버팔츠에 대한 오스트리아의 영유권 주장을 인정할 리가 없었다.[67] 또한 프리드리히 2세는 오스트리아 영역의 확대 및

---

66 E. Dillmann, *Maria Theresia*, p.147 ; F. Herre, *Maria Theresia*, p.341 ; C.W. Ingrao, *The Habsburg Monarchy*, p.196 ; K. Pfister, *Maria Theresia*, p.220 ; B. Stollberg-Rilinger, *Maria Theresia*, p.744 ; F. Weissensteiner, *Die großen Herrscher des Hauses Habsburg*, p.253.

67 막시밀리안 3세의 부인 마리아 안나는 카를 테오도르가 바이에른을 상속받는 것에 동의하지 않았다. 여기서 그녀는 장조카인 작센 선제후 프리드리히 아우구스트 3세(Friedrich August III)가 바이에른의 상속자가 되어야 한다는 입장을 표명했을 뿐만 아니라 그것을 실현시키기 위해 프리드리히 2세의 무력적 개입도 요청했다. E. Badinter, *Maria Theresia*, p.267 ; C.W. Ingrao, *The Habsburg Monarchy*, p.196 ; B. Stollberg-Rilinger, *Maria Theresia*, p.744.

그것에 따른 독일권에서의 위상 증대에 동의하지 않았다.[68] 이에 따라 1778년 4월 프리드리히 2세는 오스트리아에게 남부독일에서의 영토교환 협상을 제의했다. 프리드리히 2세의 이러한 입장 표명에 당황한 요제프 2세는 당시의 유럽 정세를 확인했는데 그것은 최악의 경우 프로이센과 전쟁을 해야 한다는 우려에서 비롯된 것 같다. 그리고 그 과정에서 요제프 2세는 오스트리아가 프로이센과 전쟁을 벌일 경우 우군이 없다는 것도 파악했다. 실제로 작센의 위정자는 오스트리아가 프로이센과 전쟁을 펼칠 경우 이 전쟁에 개입하지 않겠다는 입장을 표명했고 마리아 테레지아의 사위인 루이 16세 역시 고의적으로 무관심을 표명했다. 그리고 러시아의 여제 역시 프로이센 측을 지원하겠다는 입장을 밝혔다. 아울러 신성로마제국 내 적지 않은 국가들, 특히 하노버는 프리드리히 2세를 지원하겠다는 의사를 공식적으로 천명했다.[69] 이러한 불리한 상황에서 요제프 2세는 1778년 4월 동생 막시밀리안 프란츠와 처남 알베르트 카지미르와 더불어 오스트리아군 18만 명을 이끌고 프로이센과 작센 국경지역까지 진격한 후 거기서 프로이센 공격에 대응하려고 했다. 이 기간 중 양국 사이에 외교적 협상이 전개되었지만 아무런 성과도 거두지 못했다. 이에 따라 프리드리히 2세는 1778년 7월 3일 작센과 더불어 오스트리아에 대해 전쟁을 선포했고 이틀 후인 7월 5일 보헤미아 지방을 공격했다. 이로써 바이에른 상속전쟁이 시작되었다.[70] 그러

오스트리아 최초의 여왕 마리아 테레지아

---

68 당시 안스바흐와 바이로이트 변경백령 역시 남자 상속인이 단절될 상황에 놓여 있었다. E. Badinter, *Maria Theresia*, p.267 ; B. Stollberg−Rilinger, *Maria Theresia*, p.744.

69 F. Herre, *Maria Theresia*, p.342 ; B. Stollberg−Rilinger, *Maria Theresia,* p.744.

70 F. Herre, *Maria Theresia*, p.343 ; K. Pfister, *Maria Theresia*, p.220 ; B. Stollberg−Rilinger, *Maria Theresia*, p.744 ; F. Weissensteiner, *Die großen Herrscher*

나 곧 프로이센–작센 연합군은 물론이고, 오스트리아군에게도 보급상
의 문제가 발생했기 때문에, 양측은 가능한 한 모두 군사적 충돌을 피해
갔다. 당시 보급 사정이 매우 나빴기 때문에 병사들은 주로 감자만을 먹
어야 했다. 이러한 과정에서 병사들은 감자를 얻기 위해 농토를 황폐화
시켰고 이것에 대한 농민들의 불만은 극에 달했다.[71] 특히 원정에 참여
한 프로이센군은 제대로 보급을 받지 못했기 때문에 이들 중의 약 25퍼
센트가 굶주림과 전염병으로 목숨을 잃었다. 그리고 상당수의 군인들은
탈영을 시도하는 등 군기가 문란해졌다. 이러한 상황에도 불구하고 프
로이센의 군사력은 오스트리아의 그것보다 훨씬 막강했다.

당시 마리아 테레지아는 프로이센과 일전을 불사하려는 요제프 2세
의 의지를 차단하려 했지만 성과를 거두지 못했다. 마리아 테레지아는
막시밀리안 3세가 사망했다는 소식을 접한 후 바로 요제프 2세에게 군
대를 동원하는 등의 행동을 할 경우 오스트리아는 파멸적 상황에 놓일
수 있다는 것도 경고했다.[72] 또한 그녀는 오스트리아가 단순히 영토 확
장을 위해 무력 개입을 시도할 경우 오스트리아는 적의를 품은 주변 국
가들만 확인하게 될 것이라고도 했다. 즉 그녀는 요제프 2세가 프로이
센과 같이 영토 확장 정책(Vergrößerungspolitik)에 집착하면 결국 파멸의
길로 접어들 것이라는 우려를 표명했던 것이다. 이어 그녀는 만일 오스

---

des Hauses Habsburg, p.264.

71 감자는 7년전쟁 기간 중 중부 유럽까지 전파되어 빵을 대체할 수 있는 새로운
주식으로 등장한 식재료였다. 그리고 감자를 얻을 수 없는 병사들은 자두나무
에서 자두를 따 먹으며 목숨을 연명해야 했다. F. Herre, *Maria Theresia*, p.345;
B. Stollberg-Rilinger, *Maria Theresia*, p.744; F. Weissensteiner, *Die großen
Herrscher des Hauses Habsburg*, p.264.

72 E. Badinter, *Maria Theresia,* p.269; F. Herre, *Maria Theresia*, p.342.

트리아가 프로이센과 다시 전쟁을 벌인다면 오스트리아 신민의 상황은 다시 어려워질 것이고 그동안 힘들게 확립한 국가제도 역시 크게 훼손될 것이라는 예견도 했다.[73] 그러나 요제프 2세는 어머니의 걱정스러운 충고에도 불구하고 자신의 관점을 포기하려고 하지 않았다. 동생 레오폴트에게 보낸 서신에서 그는 어머니께서 불안을 가지고 프로이센과의 충돌을 저지하려 하는데 그러한 간섭은 아마도 자신의 존재를 부각시키려는 의도에서 비롯된 것 같다는 오만한 분석을 하면서. 그의 계획이 가지는 정당성과 거기서 파생될 이익만을 강하게 부각시키려 하고 있다.[74]

이후부터, 즉 4월부터 7월까지 마리아 테레지아는 자신의 요구 및 충고에 부정적 자세를 보이는 요제프 2세에게 개인적 서신을 많이 보냈고 어떤 날에는 수차례나 편지를 보내어 마음을 돌리려 했다. 편지를 보낼 때마다 그녀는 요제프 2세에게 오스트리아의 현실적 상황, 즉 더 이상 오스트리아는 유럽의 최강 국가가 아니라는 것과 프로이센의 군사력이 오스트리아의 그것보다 훨씬 우위라는 것을 인지시키려 노력했다. 그러나 6월 말 자신의 충고가 더 이상 실효를 거둘 수 없음을 판단한 마리아 테레지아는 전쟁 이후의 상황을 고민하게 되었다.

---

73 아들에게 보내는 한 서신에서 마리아 테레지아는 "전쟁은 불쌍하고, 가련한 여인으로부터 아이를 강제로 빼앗는 것과 같다라고 생각한다. 그리고 전쟁은 비인간적이고 수천 명의 행복을 쉽게 앗아가기 때문에 가능한 한 하지 말아야 한다"고 했다. 또한 마리아 테레지아는 서신에서 불필요한 전쟁으로 오스트리아 및 합스부르크 가문이 위기적 상황에 직면하게 될 수도 있다는 것을 경고했다. B. Stollberg-Rilinger, *Maria Theresia*, p.745; F. Weissensteiner, *Die großen Herrscher des Hauses Habsburg*, p.264.

74 A. v. Arenth, *Maria Theresia und Joseph II. Ihre Correspondenz sammt Briefen Joseph's an seinen Bruder Leopold*, Bd., II(Wien, 1867), p.187; E. Badinter, *Maria Theresia*, p.267; B. Stollberg-Rilinger, *Maria Theresia*, p.745.

바이에른 상속전쟁이 발생한 후 요제프 2세는 프로이센의 신속한 공격에 당황했다. 전쟁을 개시한 지 불과 3일 만에 프리드리히 2세는 보헤미아 지방을 정복하는 민첩성을 보였지만 요제프 2세는 그러한 상황에 효율적으로 대응할 방안을 강구하지 못했다. 실제로 요제프 2세는 전쟁이 시작된 직후, 즉 1778년 7월 11일 마리아 테레지아에게 보낸 편지에서 오스트리아군의 상황이 매우 나쁜데 그것은 프리드리히 2세가 지휘하는 프로이센군이 훨씬 강한 데서 비롯된 것 같다고 했다. 이어 그는 프로이센이 보헤미아 지방을 차지하는 것을 저지하고 있지만 그러한 시도가 어느 정도 견지될지 모른다고 했다.

끝으로 요제프 2세는 오스트리아에게 다소나마 유리한 조약을 체결하고 싶지만 당시 상황에서 그러한 것을 실현할 방안도 없음을 토로했다.[75] 이것은 요제프 2세가 전쟁이론에 대해서는 배웠지만 그것을 실제적 상황에 적용해본 적이 없었다는 데서 비롯된 것 같다. 이러한 상황에서 요제프 2세는 국민총동원령을 내렸고 거기서 가용할 수 있는 모든 재원을 전쟁에 투입하려는 무리한 정책을 강행했다. 그럼에도 불구하고 요제프 2세의 오스트리아는 더욱 어려운 상황에 놓이게 되었다. 이에 마리아 테레지아는 본인이 바이에른 상속전쟁을 가능한 한 빨리 종결시

---

75 아들로부터 이러한 서신을 받은 마리아 테레지아는 아들과 오스트리아의 운명을 걱정하기 시작했다. 그녀의 생각에 따르면, 요제프 2세가 이끄는 18만 명의 오스트리아군이 겨울을 보내기 위해 보헤미아 및 모라비아 지방에 진지를 구축하려던 프리드리히 2세의 계획을 막지 못할 경우 다가올 봄에 프라하가 포함된 보헤미아 지방을 프로이센에게 빼앗길 수 있다는 것이다. 따라서 그녀는 아들인 요제프 2세에게 자신이 할 수 있는 모든 방안을 강구하겠다는 약속도 했다. A. v. Arenth, *Maria Theresia und Joseph II. Ihre Correspondenz*, pp.335~336; E. Badinter, *Maria Theresia*, p.267; B. Stollberg-Rilinger, *Maria Theresia*, p.746.

키는 데 주도적 역할을 해야 한다고 판단했고 그것을 가시화시키기 위해 카우니츠-리트베르크와 비밀독대도 했다.

독대를 끝낸 후 마리아 테레지아는 1778년 7월 12일 특사 투구트 (Franz v. Thugut)를 프리드리히 2세에게 보내 평화협상을 본격화하려 했다. 투구트를 통해 마리아 테레지아는 자식을 걱정하는 어머니의 입장 (Mutterherz)에서 프리드리히 2세와 평화협상을 논의하겠다는 의사를 전했고, 가능한 한 빨리 전쟁이 종료되기를 기대한다고 했다.[76] 아울러 마리아 테레지아는 오스트리아가 바이에른의 상당 지역을 포기할 수 있다는 입장을 밝혔다. 그리고 전쟁을 종료시키는 데 필요한 영토 교환을 위해 프로이센의 희망을 적극적으로 수용하겠다는 자세도 보였다.

당시 전세가 불리하게 전개되었음에 불구하고 요제프 2세는 계속하여 바이에른에 대한 오스트리아의 상속권을 프로이센으로부터 인정받으려고 했다.[77] 그러나 그는 어머니가 카우니츠-리트베르크와 밀담을 한 후 독자적으로 프리드리히 2세와 평화조약을 추진하고 있다는 사실을 알고 자신이 매우 모욕적이고 부끄러운 상황에 놓여 있다는 사실도 깨닫게 되었다.[78] 당시 명예는 왕실이나 상류사회에서 최우선시되는 덕

---

76 마리아 테레지아는 프리드리히 2세에게 보낸 서신에서 다음과 같이 언급했다. "현재 나의 두 아들과 사랑하는 사위가 귀하와 전투를 펼치고 있습니다. 이렇게 귀하에게 편지를 보내어 평화협상을 시도하는 것을 나의 두 아들과 사위는 모르고 있습니다. 따라서 귀하께서도 이러한 평화협상을 요제프 2세에게 알리지 말 것을 부탁드립니다. 그리고 우리 사이의 평화협상이 가까운 시일 내에 좋은 결과가 있기를 기대합니다." E. Badinter, *Maria Theresia*, p.269; M. Erbe, *Die Habsburger 1493-1918*, p.150; B. Stollberg-Rilinger, *Maria Theresia*, p.747.

77 E. Badinter, *Maria Theresia*, p.270; B. Stollberg-Rilinger, *Maria Theresia*, p.747.

78 마리아 테레지아는 프리드리히 2세와의 평화협상이 어느 정도 성과를 거둠에

목인데 일국의 왕이자 최고지휘관이 자신의 어머니, 적국, 나머지 국가들에 의해 미성년자로 평가된다면 그 치욕은 감내할 수 없는 사안이었다. 따라서 요제프 2세는 마리아 테레지아에게 편지를 보냈고 거기서 그는 어머니가 자신의 행동에 동의하지 않은 것과 프리드리히 2세와 일방적으로 협상을 전개한 것에 강한 불만을 표시했다. 이어 그는 황제 직을 내려놓고 이탈리아로 떠나겠다는 의사도 밝혔다.

요제프 2세의 절망적인 편지를 받은 후 마리아 테레지아는 즉시 답장을 썼다. 거기서 그녀는 자신의 행동이 결코 요제프 2세의 명예를 훼손하기 위한 것이 아니라고 언급했다. 나아가 자신이 협상을 시도한 것은 프라하를 방어하기 어렵다는 아들의 상황을 개선시키려는 의도에서 비롯되었음을 강조했다. 그러나 요제프 2세의 치욕적 감정은 약화되지 않았다. 요제프 2세의 입장이나 태도를 확인한 후 마리아 테레지아는 다시금 군주의 명예보다 오스트리아의 존속과 번영이 더 중요하다는 것을 아들에게 인지시키려는 노력을 펼쳤다. 이후부터 그녀는 요제프 2세가 평화회담에 적극적으로 참여할 것을 요구했지만 요제프 2세는 그것에 대해 부정적인 자세를 보였다.[79]

그러나 이후의 바이에른 상속전쟁은 오스트리아와 프로이센 사이의 전면전으로 확대되지는 않았다. 무력충돌을 가급적 피했으면 좋겠다는

따라 요제프 2세에게 협상의 진행 과정을 알려주었다. 편지에서 마리아 테레지아는 "지난 두 달간의 협상에서 나는 나의 사랑하는 아들이 어려운 상황에서 벗어나는데 도움을 주기 위해 혼신의 노력을 기울였다. 따라서 이후에 발생될 수 있는 커다란 불행은 나타나지 않을 것이다."라고 했다. E. Badinter, *Maria Theresia*, p.27; B. Stollberg-Rilinger, *Maria Theresia*, p.747.

79 E. Badinter, *Maria Theresia*, p.272; B. Stollberg-Rilinger, *Maria Theresia*, p.748.

마리아 테레지아의 제의를 프리드리히 2세가 동의했기 때문이다. 전쟁이 진행되는 중에 마리아 테레지아와 요제프 2세는 각각 레오폴트가 그들의 관점을 지지할 것이라고 판단했다. 따라서 이들은 1778년 레오폴트를 빈으로 불러 그의 동의를 얻어내려고 했다. 빈에 체류하면서 레오폴트는 어머니와 형에 대해 나름대로 평가를 했다. 우선 그는 형 요제프 2세에 대해서는, 자신이 구상하거나 제안한 모든 안건들이 실패할 경우 그 실패의 원인을 어머니 또는 제3자에게 전가시키는 교활함을 가지고 있다고 평가했다. 어머니인 마리아 테레지아에 대해서는 "내가 만일 어머니 입장이라면 나는 즉시 요제프 2세에게 모든 국가 업무를 위임하고 양위도 할 것이다. 그리고 빈을 떠난 인스부르크로 갈 것이다. 어머니는 자신의 관점을 이행하면서 평화와 안정을 찾았지만 그 과정에서 요제프 2세를 무시하는 실수를 저질렀다. 어머니는 형이 일할 수 있는 상황을 조성했어야 했는데 그것을 등한시했다"라고 했다. 레오폴트는 어머니나 형을 일방적으로 지지한 것이 아니라 두 사람이 가지고 있는 문제점을 올바르게 지적한 셈인데, 이것은 마리아 테레지아와 요제프 2세가 기대한 것이 아니었다.[80]

1779년 3월부터 오스트리아와 프로이센은 오스트리아령 슐레지엔의 테센에서 평화협상을 시작했고 여기에는 프랑스와 러시아가 향후 질서를 보장하는 국가로 참여했다. 같은 해 5월 13일, 즉 마리아 테레지아의 예순두 번째 생일날에 같은 도시에서 평화조약이 체결되었는데 이 조약은 17개 조항, 1개 별도조항, 6개 협약으로 구성되었다. 베를린 주재 오스트리아 공사인 코벤츨(Johann Philipp v. Cobenzl)이 오스트리아 대

오스트리아 최초의 여왕 마리아 테레지아

---

80 E. Badinter, *Maria Theresia*, p.272 ; B. Stollberg-Rilinger, *Maria Theresia*, p.750.

표로, 빈 주재 프로이센 공사 리데젤(Johann Hermann Freiherr v. Riedesel) 남작이 프로이센 대표로 참석한 테센 평화회담에서 오스트리아는 파사우에서 잘츠부르크 대주교구의 북쪽 경계선에 이르는 2천 제곱킬로미터의 인비어텔(Innviertel)를 차지했다.[81] 인비어텔의 인구는 6만 명에 불과했으므로 막대한 전쟁비용을 치른 대가로는 너무나 빈약한 소득이었다.[82] 이에 반해 프리드리히 2세는 안스바흐와 바이로이트를 차지하는 승자가 되었다. 그런데 이 두 지역이 프로이센에 편입된 것은 1791년이었다.

1495년부터 1515년, 1557년부터 1603년, 그리고 마지막으로 1769년부터 1791년까지 세 차례 프로이센과 군합국 형식으로 호엔촐레른 가문의 지배를 받던 바이로이트와 안스바흐는 마지막 안스바흐 변경백 겸 바이로이트 변경백을 역임한 카를 알렉산더(Karl Alexander)에 의해 1791년 프로이센에게 양도되었다. 평화조약을 통해 카를 테오도르는 바이에른 선제후국의 위정자로 등장했다.[83] 테센 평화조약이 체결된 5월 13일 마리아 테레지아는 카우니츠-리트베르크에게 친서를 보내, 자신의 영광스러운 경력 역시 이번 과제 완수로 완전히 끝났다고 했다. 실제로 이후부터 마리아 테레지아는 더 이상 국가의 주요 현안에 관여하

---

81 그런데 이 지역은 1809년부터 1814년까지 바이에른에 다시 귀속되었다. E. Badinter, *Maria Theresia*, p.272; B. Stollberg-Rilinger, *Maria Theresia*, p.750.

82 전쟁에서 오스트리아는 1억 굴덴의 전비를 사용했지만 인비어텔의 주민들로부터 거둘 수 있는 세금은 매년 50만 굴덴에 불과했다. C.W. Ingrao, *The Habsburg Monarchy*, p.196.

83 M. Erbe, *Die Habsburger 1493-1918*, p.150; F. Herre, *Maria Theresia*, p.347; B. Stollberg-Rilinger, *Maria Theresia*, p.748; F. Weissensteiner, *Die großen Herrscher des Hauses Habsburg*, p.265.

지 않았다.

요제프 2세는 카우니츠-리트베르크가 어머니를 도와 프리드리히 2세와 비밀협상을 전개한 것에 심한 분노를 느꼈기 때문에 그와의 독대를 거절했다. 이에 따라 카우니츠-리트베르크는 바이에른 상속전쟁이 끝난 후 마리아 테레지아에게 사임 의사를 밝혔지만 마리아 테레지아는 불허했다.[84] 바이에른 상속전쟁이 발생하기 이전까지 요제프 2세와 카

---

84 카우니츠-리트베르크는 권력지향적인 인물이다. 그는 모든 수단과 방법을 동원하여 자신의 정적들을 제거했다. 일례로 그는 자신의 피후견인이었던 슈타르헴베르크에게 베르사유 주재 오스트리아 대사직을 넘겨주어 자신이 추진했던 프랑스와의 동맹체제 결성을 마무리하게 했다. 슈타르헴베르크가 부여된 과제를 성실히 이행함에 따라 마리아 테레지아는 그를 카우니츠-리트베르크의 후계자로 간주했고 이러한 그녀의 의도는 바로 카우니츠-리트베르크에게도 알려졌다. 실제로 마리아 테레지아는 1765년 후반 슈타르헴베르크를 빈으로 귀환시켜 카우니츠-리트베르크의 후임으로 임명하려고 했다. 1766년 초반 내내 카우니츠-리트베르크는 상 레모(San Remo) 사건으로 심기가 불편한 프란츠 1세와 만나야 했고 슈타르헴베르크 가문과 마리아 테레지아와의 비밀접촉 과정에서 게오르그 아담 폰 슈타르헴베르크의 궁내관 임명과 자신의 대궁내관 지명이 합의되었다는 소식도 접했다. 실제로 슈타르헴베르크의 빈 귀환이 가시화됨에 따라 카우니츠-리트베르크는 자신이 권력구도에서 완전히 배제되어서는 안 된다는 생각을 하게 되었고 거기서 그는 마리아 테레지아에게 승부수를 던졌다. 즉, 1766년 7월 경쟁자의 귀환을 앞두고 기습을 감행한 것이다. 7월 4일 카우니츠-리트베르크는 마리아 테레지아에게 사직서를 제출했다. 사직 이유는 자신의 나쁜 건강상태와 자신이 슈타르헴베르크의 향후 공직활동에 걸림돌이 되어서는 안 된다는 것이었다. 사직서를 본 마리아 테레지아는 크게 놀랐고 카우니츠-리트베르크와 같은 유능한 인물을 포기할 수 없다는 생각도 하게 되었다. 따라서 그녀는 그에게 편지를 보내면서 사직 수용을 거부했다. "귀하께서는 나로 하여금 지난 24시간 동안 어려운 시간을 가지게 했습니다. 통치자 및 친구로서 나는 이 사표를 귀하께 돌려보내며 더 이상 그것에 대해 듣지 않으려고 합니다." 이어 그녀는 자신의 약점 및 부족함과 같은 비밀을 카우니츠-리

우니츠-리트베르크의 관계는 매우 친밀했다. 이들은 마리아 테레지아와는 달리 정치적 상황에 도덕성을 부여하는 것에 대해 반대한다는 점에서 긴밀한 사이를 유지했다. 특히 두 사람은 마리아 테레지아의 경건한 기독교적 신념에 따른 정치를 역행하는 데 의견을 같이했다. 당시 마리아 테레지아는 정의와 신의라는 도덕적 관점에서 모든 것을 하느님에게 의지한 반면, 요제프 2세는 이미 19세기에 다가오던 제국주의 시대의 여명인 정치권력 시대를 지향했기 때문이다. 그러나 카우니츠-리트베르크와 마리아 테레지아 사이의 이러한 의견 차이에도 불구하고 요제프 2세가 카우니츠-리트베르크의 관점이나 견해를 거부할 경우 마리아 테레지아는 오히려 카우니츠-리트베르크의 입장을 지지하곤 했다. 즉 어머니로서 그녀는 미숙한 아들보다 노련한 재상을 더 신뢰했던 것이다.[85]

1780년 4월 중순부터 요제프 2세는 프로이센을 굴복시켜 자신의 위상을 다시 회복시켜야 한다고 생각했고 그것을 실현하기 위해 어머니와 아무런 상의 없이 어머니의 최대 적으로 간주되던 러시아의 예카테리나

트베르크에게 솔직히 토로하면서 마음의 평온도 찾을 수 있었음을 밝혔고 만일 그가 곁에 없으면 그러한 심적 안정 역시 사라질 것이라고 했다. 아울러 편지 말미에 향후 자신이 신임하는 카우니츠-리트베르크에 대한 어떠한 비판도 삼가겠다는 약속을 했다. 이러한 편지를 받은 카우니츠-리트베르크는 자신이 권력투쟁에서 승리했다고 판단했다. E. Badinter, *Maria Theresia*, pp.230~231.

85 권력게임에서의 이러한 삼각구도는 파트너를 바꾸어가며 마리아 테레지아의 정치 말년까지 지속되었다. 이로 인해 결과적으로 마리아 테레지아의 사후에도 카우니츠-리트베르크가 자신의 위치를 한동안 견지하며 황제고문으로 활동할 수 있었는데 이것은 요제프 2세에 대한 그의 승리라 하겠다. E. Badinter, *Maria Theresia*, p.272; B. Stollberg-Rilinger, *Maria Theresia*, p.748; F. Weissensteiner, *Die großen Herrscher des Hauses Habsburg*, p.265.

2세(Ekaterina II : 1762~1796)와 접촉을 시도했다. 4월 26일 러시아에 도착한 요제프 2세는 예카테리나 2세와의 독대를 통해 당시 구축된 러시아와 프로이센 간의 군사동맹체제를 와해시키려 했지만 이러한 시도는 거의 불가능했다. 4개월 동안 러시아에 머물렀던 요제프 2세는 1780년 8월 20일 아무런 가시적 성과 없이 빈으로 돌아왔다. 그럼에도 불구하고 그는 예카테리나 2세의 정치적 수완이나 국가통치 능력을 높이 평가하는 데 주저하지 않았는데 이것은 마리아 테레지아에 대한 불만을 우회적으로 표시한 것으로 볼 수 있다.[86]

1785년 요제프 2세는 재차 자신의 계획대로 바이에른을 자국에 편입시키려고 했지만 이번에도 프리드리히 2세의 반대로 무산되었다.[87] 이렇게 프로이센과의 관계 악화가 장기간 지속됨에 따라 요제프 2세는 러시아와의 동맹체제가 필요하다는 인식도 가지게 되었다. 그러나 그것에 대한 대가로 오스트리아는 자국에 별 이익이 없던 러시아-오스만튀르크 전쟁에 개입해야만 했다.

---

86 여기서 요제프 2세는 금세기 최고의 여성 통치자는 자신의 어머니가 아닌 예카테리나 2세라고 언급했다. E. Badinter, *Maria Theresia*, p.272 ; B. Stollberg-Rilinger, *Maria Theresia*, p.749.

87 바이에른 상속전쟁이 끝난 지 6년 만인 1785년 오스트리아와 바이에른 간의 영토 교환 시도를 둘러싸고 오스트리아와 프로이센 간에 재차 전쟁 발발의 가능성이 제기되었다. 이것은 당시 요제프 2세는 바이에른의 일부가 아닌, 바이에른 선제후국 전체를 오스트리아령 네덜란드와 맞교환하기 위한 협상을 카를 테오도르와 진행한 데서 비롯되었다.

5. 의무교육제도의 도입

앞서도 언급했듯이 마리아 테레지아는 1770년대 후반에 접어들면서부터 전반적인 국가통치를 아들에게 위임하는 경우가 많았다. 그러나 그녀는 재임 초기부터 관심사였던 교육개혁에 대해서는 계속 관심을 표명했고 거기서 주도적인 역할도 담당했다. 당시 요제프 2세 역시 어머니가 추진한 교육개혁에 대해서는 의견을 같이 했다.

1750년대부터 1760년까지 스비텐 주도로 시행된 교육개혁은 매우 제한적이었다. 따라서 마리아 테레지아는 왕국의 신민들 모두가 교육적 혜택을 받는 개혁을 모색했다. 여기서 마리아 테레지아는 신민들의 사회적, 경제적 상황을 개선하기 위해서는 교육의 기회를 반드시 제공해야 한다는 관점을 가지고 있었는데 이것은 계몽된 신민들이 최적의 신민이 된다는 확신에서 비롯된 것 같다. 그리고 마리아 테레지아는 교육개혁을 통해 중앙집권화 체제를 강화시킬 수 있을 뿐만 아니라 문화적 단일화 역시 구축할 수 있다는 판단을 했다. 여기서 거론된 문화적 단일화란 의무교육을 통해 왕국 내에서, 특히 독일인들보다 슬라브인들이 많이 살고 있는 지역에서 독일어가 자연스럽게 확산되는 것을 지칭한다. 또한 마리아 테레지아는 지금까지 교육을 전담하고 주도한 교회 대신 국가가 그 역할을 담당해야 한다고 했다. 아울러 그녀는 교육기관의 국립화 및 세속화는 중앙집권체제에서 반드시 이행되어야 할 사안이라고 했다. 그리고 그녀는 당시 계몽주의에서 요구하던 교회의 예속으로부터 사람들을 해방시키고 이들을 중세의 어둠으로부터 자유 및 평등이 구현되는 사회로의 이행에 대해 동의했을 뿐만 아니라 향후 교육적 기회를 여아들에게도 허용해야 한다는 생각을 하고 있었다. 마리아 테레지아는 자신의 교육개혁을 본격화하기 위해 페르간(Johann Anton v. Pergan) 백작을 교육개혁의 책임자로 임명했다.[88]

페르간 백작은 같은 해 개혁안의 초안을 여왕에게 제시했는데 거기서는 국가가 교육기관에 대한 감독권을 완전히 장악하고 교회가 가졌던 교육기관에 대한 제 권한 역시 세속적인 교사들에게 이양해야 한다는 것 등이 거론되었다. 이러한 개혁안에 마리아 테레지아는 전적으로 동의하지 않았으며 부분적인 수정도 요구했다. 당시 마리아 테레지아는 신교 국가인 프로이센에서 진행된 교육개혁에 깊은 관심을 보였고 그 내용과 진행 과정을 좀 더 구체적으로 확인하기 위해 모저(Friedrich Karl v. Moser)를 교육관료로 임명했다.[89] 이후 마리아 테레지아와 모저 사이의 독대가 있었고 거기서 나눈 대화 내용의 일부는 프랑크푸르트와 라이프치히에 간행되던『애국적 문서(*Patriotische Archiv*)』에서 확인할 수 있다. 마리아 테레지아는 모저에게 왜 신교 국가의 교육이 가톨릭 국가의

88 E.J. Görlich, *Grundzüge der Geschichte der Habsburger Monarchie und Öster-reichs*, p.154 ; K. Vocelka, *Österreichische Geschichte*, p.64 ; F. Weissensteiner, *Die großen Herrscher des Hauses Habsburg*, p.245.

89 프리드리히 빌헬름 1세는 국가에 대한 신민의 봉사가 모든 것에 앞서야 한다는 입장을 밝혔고 그것을 위해 1713년 일반의무취학령(Die allgemeine Schulp-flicht)도 마련하여 5세부터 12세까지의 아동을 의무적으로 취학하게 했다. 또한 그는 가난한 가정의 자녀들에게는 수업료를 면제하고 학교 교사들의 봉급을 국가에서 보조 지급할 것도 명령했다. 프리드리히 빌헬름 1세가 시도한 일련의 조치들은 의무교육제도 시행의 근간이 되었다. 그리고 이러한 의무교육제도는 왕실 소유지에서 시행되다가 점차적으로 왕국의 전 지역으로 확대 실시되었는데 그 과정에서 2천여 개의 신설 초등학교가 세워졌다. 아울러 교육의 내용 및 목적과 방법, 교과서의 공인 절차 과정, 그리고 교사 양성을 위한 교육기관 신설 등이 행정명령을 통해 체계화되었다.

교육보다 더 우위를 차지하고 있는가를 질의했고 그것에 대해 모저는
신교 국가가 전통이나 교육적 방해 요소들에 대응할 수 있는 방법들이
많다고 대답했다. 이어 그는 프로이센의 학생들이 배우면서 그들의 관
점을 스스로 생각하고 정리할 수 있는 기회를 제공받지만 오스트리아의
학생들은 단순히 가톨릭 교리문답서를 읽고 암기하는 수준에서 벗어나
지 못하기 때문에 그들의 창의성 계발은 거의 불가능하다고 했다. 그러
나 마리아 테레지아는 프로이센의 교육방법이 맹목적인 진보사상을 유
발시키기 때문에 오스트리아의 교육적 상황에 적합하지 않다는 입장을
모저에게 밝혔다. 이에 대해 프로이센의 교육가는 자신의 관점을 더 이
상 피력하지 않았다.

그럼에도 불구하고 마리아 테레지아는 신교 국가에서 시행되던 교
육개혁의 내용과 오스트리아의 현재적 상황을 접목시킨 교육개혁을 모
색했고 그 과제를 당시 프로이센에서 유명한 교육자로 알려진 펠비거
(Johann Ignaz Felbiger)에게 맡겼다.[90]

그렇다면 프로이센의 교육자가 어떻게 오스트리아에 오게 되었을까
라는 의문이 제기된다. 당시 마리아 테레지아는 펠비거가 오스트리아
의 교육개혁을 주도할 적임자라고 판단했고 그를 오스트리아로 초빙하
기 위해 프리드리히 2세에게 직접 서신을 보내 펠비거를 빈으로 보내줄
것을 요청했다. 프리드리히 2세는 그 요청을 수용했는데 그것은 양국이
제1차 폴란드 분할에 공동으로 참여한 후 조성된 일시적 우호 분위기에
서 비롯된 것 같다.

---

90 펠비거는 원래 오스트리아인이었으나 프로이센으로 국적을 바꿨다. H. Engel-
    brecht, *Geschichte des österreichischen Bildungswesens. Erziehung und Unterricht
    auf dem Boden Österreichs*(Wien, 1983), p.89.

펠비거

프로이센 출신으로 슐레지엔 자간 (Sagan)에 소재한 아우구스티누스파 수도참사회(Augustiner-Chorherrenstifts) 의 수도원장(Abt)이었던 펠비거는 자신이 경영한 수도원 내 가톨릭 학교가 당시 신교 측이 운영하던 학교들과의 경쟁에서 처진 이유들을 분석했고 거기서 교육개혁의 필요성을 강조하게 되었다. 이후 그는 교육학 서적들을 탐독하고, 당대의 모범학교로 간주된 레알슐레(Realschule : 실업중등학교)를 방문하여 그곳에서 적용되던 교육내용과 방법을 확인했고 거기서 간결한 문답식 교리서도 만들었다.[91] 1774년 5월 1일 빈으로 온 펠비거는 12월 6일 마리아 테레지아가 추진하던 교육개혁을 돕기 위해 '오스트리아 왕국 내 시범학교, 실업학교 및 보통학교를 위한 일반학제(Allgemeine Schulordnung für die Trivial-, Haupt-und die Normalschulen in sämmtlichen kayerlich-königlichen Erblanden)'를 발표했다. 펠비거가 발표한 교육개혁의 서문에는 "신민의 진정한 행복 증진을 가장 중요한 토대로 설정하고 이것을 실천시키기 위해 양성청소년 교육을 시행한다"가 명시되었다. 교육개혁의 주요 내용으로는 학제를 시범학교(Trivialschule), 실업학교 (Hauptschule), 그리고 보통학교(Normalschule)로 세분화한 것, 각 개인을

91 H. Engelbrecht, *Geschichte des österreichischen Bildungswesens*. pp.89~90 ; B. Stollberg-Rilinger, *Maria Theresia*, p.708 ; F. Weissensteiner, *Die großen Herrscher des Hauses Habsburg*, p.245.

오스트리아 최초의 여왕 마리아 테레지아

구두 테스트하는 대신 학급수업을 도입한 것, 성경구절의 암기 대신 간결한 교리문답서를 도입한 것 등을 들 수 있다. 그리고 교육개혁에서는 단일 교과서를 학교수업에 사용한다는 것도 명시되었다.[92]

주로 도시에 설치된 실업학교에서 학생들은 독일어, 기하학, 역사, 지리, 가사, 그리고 농업학 등을 배웠다. 보통학교는 중세 대학의 하위 3학문인 문법, 수사, 논리를 가르친 '스콜라 트리비알리스'에서 차용한 명칭인데 이 학교에서는 실업학교에서 배우는 과목뿐만 아니라 박물학, 기술학, 그리고 라틴어도 공부했다.

이후 '연구 및 서적검열 왕실위원회'와 교육정책 수립을 위한 중앙관청 성격의 '장학위원회'가 설립되었다. 특히 의무교육을 확산시키는 권한을 받은 장학위원회는 학교 경영을 조정하는 데 주력했다. 농촌에서는 6~12세 아동을 위한 의무제 초등교육기관으로 1~2년제의 단일학급으로 구성된 시범학교가 설립되었고 그 수는 점차적으로 확대되어 마리아 테레지아가 죽기 직전인 1780년에는 전국적으로 500개나 되었다.[93]

---

92 의무교육 제도를 전면적으로 실시하면 왕국 내에서 적지 않은 부작용이 제기될 수 있다는 주장도 강하게 제기되었다. 지방민들이 읽을 능력을 갖출 경우 이들은 분명히 나쁜 책들을 읽을 것이며 여기서 이들은 올바른 신앙심을 잃게 되고 방황하게 된다는 것이다. 이러한 우려에 마리아 테레지아는 동의하지 않았는데 그것은 그녀가 헬비거가 언급한 독서 기능을 전적으로 수용했기 때문이다. 당시 헬비거는 독서를 통해 사람들은 그들의 운명적 상황을 개선시킬 수 있는 방법을 찾을 수 있을 뿐만 아니라 국가나 사회에 대한 그들의 불만도 해소시킬 수 있다고 했다. H. Engelbrecht, *Geschichte des österreichischen Bildungswesens*. p.90; C.W. Ingrao, *The Habsburg Monarchy*, p.190; B. Stollberg-Rilinger, *Maria Theresia*, pp.708~709; K. Vocelka, *Österreichische Geschichte*, p.64; F. Weissensteiner, *Die großen Herrscher des Hauses Habsburg*, p.245.

93 H. Engelbrecht, *Geschichte des österreichischen Bildungswesens*. pp.90~91; C.W.

마리아 테레지아는 왕궁과 가까운 지역들인 쇤브룬, 락센부르크, 헤첸도르프(Hetzendorf), 그리고 슈로스호프(Schloßhof)에 시범학교를 개설하고 종종 방문하여 수업을 참관했다. 교사와 학생들을 격려하기도 했고, 학업성적이 뛰어나거나 또는 품행이 바른 학생들에게 직접 상을 주는 열의도 보였다.[94]

1772년 마리아 테레지아는 교육기관에서 사용할 교재들을 출간하기 위해 '독일학교출판소'를 출범시켰다. 이 출판소에서는 매년 10여 종의 교과서가 출간되었는데 이것들은 1775년에 간행된 펠비거의 『방법론서(Methdenbuch)』에서 명시된 "어떤 사안에 대한 맹목적인 암기보다 그것을 정확히 이해하고 활용하는 데 중점을 두어야 한다"라는 기본적 원칙을 준수했다. 학생들이 사용한 교과서는 독일어로 출간되다가 점차 비독일계 민족을 위해 체코어, 폴란드어, 루테니아어, 슬로베니아어, 세르비아어, 크로아티아어, 헝가리어, 이탈리아어, 헤브라이어로도 간행되었다. 그리고 교과서는 원칙적으로 유료 판매를 했지만 가난한 신민들의 자녀들에게는 무상으로 공급되었다.

마리아 테레지아의 이러한 배려에도 불구하고 의무교육의 전면적 시행은 이루어지지 못했다. 학부모들의 인식과 문맹자들의 수가 너무 많았기 때문이다. 당시 학부모들은 자녀들을 학교로 보내는 동안 노동력이 감소되는 것에 대해 불만을 가지고 있었다. 또한 이들은 자녀들의 등

Ingrao, *The Habsburg Monarchy*, p.190; B. Stollberg-Rilinger, *Maria Theresia*, p.709.

94 H. Engelbrecht. *Geschichte des österreichischen Bildungswesens*. p.91; E.-B.Körber, *Die Zeit der Aufklärung*, pp.164~165; B. Stollberg-Rilinger, *Maria Theresia*, p.709; F. Weissensteiner, *Die großen Herrscher des Hauses Habsburg*, p.246.

록금을 마련하거나 교복비를 낼 경제적 여력도 거의 없었다. 또한 교사들이나 교사 역할을 해야 하는 주임신부들이 교육, 시험, 그리고 검열 등의 업무를 전담해야 했는데 정부는 그것에 대한 보상을 제공할 경제적 능력이 없었다. 마리아 테레지아는 예수회 교단의 재산을 교육개혁 자금으로 활용하려고 했지만 예상과는 달리 어려움에 직면하는 경우가 많았다.[95]

도시에서 3년제 실업학교를 졸업한 학생들은 보통학교 입학 자격을 부여받았다. 보통학교는 점차적으로 초등학교 교사 양성과 교육에 활용되기 시작했다. 펠비거가 1763년 니더슐레지엔의 자간에 설립한 최초의 보통학교는 교사의 연수 교육기관이었지만 이후에 세워진 대부분의 보통학교는 교사 양성에 크게 기여했다.

당시 마리아 테레지아를 비롯한 일련의 계몽군주가 시행한 교육개혁은 농민들이나 하층민들에 대한 인도주의적 교육과는 사실상 거리가 멀었는데 그것은 절대적 국가권력의 강화를 위한 국가의식과 일사불란한 규율의식의 함양을 궁극적인 목표로 설정한 데서 확인할 수 있다.

마리아 테레지아는 초중등교육에 이어 고등교육의 개혁도 시도했는데 그것은 1775년에 공포한 '오스트리아 왕국과 귀속 영토의 인문계 고등학교 설치법(Entwurf zur Errichtung von Gymnasien in den k.k. Erblanden)'에 따라 시행되었다. 그리고 대학교육 영역은 1773년 그동안 빈대학을

---

95 이렇게 교사들에 대한 처우가 개선되지 않았음에도 불구하고 마리아 테레지아는 펠비거의 건의에 따라 교사들의 사회적 위상 증대에 대해 관심을 표명했다. 여기서 그녀는 교사들이 부업에 종사하는 것을 금지시켰고 이것은 교사들의 강한 불만을 유발시키기도 했다. H. Engelbrecht, *Geschichte des österreichischen Bildungswesens*, p.92; B. Stollberg-Rilinger, *Maria Theresia*, p.709; F. Weissensteiner, *Die großen Herrscher des Hauses Habsburg*, p.246.

감독한 예수회 교단이 퇴출됨에 따라 개혁이 본격화되기 시작했다. 이것을 통해 대학은 종교가 아닌 국가의 책임 영역으로 넘어갔다. 대학 운영이 정부로 넘어간 이후 빈대학교의 외형적인 확장도 가시화되었는데 그것은 의학부의 시설이 대폭 확대되었고 대형 강의실 등이 등장한 데서 확인할 수 있다.

6. 생의 마지막 순간

프란츠 1세가 사망한 후 마리아 테레지아는 모든 스트레스를 먹는 것으로 풀었다. 물론 이전부터 마리아 테레지아는 음식을 많이, 빨리 먹기를 좋아했다. 따라서 주치의를 비롯한 주변 사람들은 이러한 식사 습관을 우려했지만 마리아 테레지아는 전혀 신경을 쓰지 않았다. 그러나 남편이 사망한 이후 그녀는 극도로 살이 쪘고 다리가 부어서 걷지 못할 정도로 건강도 나빠졌다. 또한 마리아 테레지아는 어머니 엘리자베스 크리스티네가 앓았던 수종[96] 증세가 자신에게도 나타나고 있는 것을 매우 두려워했다. 뿐만 아니라 혈압도 매우 높았고 주치의의 진단에 따르면 폐에 결핵성 충혈과 기종(氣腫)도 있었다. 이렇게 건강상 많은 문제점을 가지고 있었던 터라 점차 주치의의 권유에 따라 육류 및 수프를 전혀 섭취하지 않고 채소와 과일만을 먹었지만 극도로 불어난 체중은 거의

---

96 수종(Wassersucht; edena)은 혈액 중의 수분이 대량으로 조직 내로 이동할 때, 혈관 및 림프관에 흐르는 조직액의 관류가 장해를 받을 때, 그리고 조직의 수분흡착력이 증가할 때 나타난다. 수종에 의해 체강 내 대량의 액이 저류할 경우 이것은 주변의 조직을 압박하여 기능부전도 일으킨다.

줄어들지 않았다.

1769년 8월 7일 마리아 테레지아는 당시 매우 긴밀한 관계에 있던 로잘리 폰 에드링(Rosale v.Edling) 백작부인에게 보낸 서신에서, 체중이 급격히 늘었기 때문에 자유롭게 움직일 수도 없다고 토로했다.[97] 이어 그녀는 정신적 능력 역시 빨리 쇠퇴하고 있다고도 말했다. 거동에 문제가 있던 마리아 테레지아의 침실에는 여왕이 침대에서 몸을 돌리지 않고도 거울에 비친 시간을 읽을 수 있게끔 특별히 제작된, 글자판이 반대로 된 벽시계가 걸리기도 했다. 그리고 거구로 인해 남편의 시신이 있는 카푸치너 교회 지하계단을 오르내리는 것조차 힘들어지자 그녀를 위해 특별한 그물로 짠 승강기가 설치되기도 했다. 이후 유럽의 왕실에서는 마리아 테레지아의 건강과 연계된 와전된 소문이 지속적으로 확산되었다. 그러한 소문에 따르면 마리아 테레지아가 사혈을 할 정도로 건강이 악화되었기 때문에 결국 가까운 시일 내에 생을 마감하리라는 것이다.[98]

---

97 E. Badinter, *Maria Theresia*, p.253.

98 이러한 마리아 테레지아의 건강과 관련된 소식을 접한 프리드리히 2세는 그녀의 후계자 요제프 2세의 정복욕 때문에 언젠가는 유럽 대륙이 전쟁에 휩싸이게 될 것이라는 우려를 표명했다. 따라서 그는 마리아 테레지아의 건강 상태를 정확히 파악하기 위해 빈 주재 프로이센 대사에게 그녀의 건강과 관련된 모든 사안을 보고할 것을 명령했다. 이에 따라 프리드리히 2세는 마리아 테레지아의 건강상태를 보고받으면서 유럽에서 확산되던 그녀의 건강상태가 크게 와전되었다는 것도 확인했다. 그리하여 그는 동생인 하인리히에게 다소 거친 편지를 보냈다. "마리아 테레지아 여사는 계속 생존하여 나를 무덤 속까지 데려다줄 것이다. 그녀는 충분한 에너지를 가졌기 때문에 앞으로도 계속하여 권력의 고삐를 주도할 것이다. 마리아 테레지아는 요즘 거론되고 있는 자신의 퇴위를 전혀 고려하지 않고 계속 오스트리아를 통치할 것이고 그녀가 죽은 후에 요제프 2세가 단일 통치자로 등장할 것이다." E. Badinter, *Maria Theresia*, p.255.

말년의 마리아 테레지아

　실제로 나이가 들수록 마리아 테레지아의 건강은 급격히 쇠약해졌다. 이에 따라 빈에 머물던 레오폴트의 제안에 따라 1779년 건강검진이 이루어졌다. 검진 후 담당 주치의와 면담을 나눈 레오폴트는 어머니의 나쁜 건강상태를 심각하게 우려하기 시작했다. 당시 그의 언급에 따르면 마리아 테레지아는 거동에 어려움이 있었다. 이것은 그녀가 걷기 시작하거나 또는 어떤 방향으로 움직이기 시작할 때 바로 호흡곤란에 빠지는 것에서 확인되었다. 그리고 레오폴트는 이를 부끄러워했던 어머니가 보다 빨리 걸으려 하면 오히려 역효과로 심기가 나빠지고 목소리마저 의기소침해진다고 말했다. 또한 마리아 테레지아의 기억력 역시 크게 쇠퇴해졌기 때문에 많은 것들을, 심지어 관료들에게 내린 명령들조차 기억하지 못하는 경우가 많아졌고 청각장애 역시 우려할 상황이라고 거론했다.

1780년 7월 4일 마리아 테레지아는 프란츠 1세의 동생이자 자신의 제부이기도 했던 카를 알렉산더 대공의 사망 소식을 접했다. 이것은 그녀에게 커다란 충격이었다. 카를 알렉산더 대공은 1744년 마리아 테레지아의 여동생 마리아 안나와 결혼했지만 그녀의 죽음으로 이들의 결혼생활은 채 1년도 가지 못했다. 카를 알렉산더 대공은 형과는 달리 여자들과 애정행각을 벌이는 일이 거의 없었다. 그는 마리아 테레지아에 의해 수차례 오스트리아군 최고사령관으로 임명되었고 거기서 적지 않은 공도 세웠다. 이후 오스트리아령 네덜란드의 마지막 총독으로 활동하다가 갑자기 사망한 것이다. 시동생의 갑작스러운 사망 소식을 접한 마리아 테레지아는 "나는 그를 진심으로 좋아했다. 그는 선량함 그 자체였고 그가 통치한 지역은 왕국에서 가장 행복한 지역이었다"라고 했다. 카를 알렉산더 대공을 잃은 슬픔에서 벗어나지 못한 상태에서 마리아 테레지아는 요제프 2세의 돌발적 행동으로 다시 한번 충격을 받았다. 당시 마리아 테레지아는 딸 마리아 크리스티네의 남편인 작센-테센의 알베르트 카지미르 대공을 카를 알렉산더 대공의 상속자로 간주했다. 그러나 요제프 2세는 어머니와 상의 없이 독단적으로 카를 알렉산더 대공의 유산인 말, 마차, 가구, 그리고 식기 등을 처리하여 현금화했다. 마리아 테레지아는 아들의 이러한 품위 없는 행동에 대해 "전 유럽에 나쁜 인상만을 남겼다"라는 말로 불편한 심정을 토로했다. 시동생의 죽음과 요제프 2세의 일방적 행동으로 마리아 테레지아는 심한 충격을 받았고 그것을 극복하는 데 많은 시간이 필요했다.

　　1780년 11월 2일, 마리아 테레지아는 의자에 앉아 줄로 단단히 묶인 그물 승강기에 몸을 싣고 카푸치너 교회 지하로 내려갔다가 기도가 끝난 후 다시 올라오던 중 줄이 끊기자 "무덤이 나를 가지 못하게 붙들어 두려고 하는구나"라고 말하기도 했다. 그러나 주변의 있던 어느 누구도 자신의 죽음을 예고하는 듯한 마리아 테레지아의 언급이 2~3주 후에 현실이 되리라고는 짐작하지 못했다.

습하고 추운 1780년 11월 초순부터 빈에서는 독감이 확산되었다. 마리아 테레지아의 딸 마리아 엘리자베트는 심한 기침감기에 걸렸고, 마리아 안나는 독감으로 인해 하루 종일 아무것도 먹을 수 없었다. 그리고 카우니츠-리트베르크 역시 독감에 걸리지 않으려고 거실에 머물렀고 가능한 한 외부와의 접촉도 피했다. 당시 마리아 테레지아는 63세의 고령이었고 그녀 역시 겨울마다 기침과 호흡곤란에 시달렸다.

11월 8일 아침 마리아 테레지아는 쇤브룬 궁전의 높은 지대인 글로리에테(Gloriette)에서 황실 가족들의 꿩 사냥(Fasanenjagd) 모습을 지켜봤다. 이후 마리아 테레지아는 수렵회 일원들과 함께 가벼운 산보를 하고 새로 세운 아르테미스(Artemis) 여신상에 경탄하며 궁전으로 돌아와 아침식사를 했다. 남편 프란츠 슈테판의 초상이 걸려 있는 등 모든 것이 예전과 그대로인 공간에서 그녀는 식사를 했다. 식사 후 그녀는 가장 사랑하던 딸 마리아 크리스티네 내외와 같이 개방마차를 타고 쇤브룬궁과 마지막 작별을 예견한 듯이 성을 한 바퀴 돌았는데 이때 갑자기 강한 비가 내렸다. 다시 방으로 돌아왔을 때 마리아 테레지아는 오한을 느꼈고 자리에 누웠다. 이때부터 그녀의 병은 점점 악화되었다.[99]

11월 20일 마리아 테레지아는 곧 빈의 궁전으로 거처를 옮겼고 힘겨워하면서도 국사를 보았다. 그러나 그녀는 매일 개최되던 미사에는 참여하지 않았다. 같은 날 마리아 테레지아는 며느리인 마리아 베아트릭스 폰 에스테-모데나(Maria Beatrix v. Este-Modena)에게 서신을 보냈다.[100]

---

99 F. Ferre, *Maria Theresia*, p.352; B. Stollberg-Rilinger, *Maria Theresia*, p.826
100 마리아 베아트릭스 폰 에스테-모데나는 페르디난트 카를(Ferdinand Karl)의 부

거기서 그녀는 현재 딸들 및 오스트리아의 모든 신민들과 마찬가지로 감기에 걸린 것 같다고 했다. 그리고 그녀는 며느리에게 자신은 병에 걸리지 않았지만 다소 몸이 찌뿌드드한 것(unpäßlich) 같다고 했다.[101] 그러나 그녀의 건강상태는 호전되지 않았을 뿐만 아니라 고열로 인해 호흡마저 어려워짐에 따라 11월 22일 왕실 교회에서는 여왕의 건강을 기원하는 미사가 개최되었다.

11월 24일 프레스부르크에서 빈으로 돌아온 마리아 크리스티네와 알베르트 카지미르는 마리아 테레지아의 건강상태가 매우 나빠졌다는 것을 인지했다. 실제로 마리아 테레지아는 밤마다 불안해했고 질식 발작이 빈번하게 발생했다. 그러나 그녀는 자녀들과 더불어 맛있게 식사를 했고 대화도 많이 나누었다. 11월 26일 마리아 테레지아는 200명이 참여한 만찬(Souper)에도 참여했다. 여기서 그녀는 교황청에서 파견된 대사로부터 종부성사를 받았는데 이것은 내세를 준비하려는 그녀의 의지에서 비롯된 것 같다.

같은 날 저녁 마리아 테레지아는 토스카나의 레오폴트에게 통치자가 아닌 어머니로서의 심정을 담은 속달편지를 보냈다. 그리고 죽음이 멀지 않았음을 인지한 마리아 테레지아는 유언장을 고치며 자필로 몇 줄을 첨가하기도 했다. 그리고 자신을 보기 위해 빈에 온 레오폴트에게 "죽음을 막을 수 있는 약은 아무것도 없다. 그리고 우리에게 죽음이라는 상황이 다가오면 아무것도 우리를 그러한 것에서 구할 수 없다(Gegen den Tod ist kein Kraut gewachsen, und wenn unsere Stunde gekommen ist, wird

인이었다.

101 F. Ferre, *Maria Theresia*, p.352; B. Stollberg-Rilinger, *Maria Theresia*, p.826.

niemand uns retten)"라는 언급을 하기도 했다.[102]

11월 27일 빈 왕실은 마리아 테레지아의 중병으로 그녀의 임종이 멀지 않았음을 공식적으로 발표했고 그에 따라 오스트리아 전역에서는 그녀를 위한 미사가 개최되었다. 동시에 연극 공연, 오락, 그리고 여흥 등의 행사가 불허되었다. 그것을 대신하여 경건하고, 신의 뜻에 따른 죽음을 묘사한, 즉 아르스 모리엔디(ars moriendi : 죽음의 기술)를 지향하는 연극들이 무대에 올려졌다. 아르스 모리엔디는 라틴어로 '사망술' 또는 '왕생술'이라는 뜻으로, 14세기 흑사병이 크게 만연됨에 따라 죽음에 직면한 많은 사람들에게 올바르게 죽는 방법을 알려주는 소책자의 형태로 출간되어 15세기 서유럽 사회에 보급되었다. 여기서는 임종 시 천사와 악마가 육체를 떠나려는 영혼을 둘러싸고 싸우는 상황이 묘사되었고 기독교 신자로서 어떻게 죽을 것인가, 임종에 어떻게 임해야 하는지 등이 비교적 자세히 언급되어 있다.[103]

11월 28일 오전 2시 그녀를 위한 마지막 종부성사가 진행되었다. 이후 다섯 명의 자녀들이 마리아 테레지아 곁에 머물렀다. 마리아 테레지아는 자녀들에게 자신의 장례절차에 대해 많은 이야기를 했고 남기고 싶은 유언들을 간단히 메모지에 기록하여 궁녀들에게 전달하기도 했다. 그리고 마리아 안나, 마리아 크리스티네, 그리고 마리아 엘리자베트에게 더 이상 자신에게 오지 말 것을 명령했다. 그것은 딸들이 자신의 죽

102　E. Dillmann, *Maria Theresia*, p.151 ; B. Stollberg-Rilinger, *Maria Theresia*, p.827. 1790년 요제프 2세가 폐결핵으로 사망함에 따라 1765년부터 토스카나 대공 자격으로 피렌체에 머무르던 레오폴트 2세가 토스카나 대공직을 유지한 채 오스트리아의 위정자로 등극했다.

103　B. Stollberg-Rilinger, *Maria Theresia*, p.827.

는 과정을 지켜보는 것보다 교회에 가서 기도하는 것이 훨씬 낫다는 판단에서 비롯된 것 같다. 슬픔으로 말조차 잃은 요제프 2세가 가장 오랫동안 마리아 테레지아 곁을 지켰다. 다음날인 11월 29일 새벽 5시, 여왕은 평소와 같이 가장 즐기던 라테(Milchkaffee)를 청했고 요제프 2세와 같이 두 잔이나 마셨다.[104] 이후 그녀는 자녀들을 개별적으로 불러 그들과 마지막 대화를 나누었다. 특히 요제프 2세와의 대화에서 마리아 테레지아는 신민의 복지 및 빈자에 대한 지원에 대해 특히 신경 쓸 것을 부탁했다. 밤이 되면서 마리아 테레지아는 다시금 심한 경련과 발작에 시달렸고 주치의 슈퇴르크(Anton Freiherr v. Störck) 남작이 그녀에게 약의 복용을 강하게 권했지만 그녀는 거부했다. 이에 주치의는 그녀에게 짧은 잠이라도 잘 것을 요구했지만 이것 역시 받아들이지 않았다. 인생을 마무리하기 직전 마리아 테레지아는 밖에서 내리던 비를 보면서 요제프 2세에게 "이렇게 나쁜 날씨에도 불구하고 긴 여행을 해야 하는구나(Voila un bien mauvias temps pour le grand voyage)"라고 했다. 그리고 그녀는 요제프 2세에게 내일이 성 안드레아스(Der Heilige Andreas) 축일이기 때문에 그가 자신을 찾아올 것이라고 하면서 내일 자신의 시신을 다른 방으로

---

104 F. Ferre, *Maria Theresia*, p.352; B. Stollberg-Rilinger, *Maria Theresia*, pp.828~829. 유럽에 커피가 전해진 것은 1683년 빈을 포위했던 오스만튀르크 군이 공성전에 실패하고 귀국할 때 그들 진영에 남긴 커피원두 때문이었다. 이후 아르메니아 출신의 디오다토(Johannes Diodato)는 레오폴트 1세로부터 "향후 20년 동안 그 동방 음료를 독점적으로 판매할 수 있는(Solches orientalisches Getrankh auf 20 jahr allein zu verkauffen)" 특권을 부여받았다. 점차 오스트리아에서, 특히 빈에서는 커피에 대한 관심 및 선호도가 증대되었고 그 과정에서 많은 커피전문점(Kaffeehaus)이 등장했다. 이후 커피는 빈 시민들의 기호음료로 정착했고 오늘날까지 그러한 전통이 이어지고 있다.

옮기지 말라고 부탁했다. 얼마 후, 즉 오후 8시 55분 마리아 테레지아는 아들 요제프 2세의 팔에 안겨 서너 번의 가쁜 호흡을 한 후 숨을 거두었다. 이렇게 어머니가 숨을 거둔 후 요제프 2세는 며칠 동안 어머니의 방에서 나오지 않았다.[105]

전통관례에 따라 매장 전 마리아 테레지아의 시신에서 심장을 비롯한 일련의 장기들이 적출되었다. 그 과정을 지켜보던 마리아 안나는 "어머니의 시신을 열었을 때 폐는 매우 단단히 굳은 상태였다. 그리고 오른쪽 폐는 전혀 기능을 발휘하지 못한 것 같고 양쪽 폐에서 서너 개의 종양도 발견되었는데 이것들은 돌과 같이 매우 단단했다."라고 언급했다. 이를 통해 마리아 테레지아의 사인이 폐암이었다는 것도 밝혀졌다.

서거 5일 후인 12월 4일 성직자 복장의 간소한 수의에 싸인 마리아 테레지아의 시신은 카푸치너 교회 지하 합스부르크 가문 역대 영묘에 준비되어 있던 큰 관에 매장됐다.[106] 바로크 시대와 로코코 시대의 군주

---

105 요제프 2세는 정치적 사안들에 대한 의견 대립에도 불구하고 어머니인 마리아 테레지아를 진심으로 사랑했다. 실제로 1767년 마리아 테레지아가 천연두에 걸려 매우 위독한 상황이었을 때 요제프 2세는 며칠 동안 그녀 옆에서 떠나지 않았다. 가끔 그녀의 방에서 나오는 요제프 2세의 눈가에 눈물이 고여 있는 경우가 많았다. E. Badinter, *Maria Theresia*, p.272.

　　마리아 테레지아가 총애했던 카우니츠-리트베르크는 그녀의 임종에 직접 자리하지 않았는데 그것은 자신의 건강상 문제점에서 비롯된 것 같다. 그는 코벤츨(Philipp Graf v. Cobenzl) 백작을 자신의 대리인으로 선정하여 황궁으로 보냈다. 코벤츨로부터 마리아 테레지아의 사망소식을 접하고 그의 눈에서는 눈물이 흐르기 시작했다. B. Stollberg-Rilinger, *Maria Theresia*, p.829.

106 F. Ferre, *Maria Theresia*, p.353; B. Stollberg-Rilinger, *Maria Theresia*, pp.831~832. 마리아 테레지아의 죽음을 애도하는 추도미사는 오스트리아 전역에서 동시에 진행되었다.

답게 화려한 문양으로 장식된 마리아 테레지아의 관은 남편 프란츠 1세의 관 옆에 나란히 놓였다. 그리고 그녀의 심장은 아우구스티너 교회의 로레토 예배당 심장묘지에 남편 프란츠 1세의 심장과 나란히 봉안되었다.

그녀의 충만한 정의감과 따듯한 마음을 사랑하고 찬미했던 빈 시민들과 오스트리아 왕국의 신민들 모두는 어머니이자 통치자였던 그녀의 죽음을 진심으로 애통해했다.

마리아 테레지아와 대적했던 프리드리히 2세 역시 1781년 1월 6일 그녀의 죽음을 애석해했다. 추모사에서 그는 여왕이 오스트리아 왕국 및 합스부르크 가문에 큰 영예를 남겼다는 것과 자신이 여왕과 긴 전쟁을 벌였지만 결코 그녀를 적으로 간주하지 않았다고 술회했다.

1740년 프로이센과 오스트리아에서는 왕위 교체가 있었다. 프로이센에서는 프리드리히 빌헬름 1세에 이어 그의 아들인 프리드리히가 28세의 나이로 프리드리히 2세로 즉위했다. 그리고 오스트리아에서는 카를 6세의 장녀인 마리아 테레지아가 23세의 젊은 나이로 오스트리아 왕위를 계승했다. 생존 시 카를 6세는 국사조칙을 제정하여 장녀가 왕위를 계승하는 과정에서 발생할 수 있는 문제점을 차단하려 했으나 실제 상황에서는 별 효력을 발휘하지 못했다.

국사조칙에 따른 마리아 테레지아의 왕위 계승에 주변 국가들은 이의를 제기했고 그로 인해 1740년부터 세 차례에 걸쳐 오스트리아 왕위 계승전쟁이 발발했다. 특히 프로이센의 프리드리히 2세는 즉위 초부터 프로이센이 유럽에서 강대국의 반열에 오르기 위해서는 경제적으로 활성화되고 인구가 많은 슐레지엔 지방을 차지해야 한다고 여겼고, 그 바람을 현실화할 수 있는 계기도 찾고자 했다. 그런데 같은 해 마리아 테레지아가 오스트리아 최초의 여왕으로 등극함에 따라 프리드리히 2세는 자신의 바람을 현실화할 수 있다는 기회가 제공되었다고 판단했다.

그러나 당시 프로이센은 오스트리아 왕위 계승에 이의를 제기할 만한 권한을 가지지 못했다. 따라서 프리드리히 2세는 과거 속에서 증거를 찾으려고 노력했고 거기서 200년 전에 호엔촐레른 가문과 슐레지엔 지방을 다스렸던 피아스텐 대공과 사이에 체결된 결혼조약을 제시했다. 그러나 그는 이러한 증빙서류만으로 마리아 테레지아로부터 슐레지엔 지방을 되돌려받을 수 없다는 것을 잘 알고 있었다. 따라서 무력으로 자신의 목적을 달성해야 한다는 판단을 했고 거기서 당시의 국제정세 역시 정확히 확인해야 한다는 것도 인지했다. 여기서 그는 마리아 테레지아의 왕위 계승에 적지 않은 국가들이 이의를 제기하면서 오스트리아가 국제적으로 고립상태에 놓여 있다는 것을 파악했다. 또한 자신의 군사적 행동에 최대 위험요소로 부각될 러시아가 제위를 둘러싼 분규로 오스트리아 왕위 계승 문제에 개입할 수 없을 것이라고 판단했다. 이에 따라 프리드리히 2세는 당시 마리아 테레지아의 즉위에 이의를 제기하던 바이에른, 작센, 그리고 프랑스와 더불어 동맹체제 구축이 가능하다는 판단을 한 후 오스트리아에 대한 선제공격을 감행했다.

세 차례에 걸쳐 진행된 오스트리아 왕위계승전쟁에서 마리아 테레지아는 슐레지엔 지방의 거의 대다수를 상실했고 이것은 경제적으로 오스트리아에게 큰 타격을 주었다. 이후부터 마리아 테레지아는 어려운 상황을 극복하기 위해 제 분야에서, 즉 외교, 내정, 교육, 그리고 법률 분야에서 과감한 개혁을 단행했고 거기서 적지 않은 성과도 거두었다. 여기서 그녀는 오스트리아 왕국에 계몽적 절대왕정 체제의 근간을 구축했고 이것은 향후 그녀의 아들들에 의해 더욱 확고해졌다.

마리아 테레지아는 1740년부터 1780년까지―첫 25년은 단독으로, 나머지 15년은 장남 요제프 2세와 함께―40년 동안 오스트리아 왕국을 통치하면서, 결단력과 여성성을 겸비하고 의무 이행과 성실성 및 도덕성을 중요한 덕목으로 간주한 군주로 군림했다. 따라서 그녀는 아직까지 오스트리아인들로부터 추앙받고 있으며 그러한 평가는 앞으로도 계속 유지될 것이다.

프리드리히 2세의 프로이센이 오스트리아 왕위계승전쟁에서 승리함에 따라 독일권에서는 오스트리아와 프로이센의 양강구도가 구축되었다. 이후 오스트리아에서는 메테르니히(Klemens Wenzel Lothar Fürst v.Metternich)라는 걸출한 외교가 및 전략가가 등장했는데 이 인물은 독일권의 통합보다는 독일권에서 오스트리아의 우위권을 지향했고 그것을 실천시키는 데 필요한 정책도 강력히 추진했다. 여기서 그는 '열강 간의 균형이론'을 제시했고 그 과정에서 오스트리아의 역할을 강하게 부각시키려 했는데 이것이 그가 추진했던 '유럽 정책(Europapolitik)'의 핵심적 내용이라 하겠다. 그리고 이것을 토대로 메테르니히는 오스트리아의 우위가 인정된 오스트리아–프로이센의 양강구도도 독일권에서 견지하려 했다. 따라서 그는 당시 제기되던 독일 통합에 동의하지 않았고 그러한 관점을 자신의 독일 정책에 적극적으로 반영시키려 했다.

메테르니히는 1815년 9월 18일 빈에서 개최된 국제회의, 즉 빈 회의에서 주도적인 역할을 담당했다. 여기서는 나폴레옹(Napoleon) 체제가 붕괴된 이후 도입될 유럽의 질서체제뿐만 아니라 독일권의 재구성에 필요한 여러 안들도 논의되었다. 그런데 독일권의 재구성을 논의하는 과정에서 각 영방의 독립과 주권을 침해할 수 있는 통합안은 완전히 배제되었는데 이것은 메테르니히의 일관된 입장, 즉 오스트리아의 국익을 우선시한다는 관점에서 비롯되었다. 따라서 빈 회의에서는 각 영방의 독립 및 주권을 보호하기 위해 독일권의 통합 대신 연방체제의 도입만이 거론되고 결정되었을 뿐이다.

프랑스 2월혁명(1848)의 영향으로 오스트리아에서도 같은 해 3월 혁명적 소요가 발생했고 그것에 따라 메테르니히는 실각했으며 그에 의해

30년 이상 유지된 체제 역시 붕괴되었다. 그동안 독일권의 통합을 불허한 메테르니히 체제가 사라짐에 따라 독일권 통합에 대한 논의도 보다 구체화되기 시작했다. 그러한 논의의 결실로 1848년 5월 18일부터 프랑크푸르트에서 국민의회(Nationalversammlung)가 활동하기 시작했는데 여기서의 주된 과제는 독일 연방을 하나의 통합국가로 변형시키는 것이었다. 그러나 역사적으로 형성된 개별 영방국가들을 그대로 둔 채 강력한 중앙권력을 창출한다는 것은 쉬운 일이 아니었고 통합방안에 대한 의원들의 의견 역시 일치되지 않았다. 그럼에도 불구하고 국민의회에서 제시된 통합방안들, 특히 프로이센 주도로 독일권을 통합시켜야 한다는 소독일주의(Kleines Deutschtum)가 향후 독일 통합의 모델이 되었다는 점은 역사적 과업으로 인정해야 할 것이다.

1860년대 초반부터 프로이센의 실세로 등장한 비스마르크(Otto v. Bismarck)는 메테르니히와는 달리 독일 통합을 지향했다. 특히 그는 소독일주의를 토대로 독일권을 통합시키려 했지만 오스트리아는 그것에 동의하지 않았다. 결국 1866년 형제전쟁이 발생했고 거기서 오스트리아는 패배를 당했다. 이에 따라 오스트리아는 독일권에서 강제로 축출을 당했고 국가형태도 오스트리아-헝가리 이원체제로 변형되었다. 이에 반해 형제전쟁에서 승리한 프로이센은 그들의 주도로 1871년 1월 18일 독일제국을 탄생시켰는데 이것은 분명히 마리아 테레지아를 비롯한 오스트리아의 군주들이 바라지 않았던 독일권의 권력구도 개편이라 하겠다.

Badinter, E., *Maria Theresia. Die Macht der Frau*(Wien, 2018)

Bauer, R., *Österreich. Ein Jahrtausend Geschichte im Herzen Europas*(Berlin, 1980)

Berglar, P., *Maria Theresia. Mit Selbstzeugnissen und Bilddokumenten*(Reinbek, 2004)

Brugger, E., *Geschichte der Juden in Österreich*(Wien, 2006)

Bruger, H., *Heimatrecht und Staatsbürgerschaft österreichischer Juden; Vom Ende des 18.Jahrhundert bis in die Gegenwart*(Wien-Köln-Graz, 2014)

Csendes, P., *Geschichte Wiens*(Wien-München, 1990)

Chorherr, T., *Eine kurze Geschichte Österreichs*(Wien, 2013)

Clark, C., Preußen. *Aufstieg und Niedergang 1600~1947*(München, 2008)

Crankshaw, E., *Maria Theresia. Die mütterliche Majestät*(München, 1987)

Dillmann, E., *Maria Theresia*(München, 2000)

Erbe, M., *Deutsche Geschichte 1713~1790. Dualismus und aufgeklärter Absolutismus*(Stuttgart-Berlin-Mainz-Köln, 1990)

Görlich, E.J., *Grundzüge der Geschichte der Habsburgermonarchie und Österreichs*(Darmstadt, 1990)

Gröger, R.H., *Josef I. Der außergewöhnliche Habsburger*(Horn, 2011)

Gutkas, K. *Joseph II. Eine Biographie*(Wien, 1989)

Heer, F.*Das Glück der Maria Theresia*(Wien-München, 1966)

―――, *Der Kampf um die österreichischen Identität*(Wien-Köln-Weimar, 1996)

Herre, F., *Maria Theresia, die große Habsburgerin*(München, 2004)

Huss, F., *Der Wiener Kaiserhof*(Gernsbach, 2009)

Ingrao, C.W., *The Habsburg Monarchy 1618~1815*(Cambridge, 1994)

Kantorowicz, E., *Die Zwei Körper des Königs*(Stuttgart, 1992)

Karajan, T.G.v., *Maria Theresia und Graf Sylva-Tarouca. Ein Vortrag gehalten in der feierlichen Sitzung der kaiserlichen Akademie der Wissenschaften am 30.Mai 1859*(Wien, 1859)

Klaus, G., *Der König und die Kaiserlin. Friedrich II. und Maria Theresia*(Düsseldorf, 2005)

Körber, E.-B., *Die Zeit der Aufklärung. Eine Geschichte des 18. Jahrhunderts* (Stuttgart, 2012)

Lau, T., *Die Kaiserlin. Maria Theresia*(München, 1999)

Magenschab, H., *Josef II. Österreichs Weg in die Moderne*(Wien, 2006)

Marinelli, E., *Eine europäische Dynastie. Die Habsburger*(Berlin, 2009)

Martus, S., *Aufklärung. Das Deutsche 18. Jahrhundert. Ein Epochen bild*(Reinbek bei Hamburg, 2018)

Mikoletzky, L., *Kaiser Joseph II. Herrscher zwischen den Zeiten*(Göttingen-Frank-furt-Zürich, 1979)

Neugebauer, W., *Die Geschichte Preußens. Von den Anfängen bis 1947*(München, 2009)

Peham, H., *Maria Theresia-ganz privat*(Wien, 2003)

Perrig, S., *Kaiserin Maria Theresia und ihre Kinder. Eine Korrespondenz*(Weimar, 1999)

Pfister, K., *Maria Theresia. Mensch, Staat und Kultur der spätbarocken Welt* (München, 1949)

Pieper, D., *Die Welt der Habsburger. Glanz und Tragik eines europäischen Herrscherhauses*(München, 2010)

Pink, H., *Joseph II. Kaiser, König und Reformer*(Düsseldorf-Wien-New York, 1990)

Prinz, F., *Die Geschichte Bayerns*(München, 2001)

Reinalter, H., *Joseph II. Reformer auf dem Kaiserthorn*(München, 2011)

Reinhold, P., *Maria Theresia*(Köln, 1994)

Rieder, H., *Maria Theresia. Schicksalsstunde Habsburg*(Gernsbach, 2005)

Rill, B., *Karl VI. Habsburg als barocke Großmacht*(Graz-Wien-Köln, 1992)

Schreiber, G., *Franz I. Stephan. An der Seite einer großen Frau*(Graz-Wien-Köln, 1986)

Silva-Tarouca, E., *Der Mentor der Kaiserin. Der weltliche Seelenführer Maria Theresias*(Zürich-Leipzig-Wien, 1960)

Simms, B., *Kampf um Vorherrschaft. Eine deutsche Geschichte Europas 1453 bis heute*(Müchen, 2016)

Spielmann, P.J., *Leopold I. Zur Macht nicht geboren*(Wien-Köln, 1981)

Stollberg-Rilinger, B., *Der Staat als Maschine. Zur Metapolitik des absoluten Fürstenstaates*(Berlin, 1986)

―――――――――――――, *Maria Theresia. Die Kaiserin in ihrer Zeit*(München, 2018)

Szabo, Franz A.J., *Kaunitz and Enlightened Absolutism 1753~1780*(Cambridge, 1994)

Tapie, V.L., *Maria Theresia, Die Kaiserin und ihr Reich*(Graz-Wien-Köln, 1980)

Turba, G., *Geschichte des Thronfolgerechtes in allen habsburgischen Ländern bis zur pragmatischen Sanktion Kaiser Karls VI. 1156 bis 1732*(Wien-Leipzig, 1903)

Vallatton, H., *Maria Theresia. Die Frau, die ein Weltreich regierte*(Wien-München, 1990)

Vocelka, K., *Österreichische* Geschichte(München, 2007)

Wandruszka, A., *Maria Theresia. Die große Kaiserin*(Göttingen, 1980)

Weissensteiner, F., *Die Söhne Maria Theresias*(Wien, 1991)

참고문헌

─────────, *Die großen Herrscher des Hauses Habsburg. 700 Jahre europäische Geschichte*(München, 2011)

─────────, *Die Söhne Maria Theresias*(Wien, 2004)

Weitlaner, J., *Maria Theresia. Eine Kaiserin in Wort und Bild*(Prag, 2017)

Zedinger, R., *Franz Stephan von Lothringen(1708~1765). Monarch, Manager, Mäzen*(Wien, 2008)

Zöllner, E., *Geschichte Österreichs. Von Anfängen bis zur Gegenwart*(Wien, 1990)

오스트리아 최초의 여왕 마리아 테레지아

찾아보기

오스트리아 최초의 여왕

마리아 테레지아

초판 1쇄 인쇄 · 2025년 1월 31일
초판 1쇄 발행 · 2025년 2월 4일

지은이 · 김장수
펴낸이 · 한봉숙
펴낸곳 · 푸른사상사

주간 · 맹문재 | 편집 · 지순이 | 교정 · 김수란
등록 · 1999년 7월 8일 제2-2876호
주소 · 경기도 파주시 회동길 337-16(서패동 470-6)
대표전화 · 031) 955-9111~2 | 팩시밀리 · 031) 955-9114
이메일 · prun21c@hanmail.net
홈페이지 · http://www.prun21c.com

ⓒ 김장수, 2025

ISBN 979-11-308-2210-5   93920
값 28,000원